JN078472

この１冊ですべてわかる

新版

ブランディングの基本

The Basics of Branding

安原智樹

Yasuhara Tomoki

日本実業出版社

まえがき

本書『新版　ブランディングの基本』は、2014年に初版を刊行した前作を、構成から全面的に見直し、大きくバージョンアップしたものです。初版刊行当時は、「ブランディング」という単語はまだ市民権を得ていませんでした。

それから９年以上が経ち、状況は大きく変わりました。

数多くの書籍や、知見のある人々による公開セミナーなどを通じて、ブランディングがブランド育成のための実務を担うために欠かせない知識体系であると、多くの人々に認知されてきているのです。

そのため本書では、ブランドを実務でどう扱うかについての「**基本フレーム**」を中心に解説しています。このテーマを貫く軸は前作から変更はありませんが、時代変遷を反映して、以下のポイントを中心に、大きく改訂しました。

• 特徴①：より実務に適用できる基本的なフレームワークを提示

本書は、「読む」ことより「使う」ことを前提に書かれています。多くのビジネス書は、理論を取り扱うものと、実務を取り扱うものに分かれています。そのため、「汎用性は高いが、抽象度も高い」理論部分からの眺めと、「汎用性は低いが、具体度は高い」実務部分からの眺めが随分と異なったものになっています。

「納得感がある」ことと「使い勝手がいい」ことを、「読む」だけで両立させるのがむずかしいからです。

理論と実務を一貫させながらも、間にある大きな段差を埋めたい場合、フレームワークでのアプローチが有効です。いわば、フレームワークによって、理論と実務の知的バリアフリーを設けようとするのです。

そこで本書では、一本の道筋になっているフレームワークが、「もう１つの目次」となるような構成にして、扱う事例も、読むためのものというより、あくまでも実務担当者が記述等に迷ったときの参照になるものを取り上げています。

■「知的バリアフリー」とは?■

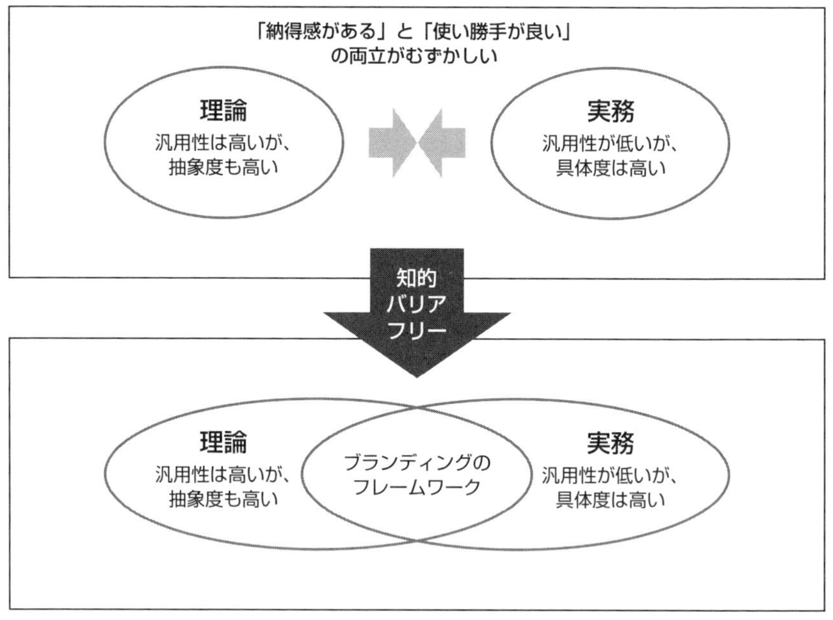

•特徴②:「ブランディング」の範囲を最大限に拡張

本書は組織で働く人向けの本です。「商品」「サービス」「企業」などをブランドの単位で扱っていきます。**複数のメンバーでブランドの価値を高め、最終的により長く売れ続ける、より長く活動し続けられる仕組みを組み立てようとするのが、本書の対象とする「ブランディング」です。**

組織で行うブランディングには、ブランドが置かれる環境の違いによって、大きく2つの領域があります。

1つは市場環境を前提としたブランドと、ブランディングです。これは「消費者」の存在を想定しています。「**商品**」や「**サービス**」のブランディングが代表的です。また、商品やサービスといった単位ではブランドを持たないビジネス活動もあります。特に、「**B2B企業**」では、企業自体のブランドが商品やサービスの代名詞となって、市場の中で活動します。

もう1つの領域は、社会環境を意識したブランドと、ブランディングです。たとえば、企業ブランドの中でも、よく耳にする「コーポレート・ブランド」などは、消費者だけでなく、社会全般での関係者(ステークホルダー)を対象にしたものです。先に挙げた、市場環境を前提とした商品やサービスのブランディングよりもさらに広く、社会全般でのかかわり合いがある人々を対象者と考えることになります。このようなブランディングについては、本書では、「商品・サービス」ブランディングと「企業」ブランディングを並列で行う必要がある、「**B2C企業**」のブランディングを中心に解説します。

また、社会環境を意識したブランディングについては、本書では「**社会貢献活動**」も取り上げています。社会貢献活動では、目的を達成するために、協力者や支援者が必要な場面が多々あります。その際、多くの人から力強いサポートを得て、長く活動し続けるために、ブランディングの視点が取り込まれつつあります。

このように、特定の商品やサービスに限らず、提供者と受益者の間で、なんらかの「交換」が成立するものにはブランディングが貢献できる余地があります。このような時代になっている点を踏まえ、適用範囲を、収益を目標とした活動以外にも広げた内容にしています。

章立ては「商品・サービス」ブランディング（第２章～第４章）をベースに、「企業」ブランディング（第５章）、「社会貢献活動」ブランディング（第６章）という形で構成しています。

企業ブランディングについては、どのようなタイプの企業の担当者が読

■本書での「ブランディング」の扱い方■

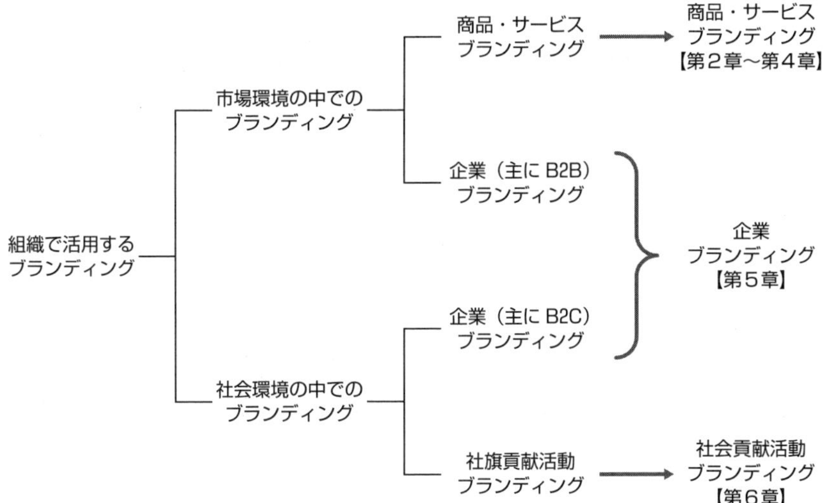

んでも対応できるように、市場環境を意識した典型的なパターンとしてB2B企業、社会環境を意識した典型的なパターンのB2C企業をセットにしました。環境が異なる両方の企業ブランディングを対比させることで、それぞれについて、深める視点を持てるように配慮しました。

• 特徴③：チームで働く人のためのフレームワーク

本書は原則「基本」を概観することに焦点を当てています。しかし、前作や私が執筆した同シリーズの『マーケティングの基本』の読者層を分析してみると、書籍が多様な読者に活用されていることがわかってきました。

その中でも目立つのは、書籍を、集団をまとめていくためのツールとして使う人たちです。新商品開発の部門長、経営戦略構築プロジェクトのメンバーであったり、起業準備のチームや、社団法人のリーダーも読者でした。このような人たちは、人数的には必ずしも前作の中心的な読者層ではありませんが、読みこなし度合いが非常に高い人たちでした。

書籍を「読む」段階から、多くの人を巻き込みながら「使う」段階へ転換していくのはなかなか大変です。人を巻き込むということは、その間に「考える」「話す」という行為が必要だからです。そのための実務書として、

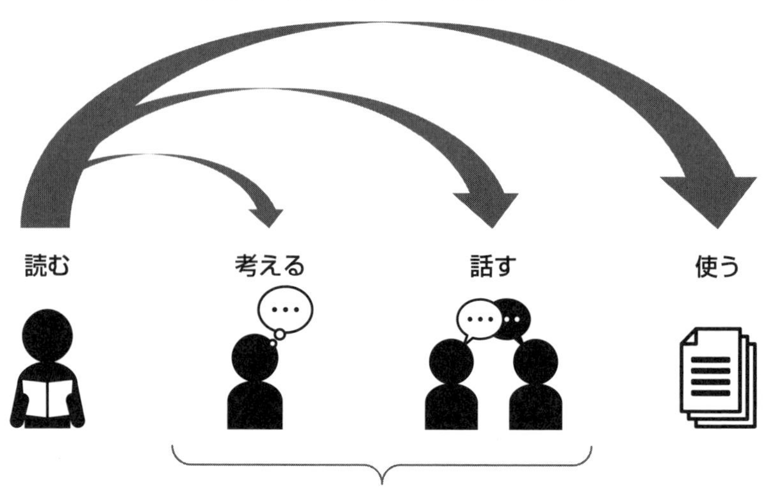

本書では、この「考える」と「話す」を活性化するために、フレームワークと、ステップごとのワークショップの仕方を入れています。

このように本書は前作よりも実用度を高め、ブランディングの活用場面を広げるように大幅に改訂しました。

特に、新たなフォーマットによる実用度を上げるために、多くの方々のご協力をいただきました。小生が主宰しているブランディング・ワークショップ研究会のメンバー（森裕喜子さん、牛堂雅文さん、小山英樹さん、大幡千代さん、榎本晋作さん、新井潤さん、小山内紋理さん、井上秀二さん、北川賢司さん、梅津順江さん、三木健吾さん、鈴木奨平さん、池内祥隆さん、松林博文さん、など多数）には、実際の運用へのヒントを多くもらい、深く感謝しております。

また、社会貢献活動については、一般社団法人IVAP（鈴木則夫さん、後藤友洋さん）、企業事例については株式会社パラドックス（鈴木猛之さん、鈴木祐介さん）からのアドバイスをもらいながら執筆にあたりました。ご協力いただいたすべての方々のお名前を掲載できないのが残念ですが、ここに御礼申し上げます。最後に、家族（妻・めぐみ、長女・木乃花、長男・空）にも執筆の時間捻出に大いなる協力をもらいましたので、ここに感謝の意を記します。

また、本書はすべて著者である安原智樹が自分の経験と視点をベースにしたものですから、内容的に至らない部分や、わかりにくい部分などもあるでしょう。それらの不備は、すべて小生の力量不足によるものです。

それでも、概念が先行しやすく、抽象度の高いブランディング活動について、荒削りかもしれませんが、現場で活用できる実装ツールを世に出せたことは望外の喜びです。ありがとうございます。

2023年１月

安原智樹

この1冊ですべてわかる

新版　ブランディングの基本◆目次

第2章
「商品・サービス」ブランディングの実務：スタートと〈フェーズⅠ〉「中心点」

第3章
「商品・サービス」ブランディングの実務：〈フェーズⅡ〉「観点」

第4章
「商品・サービス」ブランディングの実務：〈フェーズⅢ〉「設計」から「アクション・プラン」へ

第5章
「企業」ブランディングへの拡張の仕方

第6章
「社会貢献活動」ブランディングへの拡張の仕方

カバーデザイン◎志岐デザイン事務所／秋元真菜美
本文デザイン・DTP◎一企画

第1章

ブランディングの前提となる要素

1-1 ブランドとは消費者の頭の中にあるもの

「シード権」が上位にあるのが強いブランド

■ブランディングで使う単語の意味

ブランディング実務で使えるフレームを、わかりやすく提供するのが本書の目的です。

まずブランディング実務の前提になるのが、中心となる単語の理解です。中心となる単語の意味と使い方を、メンバー（商品開発、企業広報、組織での社会貢献活動といった現場のチーム）と共有することが重要です。「なんとなくわかっている」というのは、「お互いの理解が違うものが多く含まれている」ということです。全体のブランディング実務をスムーズにしたいのであれば、まずは、使う用語の意味をできるだけ揃えておくことが大切です

第１章では、「ブランドとは？」「ブランディングとは？」という、本書で中心となる単語の意味の解説から入っていきます。まずは、身近な商品ブランドに沿って眺めてみます。

■ブランドを「商品」との比較で考えてみる

最初に「ブランド」という単語について説明します。ブランドという単語を「商品」という単語と比べると、意味が明確になります。

■図表1−1−1　ブランドは消費者の頭の中にある■

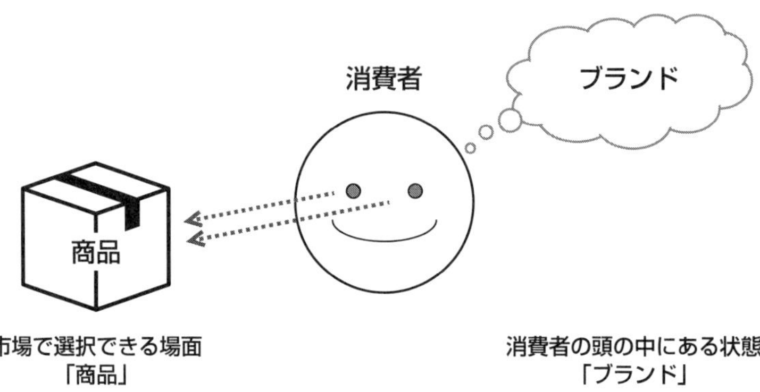

消費者に対して、市場で購入できる準備が整ったことを、「商品ができた」とはいえますが、「ブランドができた」とはいえません。**ブランドは市場に存在するのではなく、消費者の頭の中にある状態を示すからです。ブランドは「消費者がこういうときはAを買う」といった、記憶と生活が結びついた状況を示します。**

アイスクリームをコンビニで買うというケースを考えてみましょう。①と②の、異なる購入経緯を書いてみました。

① 「アイスクリームが欲しいなあ」と思ってコンビニへ入り、いろいろ見てからピノを買って店を出る、というケース
② 「ピノが欲しいなあ」と思ってコンビニへ入り、ピノを買って店を出る、というケース

①と②のどちらでも、POSデータでは商品ブランドであるピノが１個売れた状況には変わりがありません。しかし、ブランドという観点では随分違います。

①は店頭に行ってから、どれにするかを選んでいるので、比較対象にしているのは、棚にあるすべてのアイスクリームです。そこで、「知っている商品かどうか？」「値段はどうか？」「カップタイプ、バータイプといった形状はどうか？」といったことを瞬時に処理して選びます。きっと、条件はここで挙げただけではないでしょう。「最近広告で見たから選ぶ」「歩いて自宅に帰る間に食べ切れそうな形状という理由で選ぶ」「珍しいパッケージのデザインを好奇心で選ぶ」こともあり得ます。

これに対して、②ではすでに選ぶものを決めてから店に来ているので、棚の前で探し、見つかったならほぼ迷いなくそれを持ってレジに行くでしょう。①と②には随分と違いがありますね。「どちらがビジネスでは望ましいでしょうか？」と聞かれたら、多くの方が②と答えるでしょう。なぜなら、そこには前もって消費者が「ピノ」を指名しているからです。

消費者から指名のある商品、つまりブランドは、企業にとってありがたいものです。特に何か働きかけをしなくてもその商品を指名して購入に至ってくれるのは、ちょっと大げさですが奇跡のようにも見えます。お店に入る前に消費者の頭の中にブランドが意味をもって記憶されていることは、

ビジネスに大きな影響を及ぼします。

■ブランドは頭の中の「シード権」

消費者にとってのブランドとは、トーナメント戦の「シード権」にたとえて説明できます。

消費者の頭の中で、すぐに購入対象として思いつく商品は「シード権が高い商品」です。プロのテニスや将棋などのトーナメント戦では、強いプレイヤーはシード権を持って、登場するのが後半になります。その分、エネルギーを使わないで済みます。

同様に、もしあなたの会社の商品Ａが、「こういったカテゴリーで買うのはAと決まっています」と大半の消費者から思われるほどの指名力を持っていれば、それは第一シードのブランドであり、それも決勝戦から登場するような強いものであるといえます。

一方で、店頭でほかの商品と比較されながら選ばれる状況の商品は「シード権がない商品」です。つまり、予選会からスタートするようなものです。選ばれるまでに何試合もあるため、それだけ選ばれる確率も低くなり

■図表1−1−2　ブランドは消費者の頭の中の「シード権」■

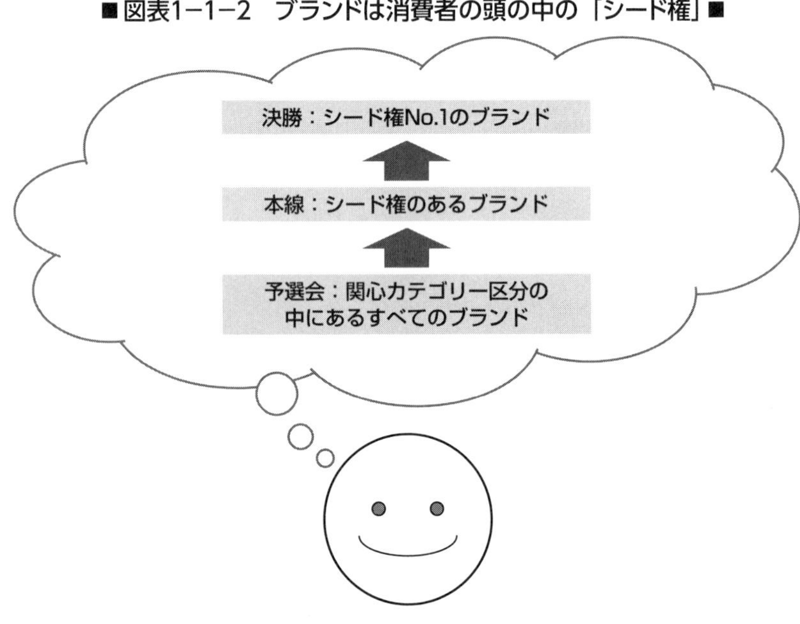

ます。選ばれるためには価格訴求や引きつけるデザインや良い売り場の確保など、多大なエネルギーも要求されます。

ただし、強いブランドには高いシード権が与えられますが、そこに至るには時間がかかります。ここに大きな課題があることを忘れないでください。もちろん、この時間の課題に応えるのもブランディングの役割です。

ちなみに、「消費者」を「ステークホルダー」と置き換えてみても成立します。企業ブランディングや社会貢献活動ブランディングでは、株主や支援者などがステークホルダーに当たります。ステークホルダーの頭の中にも「投資先の優先順位の一番目はA社にしています」とか「社会貢献活動の寄付先で、最優先になるのはB活動だと思っています」といった認識が存在します。

■消費者の頭の中のブランドとは？

「ブランドの強弱はシード権」という話でしたが、これは消費者自身の頭の中ではどう表現されているのでしょうか？　異なった角度から説明してみます。

まず、消費者の頭の中にGoogleの検索機能があると思ってください。あなたが「おいしいイタリア料理店に行こう」としたとき、あなたの頭の中にはイタリア料理店の候補リストが出てきます。

しかし、そこには実際のGoogleの検索結果のように順番があります。一番最初に出てきたお店が最も強いブランドといえます（用語的には「**第一再生記憶ブランド**」）。この順番がシード権のランクを意味します。

実際の検索ではもっと条件がつきます。「彼女とデート」「仲間とパーティー」といった一緒にいる人の違いや、「すぐに入れる店」「予約が取れる店」のような、味以外で重要だと思うものも条件になります。私たちはこういった行為を自然に、そして、常時やっているわけです。

こうやってみるとブランドは「知名度」のようにも見えます。しかし、ちょっと違います。**自発的に想起されるためには、その人にとって意味がはっきりしている必要がある**のです。

価値が高いという判断（無意識な部分も含め）ゆえに、強い記憶ができ上がります。決して広告を大量に見て、その結果の記憶が働いてブランドのシード権を得ているわけではないのです。

たとえば、飲料や食品でよく行う「この商品は、目隠しテストでの評価が高い商品」というコミュニケーション・キャンペーンがあります。ペプシ・コーラがコカ・コーラに対して行ったものが有名ですが、テストではペプシ・コーラ評価のほうが高かったとしても、現実のシェアはまったく異なります（むしろ、このような実験はシェアの違いをなんとかしたいためのアピールでしょうけど……）。**消費者が何かを見て頭で理解することと、頭の中に存在していることは大きく違う**のです。

■シード権は常に書き換えられていく

またブランドは、プロテニスの世界と同じように、シード権を永久保持できる選手（商品）はいません。高いシード権は常に下位の選手（ブランド）によって置き換えられていく力にさらされています。

私たちは膨大な情報の海の中で生活しています。消費者が、特定のカテゴリーの特定の１ブランドだけを選択するためには、頭の中で相当な位置付けが必要です。「私はこれしか買わない」という宣言も、常にどこかでゆらいでいます。また、出会ったときに体感した「この商品（サービス）はすごい！」という印象も、利用が継続していくことで、「当たり前」な感じに変わっていくのです。不思議なもので、人生にとって大きな買い物である家やマンションでさえ、購入直前までは四六時中頭の中に渦巻く存在であったはずなのに、購入して住み始めると徐々に忘れてしまいます。購入からずいぶん経って友人に「住んでいるマンションはどう？」とか聞かれても、即座に感想を言うのがむずかしいくらい、フツーの存在になっていきます。

日々、生活の関心が移りゆく人々の頭の中で、高いシード権を維持することはむずかしく、すぐに参加者全員が予選会からの出場に近い状態へと戻されてしまいます。つまり、強いブランドでさえ既得権はないのです。

確かに知名度が高いことは、消費者の頭の中にブランドを存在させる方法の１つです。しかし、マスメディアがネット世界に埋没しつつある昨今では、メディアでのプロモーションだけでブランドをつくることが投資コストに見合わなくなりつつあります。

でもこれは、小さな規模で展開する商品にとっては良いニュースではないでしょうか？　大きな会社や大きなマーケティング投資をともなったブランドが特定の位置づけにあった時代から変わりつつあることを意味しているからです。

知名度だけでブランドのシード権に貢献するのがむずかしくなってきているということは、大量のメディア露出で顧客の頭の中のシード権をキープすることが厳しい時代が到来したのだといえます。もちろん、大きな会社も新たなブランディングの世界に移行しつつあります。実はブランドの強弱は企業規模の問題ではなく、**不断のブランディング活動で顧客の頭の中のブランドのシード権を上げる姿勢があるかどうかが問われている**、というのが正しい見方だと思います。ブランディングでは、企業規模は不問なのです。

■ブランドは誰のものか？

商品と違って、ブランドの扱いについては注意が必要です。ニュースでは、「A社がB社からブランドを買った」「C社がD社からブランドをレンタル（商標類の使用権の貸出し）をして新たな商品を発表した」などとよく見聞きします。

ブランド自体が商標として扱われていますので、ブランドは商標所有者である企業のものといえます。しかし、「有名ブランド」とか「強いブランド」というものは商標の所有の有無ではなく、どれだけ消費者に支持されているかで決まります。つまり、**ブランドは消費者の頭の中に無期限貸与されているもの**なのです。

消費者の頭の中への貸出数や、借りた人（消費者）からの好意的な感想が多い状況があって、はじめて「有名ブランド」とか「強いブランド」といった称号が得られます。すると、いくら所有者だからといっても、いったん貸し出した以上、勝手に内容を書き換えすることは問題を起こします。所有者には書き換える権限はあるので、できないわけではないですが、場合によってはブランドの混乱が消費者の中で生まれて、最悪の場合は無意識の不買に行き着くわけです。そういう意味では、ブランドは企業の持ちものでありながら、消費者が頭の中で預かっていると考えるべきものなのです。

■企業、個人、社会貢献活動もブランドの視点を持つ

本書ではブランディングを「商品・サービス」ブランドだけでなく、「企業」ブランド、「社会貢献活動」ブランドまで幅広くとらえています。も

ちろん、他のブランドが商品やサービスを購入する消費者の頭の中とは同じではありません。しかし、構造は同じです。〈図表1―1―3〉は「商品・サービス」ブランドを、他の3項目それぞれに転換したものです。

■図表1-1-3 「商品・サービス」ブランドの転換■

	「商品・サービス」ブランド	「企業」ブランド	「社会貢献活動」ブランド
ブランドの対象項目	商品・サービス	B2B企業 B2C企業	NPO、社団法人などの活動
〈提供者〉ブランディングを行う主体	ブランド担当者	経営者	活動の主体者
〈利用者〉ブランドが存在する頭の中	消費者	消費者、社員、株主など（ステークホルダー）	受益者、支援者、協働者など（ステークホルダー）
〈選択行動〉ブランドの優先順位づけ場面	消費選択	企業選択	活動選択

本書では、3領域（「商品・サービス」「企業」「社会貢献活動」共通の呼称として**「ブランド単位」「利用者」「提供者」「選択行動」**という言葉を使います。

また、**「対象者」**という呼称も使います。**「対象者」＝「利用者＋潜在利用者＋利用休止者」**となります。今使っている人、これから使いそうな人、使っていたけどお休み中の人（他を利用している人）をひっくるめて、ブランディング活動でカバーしたい最大限の人々（企業や組織）を指します。対象者は、利用者より範囲が広い呼称です。

1-2 領域ごとのブランドの定義

「商品・サービス」「企業」「社会貢献活動」ごとに整理する

■ブランドとは何か？

「ブランドとは何か？」を押さえておきましょう。学術系の人々、コンサルタントのような専門家においても、ブランドの定義は異なっています。羅列すると混乱を引き起こしやすいので、本書の目的にあった定義で話を進めます。

『ブランド戦略論』（田中洋：著、2017年）では、ブランドについて、「交換の対象としての商品・企業・組織に関して顧客が持ちうる認知システムとその知識」という定義がされています。本書では、これを参照させていただき、以下のような定義で話を進めます。より実務を意識しながらさまざまなブランディングの現場で対応できるような表現になっています。

ブランドとは……（共通定義）

交換の対象（＝記憶の単位になっているモノ・コト）に関して、選択行動の優先順位を決定するときの、利用者（＝交換活動をする主体となる人）が持つ、すべての記憶された参照情報

この定義は次の3領域において、少し詳しく再定義することができます。特に、利用者が複数いるときなどは、それぞれに対応できるようになっています。

■①「商品・サービス」におけるブランドの定義

ブランドとは……

商品購入に関して、購買時の優先順位を決定するときの、消費者が持つすべての記憶された参照情報

■②「企業」におけるブランドの定義

企業の視点では、ステークホルダーごとに設定することができます。ステークホルダーとは、利害関係先のグループです。利用者だけでなく、協力会社、株主、社会など、多岐にわたります。ここでは、商品やサービス提供のための協力会社をステークホルダーとした場合、「企業」ブランドがどう定義されるかを書いてみました。

ブランドとは……

協力関係を必要としている企業に関して、先端技術や独自サービスの提供先としての優先順位を決定するときの、協力会社候補が持つすべての記憶された参照情報

■③「社会貢献活動」におけるブランドの定義

ここでは、活動を維持するための寄付をしてくれる支援者をブランディングの対象者に置き換えています。活動自体が寄付の形で支援を得ようとする場面で、活動を１つのブランドと考えたときの定義です。

ブランドとは……

ある社会貢献活動に関して、寄付先の優先順位を決定するときの、潜在的支援者が持つすべての記憶された参照情報

ブランドの定義自体は、なんらビジネスや活動自身に寄与しない話です。しかし、ブランディングを進める前に、こういった大きな単語の意味をメンバーで共有しておくことは大切です。特に、ブランドに関するコンサルタントや広告代理店といった、クライアントをサポートするような仕事の人にとって、クライアントからの「そもそも、ブランドって何？」という素朴な質問は、自社が提案するブランディング活動への信頼を試す質問でもあります。

1-3 「ブランディング」とは?

ブランドを強くするためのアプローチ

■本書でのブランディングの定義

ここからは本題のブランディングの話になります。ブランディングは「ブランドを強くする活動全般」になりますが、これだとやや不明瞭です。学識者やコンサルタントによってもブランディングの意味合いが異なりますが、本書ではブランディングを「**利用者のブランドへの反響行動が、提供者へのリターンとなって返ってくる仕組み**」と定義しています。この定義でキーワードになっている「**反響行動**」について、少し言葉を足しておきましょう。

■図表1−3−1　ブランディングの反響行動■

商品・サービスが導く交換行動

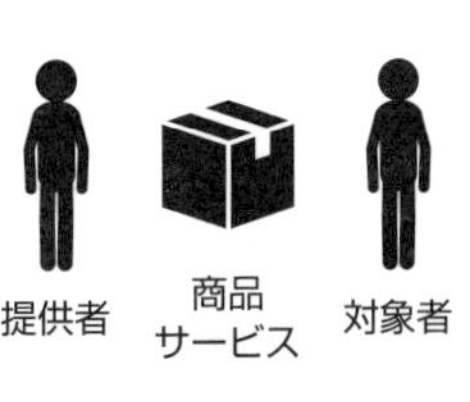

ブランディングが導く反響行動

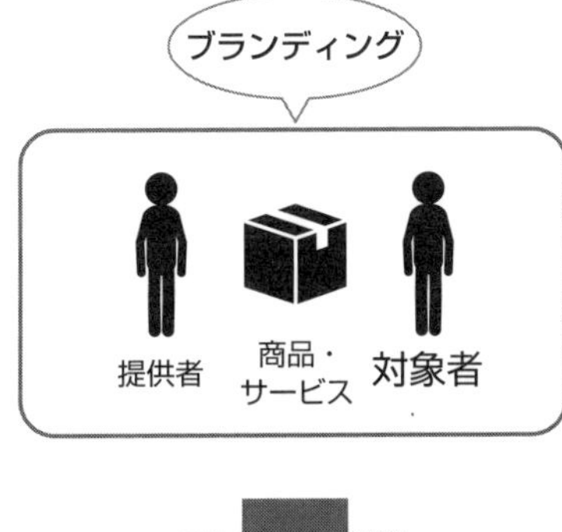

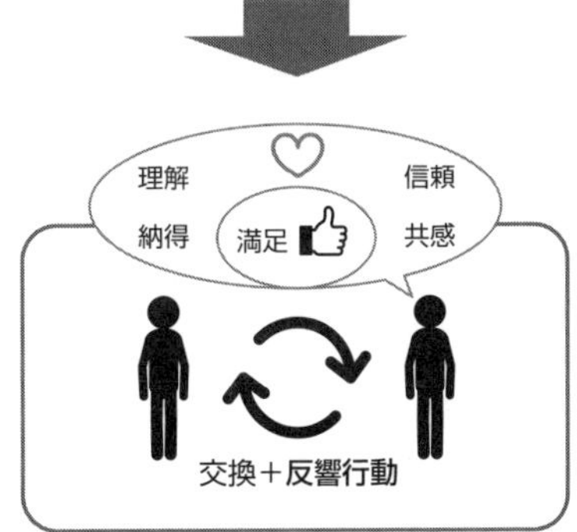

誰もが（経験的に）わかりやすい商品・サービスでのブランディングで説明します。通常は、利用者は商品やサービス自体を欲しているので、その商品やサービスの価値が、支払う金額に見合うかどうかで購入を決めます。利用者が満足するかどうかが交換のポイントです。このような交換活動は商売の基本であり、ビジネスのベースともいえます。

さて、ここがブランディング活動を行うスタート地点になります。ブランディングによって、そのブランドの独自素材についての理解、業界で証明されている専門性への納得、つくり手の志への共感、何年も販売している実績への信頼、などが利用者に醸成されたとしたら、利用者の反響行動が期待できます。反響行動とは、ちょっと価格が高くても利用する、知り合いにも推奨する、これからも継続利用するといった、「**提供者にとって望ましい、ブランドに対する利用者の自発的な行動**」です。これが商品・サービスのベースとなっている交換に足されるのです。つまり、「**ブランディング＝交換行動＋反響行動**」です。

では、反響行動をいくつかの代表的なものに分化してみます。

•「今の私」反響行動

たとえば、近所に新しいベーカリーができたときに、試しに１回のぞいてみるケースです。

ショーケース越しに店主から、扱っているパンや惣菜の説明を聞くと、都会から移住してきたとのこと。地元の自分よりも地元素材に詳しく、素材を求めて移転を決めたという。ショーケースの商品ごとに素材の生かし方を語ってくれる。値札を見ると周囲のベーカリーより高いが、むしろ、「そうだろうな」という納得感が出てくる。そして、店主からお勧めされたパンを一とおり購入してしまう――そんなパターンです。

「利用者の選択での優先順位が高くなる」反響行動といえます。ブランディング活動によって、高くても「それでいい」と確信が高まります。すると、自ブランドが競合比較から抜け出せるので、提供者側は値段に頼らない交換（非価格的な販売）ができます。反響行動が、提供者側のリターンに貢献するわけです。

• 「次の誰か」反響行動

先のベーカリーの話の延長で考えてみましょう。

友人宅での飲み会に呼ばれたとき、友人が手料理の説明に地元素材の話をしてくれる。そういえばと思い、新しいベーカリーで聞いた地元素材のエピソードを伝える。その後、友人はそのベーカリーに通い始め、店主の惣菜の素材やパンの製法を聞いたりするのを楽しみにする常連になってしまう――そんなパターンです。

「利用者が新たな利用者候補を導く」反響行動といえます。推奨によって自ブランドの新規利用者が現れる。新規への提供者側からのコミュニケーション・コストが下がる、つまり、広告やらPRなどの費用や労力が軽減される状況になっていく反響行動が、提供者側のリターンに貢献しています。

■図表1-3-2　ブランディングの反響行動■

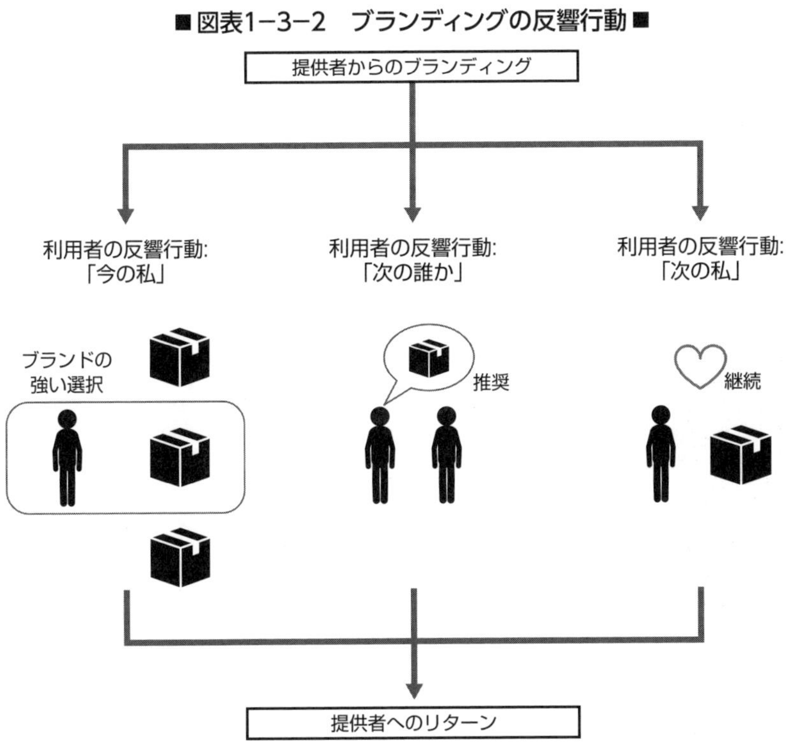

•「次の私」反響行動

これも新店のベーカリーの話を例にして考えてみます。

料理に詳しい友人が気に入っているベーカリーなら間違いがないと、良いものを買っているという満足感が高まり、やや高い値段を気にすることがなくなる。そうなると、実家や久しぶりに友人と会うような場面での手土産に、ベーカリーのパンや惣菜を予約して持っていくようになる。結果、自分使い以外の目的で購入が始まるので、利用の頻度も１回の支払額も高まっていく。そんなパターンです。

「利用者が継続的に交換（購入）してくれる」反響行動といえます。自発的な自ブランドの再利用が起きる。一方で、利用を喚起するためのインセンティブは最小限になり、特別なコミュニケーションがなくてもSNSで自ブランドのアカウントをフォローしてくれるので、「プロモーション・コストが下がる」。これも、やはり反響行動によって「提供者側のリターンに貢献」という流れが生まれます。

■ブランドの「評判」「絆」「シンボル」の設計

ブランディング活動とは、ここで挙げた利用者からの３つの反響行動が、提供者のリターンになっていくようにするものです。では、どのようにブランディング活動が反響行動に応えてくれるのでしょうか。**ブランディング実務ではブランド・ストーリーが基軸になって、「評判」「絆」「シンボル」を設計して、反響活動が起きる確率を高めていきます。**

■図表1−3−3　3つの反響行動■

	課題	ブランディング 活動と設計
「今の私」 反響行動	利用者の選択での優先順位が高い	•記憶を反響行動に結びつける活動 •「強い記憶」をサポートするシンボル設計
「次の誰か」 反響行動	利用者が新たな利用者候補を導く	•評判を反響行動に結びつける活動 •「情報の拡散」をサポートする評判設計
「次の私」 反響行動	利用者が継続的に交換してくれる	•絆を反響行動に結びつける活動 •「体験の累積」をサポートする絆設計

すべての交換（「商品・サービス」「企業」「社会貢献活動」）に共通するブランド設計の意味について、利用者の交換前と交換後の流れから、３つ

の設計を3つの反響行動とセットにして見てみましょう。

●「次の誰か」を広げる「評判設計」

最初に来るのが、「次の誰か」を広げることになる「**評判設計**」です。ブランドに関する情報を拡散してくれる反響行動です。ただし、情報拡散の内容はなんでもいいわけではなく、ブランド・ストーリー（ブランディングのワークの中核）に沿ったものに限ります。

「次の誰か」に評判が共感とセットに伝わるように組み立てるのが「評判設計」です。企業であれば、顧客企業から推奨されて新規の顧客企業が生まれるようなケースです。社会貢献活動なら、既存の支援者が世間へ自然に情報発信してくれたことで、新たな支援者が集まってくるパターンです。

●「今の私」を強める「シンボル設計」

次に、主目的となる交換の発生の段階での反響行動です。商品・サービスでは消費者との交換、企業ではステークホルダーとの交換、社会貢献活動では支援者との交換です。

ちょうど選択を決定する場面での反響行動が、「今の私」での反響行動です。ここでの反響行動では、ブランドのシード権があるかが重要ですが、

■図表1-3-4　ブランディング活動の見取り図■

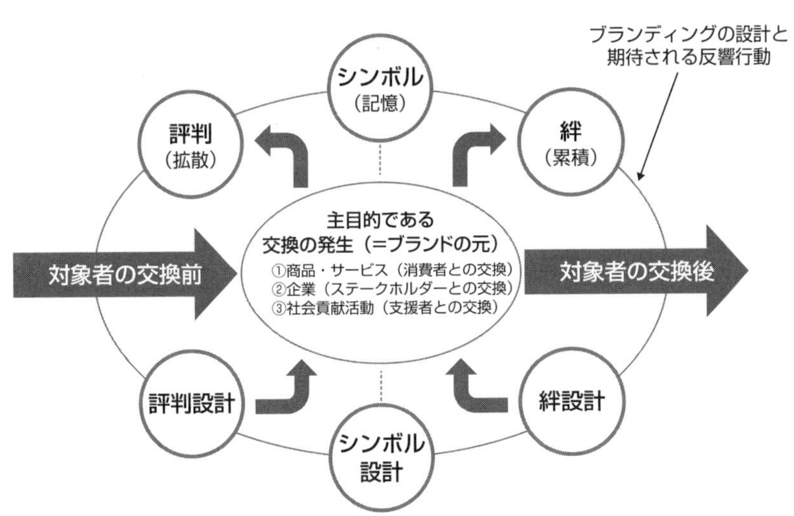

これは記憶の強さです。そのブランドの記憶をサポートしてくれるのがブランドを象徴するシンボル群になります。ブランドの印象を高める工夫が、「**シンボル設計**」です。シンボルとはブランドの「らしさ」をつくるものです。「らしさ」は感性に訴えて、利用者の記憶をサポートし、ブランド自体を忘れづらくしてくれます。

Ｂ２Ｂ企業であれば、自社がデザインしたマークやアイコンを顧客候補の企業の従業員が印象的に記憶していて、その顧客企業が新たな仕事を頼もうと複数の外部企業に声をかけようとする際に、自社が選択候補になるようなケースです。また、社会貢献活動では、感性に訴える活動スローガンも、記憶を印象的にするために重要です。気になる存在であることが、サポート対象とする機運を後押ししてくれます。

•「次の私」を伸ばす「絆設計」

最後が、利用者の交換後に焦点を当てた「**絆設計**」です。提供者と利用者の絆は、ブランドの体験量を増やすためのホットラインの役割をします。体験の累積をサポートすることで、ブランドとの絆が強まって「次の私」の自発的な継続利用の期間を伸ばします。もちろん、ブランド・ストーリーに沿った体験が累積されていることがポイントになります。

企業なら、顧客企業の経営者が何か取引の周辺で必要なものが新たに発生したとき、とりあえずの相談先として選ばれ、取引の幅が自発的に広がるケースです。社会貢献活動では、より緊密な支援者との関係が、緊急時や繁忙時に「活動を助けてください」といった声をかけやすい状態をつくってくれます。

1-4 ブランディングで参照する指標

どのようにしてブランディングの効果を評価するか?

■ブランディングの客観性の弱点を埋めるスコアは何か?

当然のことながら、ブランディングの効果も客観化が求められます。とはいえ、ブランドの評価は手強い課題です。実務における、ブランディング評価の弱点を挙げると以下のとおりです。

① 商品やサービスのコアの価値次第なので、単体でのブランディング活動を特定しにくい。
② 「評判」や「絆」といった目に見えない活動が中心なので、効果が現れるまでに時間がかかる。
③ 利用者の頭の中は見えにくいだけでなく、そもそも利用者はブランド評価のヒアリングにまで細かく付き合ってくれない。

しかし、客観性の弱さを補完することはできます。「どうもブランディング活動と相関がありそうだ」という指標を設定して、その指標を、「評価」ではなく、あくまで「参照」していきます。

特にマーケティングでは、ビジネスの中間指標として**KPI(Key Performance Indicator)**を設定します。KPIは因果関係が強い指標なので、「KPI群のスコアを上げること=来期のマーケティング活動」という定式を考えることができます。

これに対してブランディングは、**KBI(Key Branding Indicator)**を設定します。因果関係ではなく、相関関係なので、あくまでも「スコアの上下がブランディング活動の良し悪しに関係がありそうだ」という類推の指標です。ですから、**KBIは評価指標というよりはあくまでも参照指標といえます。**

■新規獲得コスト(CPA)、生涯累積貢献(LTV)、第一再生記憶(TOM)

本書では、ブランディング活動の結果に対して参照指標を3つ設定しています。併記しているアルファベット3文字は、リサーチ用語をブランデ

■図表1−4−1　各参照指標の違い■

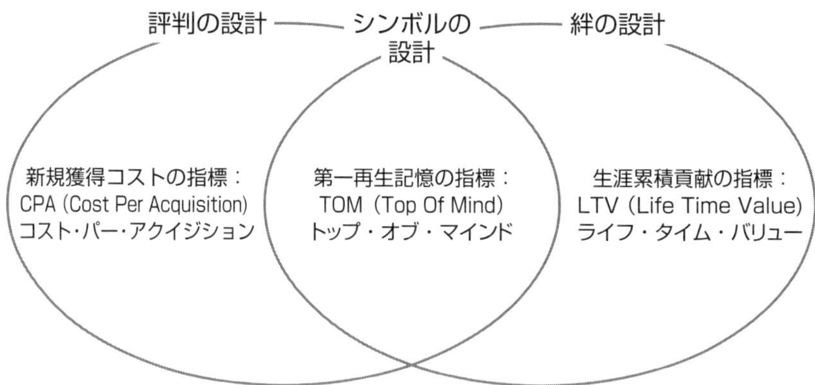

ィングへ転用したものです。

３つの参照指標について、簡単に説明していきましょう。

新たな利用者を獲得する活動の効果（評判）を測る指標が、CPA（Cost Per Acquisition：コスト・パー・アクイジション）で、これからの本書での表記は「**新規獲得コスト（CPA）**」とします。

既存の利用者の継続を維持する活動（絆）を測る指標が、LTV（Life Time Value：ライフ・タイム・バリュー）で、本書での表記は「**生涯累積貢献（LTV）**」とします。

主に利用者の頭の中にあるブランドが選択時の第一シード（シンボル）になっている状況を測る指標が、TOM（Top Of Mind：トップ・オブ・マインド）で、本書での表記は「**第一再生記憶（TOM）**」とします。

この３つが、ブランディングの中心指標になります。留意したいのは、ブランディングは人の頭の中にあるブランドという概念を扱っているということです。心理学的な側面もありますから、この３指標はブランディング活動単体との因果関係は、やや弱いものになります。しかし、ブランディングの実務においては、客観性を保つために、参考にしていく指標として重視します。マーケティングの「評価指標」に対して、ここではブランディングの「**参照指標**」という扱いをします。それでは、3つの指標の意味と用法を解説します。

■① 新規獲得コスト（CPA）

新たな利用者が出現するまでにかかる1人当たりの投下リソース（費用・時間・労力）です。「ブランドと対象者の交換前の望ましい関係」をコストの視点で測るモノサシです。

商品・サービスの場合なら、存在を知らなかった消費者が自ブランドを選択するにはそれなりのコストがかかります。「費用換算してみたとき、新たな利用者獲得に、1人当たりでどのくらいかかりそうか？」という参照指標になります。

次期利用者の頭の中に「**このカテゴリーの商品を選択するなら、ブランドXがいいらしい**」という状態が生まれていることを示す指標です。

「新規獲得コスト（CPA）が高い」の意味

新たな利用者の1人当たりの獲得にコストがかかり、継続すると徐々にリソース不足に落ちる……望ましくない状態。

ブランディングのコンサルタントとして嫌な話をしますと、CPAが高くなる傾向にあるビジネスはすべて瓦解します。

売れば売るほど儲からなくなるからです。規模が大きくなっても問題は解決されません。むしろ悪化します。自滅や撤退を余儀なくされるのです。

「新規獲得コスト（CPA）が低い」の意味

新たな利用者の1人当たりの獲得のコストが少なく、継続すると徐々にリソースへの負担が軽くなり、目的（収益など）に近づきやすくなる……望ましい状態。

新規獲得コスト（CPA）が低下していくことは何を意味しているのでしょうか？　それは新しいお客さんが自動的に入ってくる循環ができていることを意味します。

口コミなどの評判が勝手に広まることで、新たな顧客開拓になっている、ありがたい状態です。「ブランディング実務が目指すブランドのシード権が自動的に上がっている」ともいえます。

■② 生涯累積貢献（LTV）

すでに関係のできた利用者からの継続的な交換に貢献する参照指標です。「ブランドと利用者の交換後の望ましい関係」を測るモノサシです。

商品・サービスであれば、一定期間内に１人の消費者がリピートすることで得られる平均利益が該当します。優先してリピートされるので価格競争からも距離があるため、収益率は高くなります。

言葉の「ライフ」は概念的には生涯（一生）ということですが、ブランディング活動は期間ごとに行われるものなので、ある期間の区切りを前提に考えます。「**これからも、このカテゴリーではブランドXを選択します**」という状態が芽生えていることを示す指標です。

「生涯累積貢献（LTV）が低い」の意味

既存の利用者の１人当たりの継続的な交換頻度が減って、徐々にコアの利用者がいなくなる……望ましくない状態。

これもビジネス視点で嫌な話をあえてしますが、LTVが低くなる傾向のビジネスは衰退していきます。コアの商品・サービスに、価格に見合う魅力がない証です。

「生涯累積貢献（LTV）が高い」の意味

既存の利用者の１人当たりの継続的な交換頻度が維持され、継続するとコア利用者が累積的に増え、目的（収益など）に近づきやすくなる……望ましい状態。

生涯累積貢献（LTV）が累積的に増えることの意味は、既存の利用者とブランドの絆が深まっているということです。次のブランド選択で継続的に選ばれているのは、頭の中にあるブランドのシード権がかなり高い位置でキープされているからです。

■③ 第一再生記憶（TOM）

ブランディング活動が導く、頭の中のブランド選択時の第一シード状況を把握する参照指標です。

本書の１―１でも書いたように、この第一シードにあるブランドは理想的な状態といえます。あるカテゴリー内で最初に再生する（思い出す）ブランドは、第一シードに近い状態という解釈です。「**このカテゴリーを代**

表するブランドはXです」が頭の中にあることを示しています。

もちろん、他のブランドも入ってきますし、交換後の忘却もあります。有名であることが、強いブランドの証とはいえません。あくまでも参照するためのものです。また、カテゴリーの範囲もケースバイケースなので、計測には注意が必要です。

「第一再生記憶（TOM）が弱い」の意味

100人に聞いたカテゴリー内の第一再生記憶の数は100個です。１人ひとつしかありません。自ブランドの数（通常は％）で、カテゴリー内の序列がわかります。これが全体のシード権順位になります。弱いとは、シード権が下位だということです……望ましくない状態。

「第一再生記憶（TOM）が強い」の意味

同様に、自ブランドの第一再生記憶数が相対的に最も多ければ、カテゴリー内での第一シード権を獲得できている状況です……望ましい状態。

■図表1−4−2　ブランディング活動と参照指標の全体図■

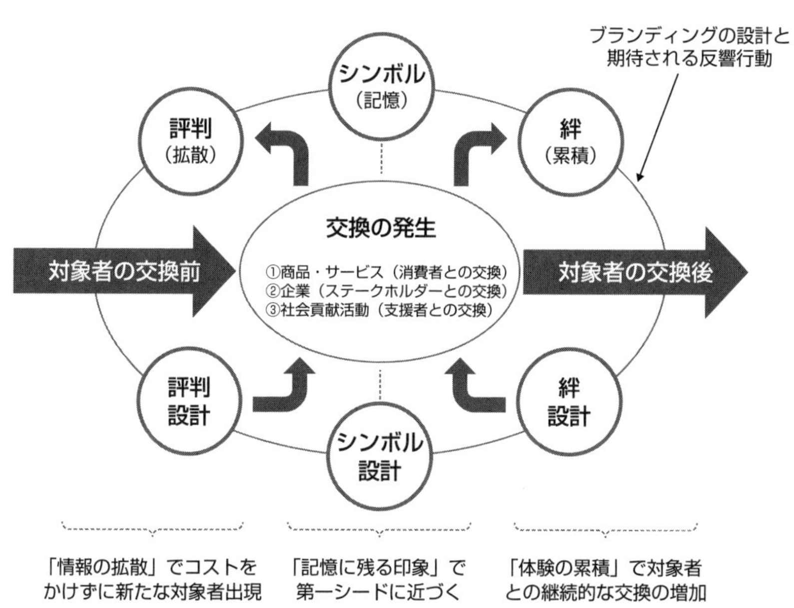

ただし、この第一再生記憶（TOM）が強いのは、広告などによるコミュニケーションの影響もあります。ブランドの想起はある程度は投資にお金をかければ獲得できてしまうのです。しかし、ブランディングでは、費用でスコアを上げることは新規獲得コスト（CPA）を下げることに相反することなので、コミュニケーション・コストをできるだけかけないで、第一再生記憶（TOM）が強くなっていくことを目指します。

1-5 ブランディングとマーケティングの関係について

補完関係と対立関係を考える

■ブランディングとマーケティングの違い

ブランディングというと、よく質問されるのがマーケティングとの違いです。なぜ、質問が出るかというと、この2つが混線しているからです。著者であるヤスハラもコンサルタント現場で、この2つの単語がゴッチャゴチャになる光景に数多く出会っています。

「ブランディングって、マーケティングが格好つけたもの」といった形で、同じカテゴリーのものとしての扱われることもあります。また、どちらかが否定されて、「マーケティングは古い」vs「ブランディングはイメージです」など対立されたりすることもあります。「あとはお任せしますので、ブランディングでうまくやってください」など、その場の気分で使い分けられていることも……。特に、商品・サービスの領域ではマーケティングとブランディングが混在しています。

両方とも多くの定義と解釈が存在します。研究者や実務者でも違いますし、扱っている商品によってもマチマチです。理解をシンプルにするために同じ視点に立って比較しましょう。

本書の姉妹書である『新版　マーケティングの基本』（2019年）では、マーケティング実務の定義を「マーケティングとは商品とお金のハッピーな交換点を見つけて、実現していく活動」（抜粋）としています。

これに対して、本書のテーマであるブランディングとは、「**対象者の頭の中で起きるブランド選択の優先順位を高めていく活動**」（今まで述べてきたものを簡略したもの）としました。微妙な相違ですが大きな違いです。実は、それが2つを分冊にする理由でもあるのです。

マーケティングとブランディングが混在と混乱を生むのは、ある場面では補完し合い、ある場面では対立するからです。大まかには、**マーケティングとブランディングは、「準備段階では補完し合う協力関係」にあり、「評価段階では対立する関係」がある**といえます。

■準備段階での補完関係について

実務の準備段階ではお互いに助け合う関係にあります。マーケティングはブランディングに先行して、商品・サービスの交換図面（理想像を想像したもの）をつくります。〈図表１―５―１〉では、マーケティングを砂時計のシルエット（上が逆三角形・下が三角形）で表しています。上から下が実務準備の流れであり、時間の流れだと思ってください。

マーケティングでは、上の逆三角形は「**戦略**」と呼ばれます。環境分析、コンセプト開発、STPなどが該当しますが、本書の本題ではありませんので、ここではこういった専門用語は「そういうものがあるんだ」程度でスルーしてください。

逆三角形になっているのは何かを絞り込んでいることを示しています。「何か」とは「**情報**」です。関連する情報を集め、考察し、検討し、誰もが動けるように活動の基本方針をシンプルにします。中心軸をつくるのです。

この砂時計の中央部分のくびれまで情報を絞り込むわけですから、「**戦略とは捨てること**」と言われるのです。

また、下の三角形は情報が肉づけされていくことを示しています。今度

■図表1−5−1　マーケティングとブランディングの関係①■

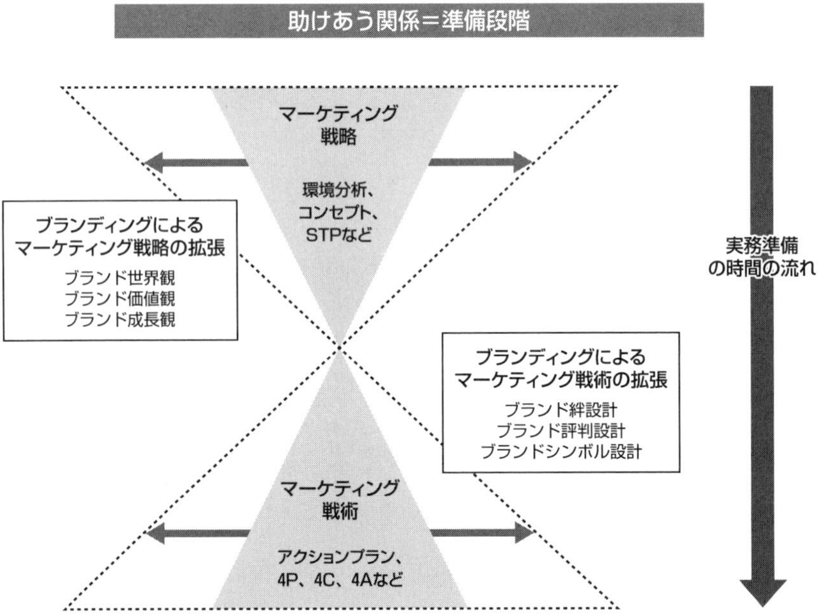

助けあう関係＝準備段階

マーケティング
戦略

環境分析、
コンセプト、
STPなど

ブランディングによる
マーケティング戦略の拡張
ブランド世界観
ブランド価値観
ブランド成長観

実務準備
の時間の流れ

ブランディングによる
マーケティング戦術の拡張
ブランド絆設計
ブランド評判設計
ブランドシンボル設計

マーケティング
戦術

アクションプラン、
4P、4C、4Aなど

は基本方針に従って、アクション・プラン（４Ｐ、４Ｃ、４Ａといったもので解説するのが王道ですが、ここでは説明を割愛します）を組み立てます。「**戦術**」と呼ばれるものです。これは戦略に沿って、行動を「時間、費用、人選」など、手持ちに制約のあるリソースを貼り付けていく作業になります。

こういった**マーケティングの「戦略―戦術」組み立て作業において、ブランディングは三角形の幅を広げる役割を持ちます**。特に、ブランディングがマーケティングを補完する部分で中心になるのが、反響行動を設計する点です。マーケティングでは交換行動（つまり売上に直結する利用者側の動き）に対して、その先にある利用者が＋αの行動に移ってもらうことで、自社へのリターンになっていくことを目的にしています。

誤解を恐れずに言うなら、**マーケティングは「売れること」をゴールにする活動ですが、ブランディングは「売れ続けること」をゴールにしています**。「売れる」と「売れ続ける」はセットです。売上はビジネスを成立させますが、よりリソース（費用や労力など）をかけずに「売れ続ける」状態になれば、その分ビジネスを続けやすくなります。三角形の幅を広げることが、「売れる」と「売れ続ける」の両立を意味することになるわけです。

■評価段階での対立関係について

一転して、実務をレビューする段階ではお互いは対立する（しやすい）関係になります。マーケティングはビジネスの基盤となる図面をつくります。「どの指標を追いかけて、自分たちの行動を修正していくのか？」がブランディングとは大きく異なります。

ブランドは人の頭の中にあり、存在が確立するには時間がかかります。常に自分のブランドがどういった状況なのか、それは「何に比べて」良い状態か、良くない状況かを判断しなければなりません。

マーケティングでは、ビジネスのパフォーマンスを分解したもので評価します。利益→売上・コスト→販売個数（機会・延べ人数など）→販売環境（購入意向率・認知率など）、といったように、管理できるレベルまで細かくして、それぞれをどうまとめれば完成（ビジネス目標）に近づくことができるかを考えます。

ポイントとなるのはこれらの指標はすべて、「過去＝終わったこと」を問題にしている点です。計画は意図です。マーケティングでの評価は実績なので、どんなに購入時点でデータが入手できても、過去がベースになります。次の過去が望ましい過去になるように現在を修正していくのです。そのために因果関係を追求します。

同様に眺めると、ブランディングはブランドの質的な部分を重視します。マーケティングの量的な視点とは反対側のものです。ブランディングで最も重要なのは提供者側のブランドを通じて世に問いたいもの、それが“**志**（こころざし）”です。

前述のベーカリーの例でいうなら、「良いパンづくりで理想の地産地消を追求しようとする覚悟」です。常に未来から今を眺めて、「より良い」に向かう態度を貫くことは、提供者の自分に対する誓いのようなものです。“志”とは、他のベーカリーがどうだとか、もっと多く売れる商品が良いとか、競合や売上に左右されないものです。**ブランドは自分の“志”を人々**

■図表1−5−2　マーケティングとブランディングの関係②■

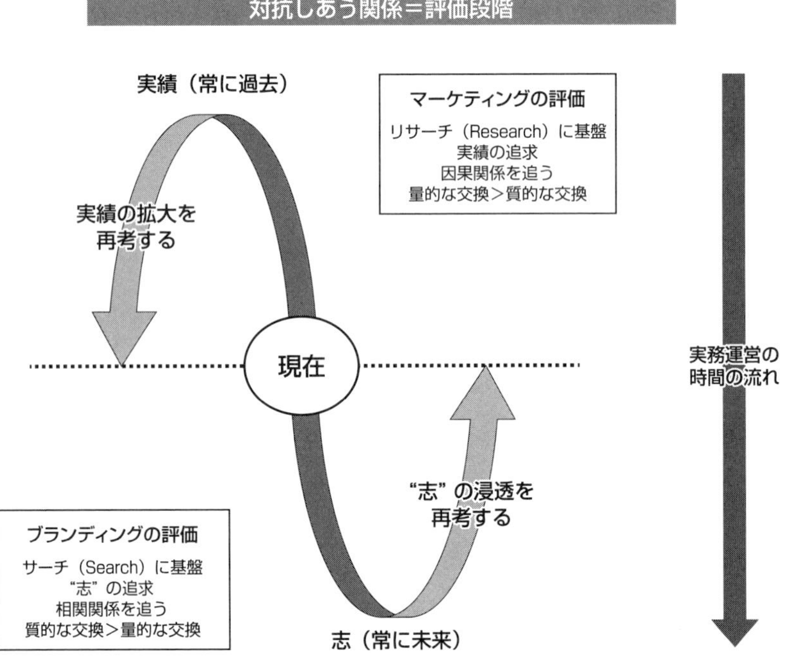

に伝達しようと活動した結果の現れです。ブランディングの評価基準が“志”の伝達度合いにあるので、未来と現状の差を気にしながら、活動を修正していきます。マーケティングの評価が過去をベースにしているなら、ブランディングの評価は未来をベースにしているといえます。

評価して因果関係を探るマーケティングに対して、ブランディングは「より商品・サービスを利用している人ほど、ブランド提供者側の“志”に共感しているかもしれない」という相関関係を探る対比になります。

因果関係ならそれに基づいて修正をかけるのが前提です。リサーチすることで、もっと売れるようにすることを考えるのがマーケティングです。相関関係で検討すべきなのは強弱の確認です。志を実績から比較・修正するというのは違和感があります。むしろ、「志がブランドにきちんと託されて伝わったのか？」「志に共感してくれる望ましい顧客はどんな人たちなのか？」など、見えにくい部分の探求する評価活動に近いものです。

ちなみに、マーケティングのリサーチは「Re-search」であり、「Re」には「再び」というニュアンスがあります。リサーチは比較・修正を前提としていますが、ブランディングではあまりこの単語は使いません。あくまでも、変わらない志について顧客の頭の中を「**サーチ**」して、どういった志関連の言葉やイメージが相関関係を持っているかを見つける動きです。

実務の現場で、ブランディングとマーケティングの話が微妙に噛み合わないときは、「売れない＝修正すべし」側と「売れる・売れないにかかわらず、伝えなければならないことがある」側が、対立している可能性があるのです。

■補完と対立が混ざり合う理由

押さえておきたい部分はとてもシンプルです。**ブランディングとマーケティングの補完と対立が混ざり合っているために起きる混乱は、量的なものを追いかける視点と、質的なものを追いかける視点の違いに起因します。**ここだけです。

数字による状態説明だけで判断しようとするとき、数値化がむずかしいブランドの未来が無視されている可能性があります。反対に、言葉による意味説明だけで判断しようとするときは、マーケティングの活動実績が軽く扱われている可能性があるということです。

『世界のエリートはなぜ「美意識」を鍛えるのか？』（山口周：著、2017年）では、「『より高品質の意思決定』を行うために、『主観的な内部のモノサシ』を持つ」ことが美意識を鍛える理由の１つという解説があります。

ブランディングの核となる志も主観的なものです。そして、経営の志は、経営者の美学を宣言したものです。ですから、ブランディング活動をすべて客観的に評価していくことは、ブランドの育成をミスリードする可能性が高いのです。

多くの会社を見ていくと、面白い現象に遭遇します。たとえば、「マーケティングはブランドを邪魔するもの」というラグジュアリー・ブランドを扱う会社に出会ったりするのです。アンチ・マーケティングの企業文化は、ブランディング重視の反動です。「ブランディングとか緩い言葉を使って説明しないように」という日用品を取り扱う会社もありました。こちらは、アンチ・ブランディングですね。データですべて判断していこうとする企業文化の反動です。

どちらも間違っているわけではありません。でも、先に述べた補完し合う部分も取り込んだ上で、「メリットとデメリットの峻別と取り込みをしてもいいのでは？」と思うこともあります。

■図表1−5−3　マーケティングとブランディングにおける活動評価■

	評価の表現方法	事実を捉える視点	評価指標の扱い
マーケティングの活動評価	量的（数字）	・客観的状態を重視する ・仮説と実績のギャップから、仮説を修正する	因果関係で判断していく
ブランディングの活動評価	質的（言葉）	・主観的意味を重視する ・志と実態のギャップから、志を強固にする	相関関係を参照していく

まとめると、「評判の設計がうまく機能すれば新規獲得コスト（CPA）が下がっていく」「絆の設計がうまく機能すれば生涯累積貢献（LTV）が上がっていく」「シンボルの設計がうまくいけば第一再生記憶（TOM）が強まっていく」というように、反響行動が実務での評価になるのがブランド育成の理想だということです。

ただし、他の要因も重なって影響しますから、あくまでも強い相関でしかありません。ですから、ブランディングに限定したとき、すべての客観的な指標は、あくまで参照すべきものであり、最重要な主観的評価である、「ブランドは対象者の頭の中で、志を体現しているか？」をサポートする役割となります。

1-6 ブランディング・フレームワークの特徴について

7つのワークで実務に落とし込む

■全体の見立て

本書では、ブランディング実務のフレームワークを使いながら、抽象的な概念を具体的なアクションに落とし込んでいきます。その構図と考え方をここでは紹介いたしましょう。

下に示したフレームワークには、「**中心点**」―「**観点**」―「**設計**」の三層で構成されています。観点には「**価値観**」―「**成長観**」―「**世界観**」の３つ、設計には「**評判設計**」―「**絆設計**」―「**シンボル設計**」の３つが配置されています。合計７ボックスのワークによって、ブランディング実務を実際の活動に落とし込むことができるようなっています。

■図表1−6−1　ブランディング実務のフレームワーク■

中心点	①コア・コンセプト		
観点	②価値観	③成長観	④世界観
設計	⑤評判設計	⑥絆設計	⑦シンボル設計

フレームワークが持つ、ブランディング全体の考え方について説明します。〈図表１―６―２〉にあるように、フレームワークは三層の円で構成

■図表1−6−2　フレームワークの考え方■

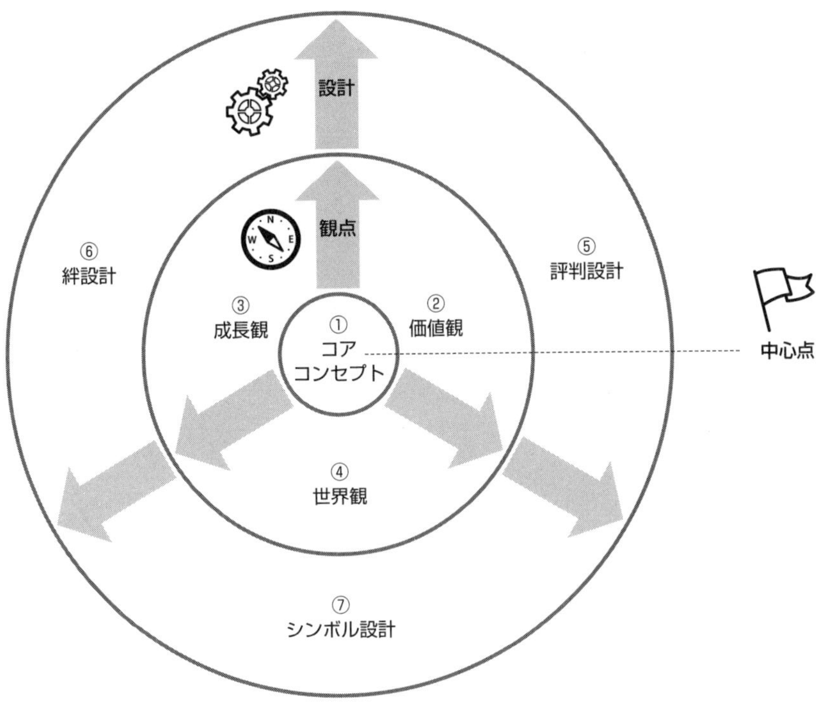

されていると思ってください。中心点から外に向かって観点、設計の方向に、合計７つのワークが広がっていきます。中心点は①コア・コンセプト、観点は②価値観、③成長観、④世界観、設計は⑤評判設計、⑥絆設計、⑦シンボル設計としています。

■本書で扱うフレームワークの特徴

ブランディングのフレームワークの要素は、著者であるヤスハラが過去20年間、コンサルティング現場で使いながら必要だと思ったものを集めています。

「まえがき」でも書いたように、このフレームワークは、抽象度の高いブランディングの考え方を実務に落とし込むためのツールです。当然ですが、こういった「概念——実務橋渡し」ツール類は、実務家の数だけ存在します。その点は、本書も同じであり、「この手法だけが有効」なわけではありません。しかし、押さえておきたい要素は、実務家によって表現方法に違いはあれど、ほとんど同じです。

むしろ本書では、「どうアプローチすると効率が上がるのか？」を柱にツールを組み立てています。「ワーク・フローが実務のスケジュール感と一体になっていること」「記入し終わった成果物が他の人々への説明書の役割を果たすこと」「目次として眺めながら、読者それぞれがブランディングの現場で押さえたいポイントをチェック・シートとしても活用できること」などを特徴にしています。

また、独自の視点も組み込まれています。ブランディング業務に携わることになった人は、ブランディングに土地勘がないことがほとんどです。つまり、スタートがブランディング実務なのです。それは大企業の研究部門の研究者であったり、創業間もないベンチャー企業のITのエキスパートだったり、地域の教育を変えるための団体を立ち上げようと考えている人だったりと、それぞれの目線があります。

そのため、本書では、商品・サービス、企業、社会貢献活動のブランディングも同じ視点で扱え、すべての領域を１つのフォーマットで対応できるようにしました。

最後に、使う用語がフレンドリーである点も意識しました。著者のコンサルタントとしての反省からでもあるのですが、どうしてもビジネス用語やマーケティング用語ではターゲット（標的）とか戦略・戦術といった「戦い系」の言葉が多く使われます。実際に私も使ってきましたが、ブランドは人様の頭の中の話ですから、ブランディングに関しては、他者に対してあまり攻撃的でない言葉を優先して使うようにしています。

第2章

「商品・サービス」ブランディングの実務：スタートと〈フェーズⅠ〉「中心点」

2-1 「商品・サービス」ブランディング実務の全体像

各フェーズとワークの概要を押さえよう

■フレームワークの目的

本書では、ブランディングのフレームワークを領域共通のものとして扱っていますが、その骨格となるのは「商品・サービス」領域のブランディングです。第2～第4章では、「商品・サービス」領域のブランディングについて、ブランディング実務のフレームワークを使って進行します。その後、第5章で「企業」、第6章で「社会貢献活動」へと拡張していきます。

前章でも紹介しましたが、フレームワークの全体図（メニューであり、目次）を示したのが、〈図表2—1—1〉です。要素は7つ、コア・コンセプトを起点にフェーズに沿ってワークを行います。

フレームワークはブランディング実務の見取り図です。「なんのためにフレームワークの作成をするの？」という問いに対して、「次のような目的がある」と答えることができます。

•言語での共有化

対象ブランド（ここでは「商品・サービス」）はどのようなモノゴトなのかを可能な限り言葉に置き換える場になります。複数のメンバーが同じ場にいて、一緒に言葉にしていくことで、自ブランドの輪郭を同じ目線で共有できます。

•再考と深掘り

自ブランドを言葉にしていくのは再発見と、再理解の連続です。自ブランドを書き表す単語は不足しているのが普通です。書き表すということは、「そもそもこのブランドってなんだったっけ？」と考え直す作業でもあります。フレームワークは考え方を整理するための「壁打ち」で、ブランドを深掘りする機会になります。

• **整合性の確認**

７つのワークでは、個々に納得感があることはもちろん必須ですが、同時に、全体でも整合性がとれているようにする必要があります。整合性とは、７つのワークで確認されたもの同士の一貫性です。整合性があれば無理なく、無駄なく活動のエネルギーを使えるからです。

• **継続と進化の客観化**

ブランディングは長期的な活動です。対象者（利用者・潜在利用者・利用休止者）の頭の中のブランドを扱う以上、継続的な活動をしていく必要があります。また一方で、対象者の頭の中にあるブランドは進化していく必要があります。環境が変われば、記憶されたブランドの意味合いも変わっていくからです。

継続と進化を両立させるためには「何を変えるか、何を変えないか？」を共有する必要があります。フレームワークも同様に継続していけば、「以前のワーク」と「今回のワーク」といった使い方をして、見比べながら対応していくことができます。

■フェーズとワークの概観

全体のブランディング・フレームは１枚ですが、その中に７つのワーク

■図表2−1−1　フェーズとワークの概略図■

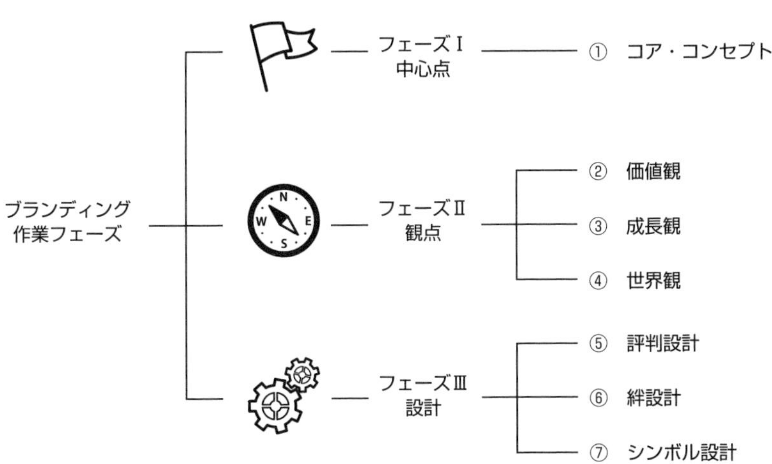

があり、全体と個別の関係になっています（42ページ、図表1―6―1参照）。７つのワークを行うと、全体のフレームが完成し、ブランディング実務の見取り図となります。

ワークには順序があります。フェーズⅠからフェーズⅢに向かって進みます。ただし、どこかのワークで違和感を感じて、前の流れとは別の視点のものが記入されると、他の要素にも影響が及びます。前の検討済みのワークに戻って、そこで修正や見直しも必要になってきます。すべては関連しています。

今までの繰り返しになりますが、ブランディングはブランド育成を通じて交換活動全体（商品・サービス、企業経営、社会貢献活動など）の「売れ続ける」や「活動し続ける」といった目的を最短で進むための実務です。

ですから、フレームワークは目的ではなく手段です。当然のことですが、実務でブランディングをどう稼働させていくかが大切なのです。**詳細で正確な記入より、関係者の納得感と希望が託されているかが、フレームワークの出来不出来の判断基準になります。**フレームワークを「気持ち」として表現させていただくと、関係者に「フムフム」と言わせ、「ワクワク」を感じさせる内容がゴールです。

〈フェーズⅠ〉中心点：① ブランドのコア・コンセプト

ブランドの対象となる「物事の概要」＝「コア・コンセプト」を言語化します。ワーク全体の起点になります。端的に言うと、「そもそも、なんでこの商品やサービスが必要とされるのですか？」という質問に答えるものです。ブランドのコア・コンセプトはすでに明らかな場合も多くありますが、意外と真のコンセプトからズレていたり、ぼやけていたりするのが現場の実態です。自分たちのコア・コンセプトの大まかなイメージだけでブランディングを進めるのは危険です。その先のワークが行き止まりになって、もう一度やり直しになって大きく迂回してしまうからです。

よって、フェーズⅠでは、ブランディング・フレームワークの中心点を決める「**存在意図の確認のワーク**」をします。

〈フェーズⅡ〉観点：② ブランドの価値観

価値観を、「**ブランド・ストーリー**」によって物語にします。ストーリーといっても、単なるブランドの説明ではありません。「自ブランドがあなたにとって、選択の優先順位が高いのか？」という問いに答えます。この選択基準こそ、ブランドが提示する価値観です。

「ブランド・ストーリー策定のワーク」は、「提供者の志」「提供者のシーズ」「利用者のニーズ」「利用者の生活」の４項目を１本の物語にまとまる作業になります。ちなみに、企業経営でよく聞く、「パーパス」「バリュー」「ミッション」「ビジョン」（249ページ参照）もこの４項目に相当するものです。

〈フェーズⅡ〉観点：③ブランドの成長観

自ブランドが長期的に存在するためには、環境に適応し続ける必要があります。しかし、環境の変化に振り回されればブランドは一貫性を失います。どうブランドが成長していくかを考えておく必要があるのです。そのために、共に成長するために伴走してくれる利用者を設定します。「**ブランド・パートナー**」と呼ばれる存在です。

ブランド・パートナーは、「ブランドが人の頭の中にある存在なら、誰の頭の中を参照すればよいのか？」という問いに答えることで生まれていきます。「ブランド・パートナー策定のワーク」は、望ましい評判に貢献してくれる人と行動、望ましい絆に貢献してくれる人と行動とは何かを策定する作業になります。

〈フェーズⅡ〉観点：④ブランドの世界観

ブランドの中心となるのがコア・コンセプトでした。中心があるということは周辺が存在します。ブランドの世界観をつくることは、ブランドの周辺を埋めるためのテーマを設定することです。ブランドの「らしさ」に一貫性を与える方針になります。

価値観や成長観とは別の観点である世界観が必要な場面とは、どんな場面でしょうか？　HPの写真選定、ブランド説明パンフレットの文章の良し悪し、ショップ空間のレイアウトの決定、ブランド主催のセミナーでの接遇の仕方など、消費者や利用者に近づけば近づくほど「えーっと、これはどうするのかな？」という悩みが起きます。

「**ブランド・ワールド**」のワークは、「選択に迷ったときには、どのような基準で業務を推進すればよいか？」という問いに答えるものです。ブランドの「らしさ」に近いものを選び続けることで、メンバーが入れ替わったりしても、ブランドの一貫性を長期的に保つことができます。

〈フェーズⅢ〉設計：⑤ ブランドの評判設計

ブランドの情報発信によって、人が人に伝えたくなる手法を設計します。ブランド・ストーリーから情報の拡散を定期的に、習慣的に実施する準備です。「情報拡散方針」「評判コンテンツ開発」「新規獲得コスト（CPA）計測」の３項目で構成されます。

なお、「方針」―「開発」―「計測」は、ブランディングの設計〈フェーズⅢ〉共通の項目です。

〈フェーズⅢ〉設計：⑥ ブランドの絆設計

ブランドからのコミュニティ活動を通じて、個人のブランド体験が累積していく設計をします。ブランドの絆づくりです。ブランド・パートナーへの体験の累積が何かを想定し、習慣的な活動にする準備です。「体験累積方針」「絆ネットワーク開発」「生涯累積貢献（LTV）計測」の３項目で構成されます。

〈フェーズⅢ〉設計：⑦ ブランドのシンボル設計

ブランディングのアクションプランを実施する中で、長期的にブランド・ワールドが策定した「らしさ」が自動的にでき上がるようにします。シンボル群はブランドの情報に組み込まれ、また、体験に組み込まれ、それぞれ拡散と累積をしていきます。シンボル群は、対象者とのさまざまな接点で反復しながら記憶されていきます。そして、徐々に頭の中に定着してブランドを思い出すときのきっかけになってくれます。「情報＆体験シンボル化方針」「シンボル要素開発」「第一再生記憶（TOM）計測」の３項目で構成されます。

■フェーズとワークのアイコンを設定

本書では３つのフェーズ、７つのワークに対して、それぞれアイコンを設定しています。直感的に意味を感じ取ってもらいたいからです。特に、フェーズには意味性が高いアイコンをつけています。

〈フェーズⅠ〉中心点は旗のアイコンです。自ブランドのいる位置を忘れないでワークを進めるためのもので、遠くからもよく見えるものという意味が込められています。

〈フェーズⅡ〉観点のアイコンはコンパスです。3つの観点は、ブランドの方向を示すものだからです。価値観は意味を深掘りする方向、成長観は時間的な変化の方向、世界観は「らしさ」を与える方向を示してくれます。

〈フェーズⅢ〉設計のアイコンは歯車です。ブランドを社会や生活の中に置き換え、ブランドが自然に提供者の期待に応えるにはどうしたらいいかという設計群です。抽象の歯車（考え方）と具象の歯車（動き方）を噛み合わせることを象徴したものです。

また、それぞれの7つのワークには、フォーマットの使う形に由来した図像を置いています。実際にワークを行う際に「今どこにいるんだったかな？」という状況になったとき、本とホワイトボード、本とPC画面の間を感覚的に往来しやすくするためです。

■図表2−1−2　各ワークごとのアイコン■

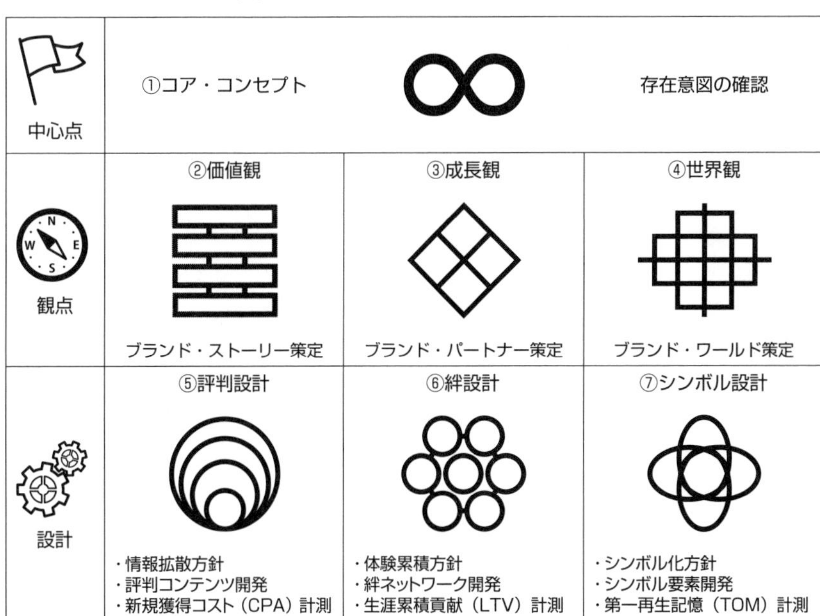

2-2 フレームワークの進行

ワークのメンバー、意図、ゴール・イメージ

■領域ごとのワークの進め方の違い

本書のフレームワークは1つの中心点からスタートする、7つのワークに分かれています（42ページ、図表1―6―1参照）。「商品・サービス」「企業」「社会貢献活動」の3領域を同じフレームで扱うことができます。ただし、それぞれに記入上の特徴や、課題が異なります。進め方も、①ワーク実施のメンバー、②ワークをすること自体の意図、③完成とゴールのイメージにも違いがあります。

■図表2−2−1　領域ごとのワークの進め方■

領域	① ワークのメンバー	② ワーク自体の意図	③ ワークを通じての、完成とゴール・イメージ
商品 サービス	担当リーダー、担当グループのメンバー	マーケティング活動のブランディング活動への拡張	CPA低下、LTV向上の道筋への納得感が出るまで
企業	経営者、経営主要メンバー	企業経営のステークホルダーへの説明精度のアップ	CPA低下、LTV向上の道筋への納得感が出るまで
社会貢献 活動	主務者、初期参画のメンバー	当初の“志”を世間ごとにするための長期活動への準備	メンバーの“志”と活動の折り合いへの納得感が出るまで

① ワークのメンバー

ワークは1人でも複数でもできます。ただしブランディングはブランドに託した志を対象者の頭の中に置く活動なので、長期的であり、全体性があり、独自性といった要素が不可欠です。

長期的な視点を語れるメンバー、組織内での全体性が失われてしまわないように集めたメンバー、コア・コンセプトから独自性を切り出せる創造性豊かなメンバーを集めるのが理想です。しかし、実務上はキーとなるメ

ンバー、参画してほしいメンバーが集まるとは限りません。また、ブランディング以外の実務が日々の仕事のメインでしょうから、時間的にも制約が入ります。ですから、いきなり100％の完成度を求めるのは無理があります。

まずは一歩踏み出して、粗いワークであっても他者に見えるようにすることを推奨します。いったん言語化ができていれば、次もそこからスタートできます。修正箇所が発生しても、長期的にバージョンアップしていければ良いという構えがポイントです。

② ワーク自体の意図

「ワーク自体の意図」は、それぞれのケース次第です。ただ、著者のコンサルティングの経験上、「ワークしたい」と欲する箇所は、大体は集中しています。

「商品・サービス」ブランドでは、マーケティング活動をブランディング活動へ拡張することです。

「企業」ブランドでは、企業経営のステークホルダーへの説明精度をアップすることです。社員・顧客・株主・関係のある自治体といった、利害関係がある人や組織を対象にした、ブランディング活動の軸足づくりといえます。また、B2B企業は「商品・サービス」と「企業」本体が重なり合ったブランディングになるのが一般的です。他のステークホルダーから新たな顧客先を紹介してもらうことを念頭にワークするからです。

「社会貢献活動」ブランドでは、社会的な要請に応え続ける活動になるのがテーマになります。初期の活動は勢いで立ち上がるものの、徐々に活動し「続ける」ことにテーマが移っていきます。ワークを通じて、活動し「続ける」ために必要な、周囲からの継続的なサポートを集める仕組みを考えていきます。

③ ワークを通じての、完成とゴール・イメージ

完成とゴール・イメージは、領域の違いを反映し、大まかに２つに分かれます。

営利活動が前面に出ている「商品・サービス」「企業」ブランドでは、量的な視点、新規獲得コスト（CPA)、生涯累積貢献（LTV）などのスコアにつなげる道筋がゴールとなります。

「社会貢献」ブランドでは質的な視点、「“志”と活動内容に折り合いがついているかどうか？」が重要なワークでのゴールです。主体者やコア・メンバーが抱いている、活動への不安や願望の混ざった状態を、スッキリさせる意味合いもあります。

ただし、3つの領域に共通しているのは、**ワークした人たちが全体での違和感のなさ、覚悟が決められる納得感を得ることで完成する点です**。そして、現場でフレームワークの内容に沿った行動が実施されて、新たなフィードバックをもらうことになります。

■「商品・サービス」ブランドの参照事例

これからフレームワークの解説に入っていきますが、臨場感のあるゴールイメージを持ってもらうために、ブランディング・フレームワークの参照事例を紹介します。それぞれのワークを、すでにある商品やサービスに当てはめてみたものです。

「商品」ブランドと「サービス」ブランドでは、事例によっては読者の実感に温度差が出るので、両方から比較的だれもが知っているブランドを参照事例として取り上げています。商品ブランドは森永乳業の市販アイスクリーム・ブランドの「パルム」、サービス・ブランドは星野リゾートが展開する温泉旅館ブランド「界」です。

参照事例を見るときに留意してほしいのは、以下の2点です。

留意点その1

このフレームワークに記入したものは、それぞれのブランドが公開しているホームページやプロモーション活動などを参考に著者が記入したものです。また、公開している情報だけでは不明な点については（特にブランド・パートナー）は、すべて著者視点です。「ブランディング活動を明瞭にするために、記入するとしたらこういう感じにするだろう」という立ち位置で書いています。あくまでも、自分たちでフォーマットを記入するときの勘所を伝えたいものとご理解ください。

留意点その2

幅広い読者を想定していますので、参照事例は有名なブランドを優先して使っています。つまり、ブランドとしての完成度がすでに高いものが中心です。実際、読み手の方の切実な状況とは乖離している可能性があります。あまり、「こうあるべしと」は考えず、実務で「こんな感じで記入できればいいのだな」ぐらいの見方をしてもらうのがお勧めです。

■図表2−2−2 「パルム」のブランディング・フレームワークの事例■

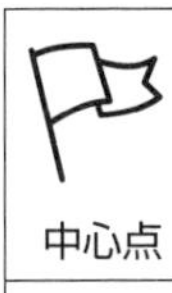 中心点	①コア・コンセプト	見た目に斬新さはない。けれど、味わいと極上のなめらかさの特長で飽きのこないバーアイスクリーム	
観点	②価値観 （ブランド・ストーリー） ・大人が普段使いのバーアイスに贅沢さを感じられる ・バータイプで、従来にはない口溶け、なめらかさ、コクを提供している ・配合の調整による風味と食感に違いをつくっている ・シンプルな素材だけで品質を極めて、長く愛される市場を開発する熱意がある	③成長観 （ブランド・パートナー） ・ほぼ通年２種類以上のパルムを冷凍庫（自宅・職場）に常備している ・ブランド選択の決定者でもある ・同居者・同僚などから夏冬を問わない通年のアイスクリーム・ラバーとして認知され、常備ブランドを複数決めている ・パルムはその中のバータイプの代名詞的存在	④世界観 （ブランド・ワールド） ・大人向き目線での表現基準 ・シンプルで、できるだけ装飾は減らす見え方 ・常に素材が主人公になっている
設計	⑤評判設計 **情報拡散の方針** アイスバーなのに大人の目線で楽しめる情報の発信 **評判コンテンツ開発** 地方のフェス、イベントなどへ出展し、パルムのチョコ付け体験キャンペーンをしていく **新規獲得コスト（CPA）の参照指標** 子ども（10歳以上）のいるパルムを冷蔵庫に常備している家庭で、「常備をお奨めするアイスは?」への回答数と理由	⑥絆設計 **体験累積の方針** 新フレーバーを出すこと、追いかけることをお互いが楽しむ関係 **絆ネットワーク開発** 利用周期が短いリピーターがHPから参加できる春の定期キャンペーン。新フレーバーを先行してる購入できる機会をつくる **生涯累積貢献（LTV）の参照指標** 子ども（10歳以上）のいるパルムを冷蔵庫に常備している家庭内で、「これからも必ず常備するアイスは？」への回答数と理由	⑦シンボル設計 **情報と体験シンボル化方針** 派手さはないが、深みのあるシンプルさで「らしさ」を演出する **シンボル要素開発** シンボリック・ワード：食感の言い方＝「はむっと」した感じ **第一再生記憶（TOM）の参照指標** 子ども（10歳以上）のいるパルムを冷蔵庫常備している家庭内で、「これからも買い続けたいアイスは？」への１番目の回答数と理由

※ホームページなど公開資料を元に著者の類推にて策定

■図表2−2−3　「界」のブランディング・フレームワークの事例■

 中心点	①コア・コンセプト	洗練されたご当地文化が体験できる旅館で希少な時間を提供するブランド	
観点	②価値観 （ブランド・ストーリー） ・和に由来し、現代の感性に合った心地よさ ・少ない客室数、洗練された和の空間、地域ごとの固有の文化の体験、地域・季節・素材にこだわった食 ・「ご当地部屋」各地域で１つしかない部屋、「ご当地楽」で各地の文化の体験、「日本旅会席」ご当地の旬との出会い ・火山立国日本がはぐくんだ温泉文化を現代的にアレンジした日本旅の拠点になる温泉旅館の実現	③成長観 （ブランド・パートナー） ・過去にブランド利用が複数箇所、連泊利用している ・毎回、アクティビティへの参加がある ・「あの人が利用しているなら」という無言・有言をと問わないブランド推奨が発生している	④世界観 〈ブランド・ワールド〉 ・現代に合うくつろぎを追求した和 ・好奇心をそそる伝統美の体験場所
設計	⑤評判設計 **情報拡散の方針** 地元の伝統文化関係者を巻き込みながら、鮮度と蘊蓄を両立させた情報の発信 **評判コンテンツ開発** ブランド利用体験者が周囲に説明する時に見せるという前提で、Webにコンテンツをアップしていく **新規獲得コスト(CPA)の参照指標** ブランド利用経験者の「知人・友人に推奨したい温泉旅館」でのブランド推奨意向	⑥絆設計 **体験累積の方針** 連泊による対話と体験の累計時間を重視する **絆ネットワーク開発** 複数のアクティビティに参加したくなる地元の伝統文化とのコラボレーション **生涯累積貢献(LTV)の参照指標** ブランド利用経験者の「次に利用したい温泉旅館」での他エリア「界」ブランド出現頻度	⑦シンボル設計 **情報と体験シンボル化方針** 地元でしかわからない情報の発信、常に飽きない伝統の体験をベースにつくる **シンボル要素開発** シンボリック・ワード：ご当地部屋、ご当地楽、日本旅会席 シンボリック・テクニック：現代的な伝統空間 **第一再生記憶(TOM)の参照指標** 温泉旅館連泊意向者全体での「界」ブランド第一想起率

※ホームページなど公開資料を元に著者の類推にて策定

2-3 〈フェーズⅠ：中心点〉コア・コンセプトの確認

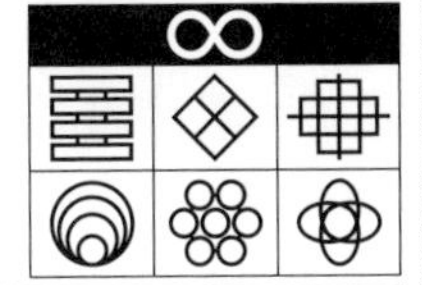

コア・コンセプトを言語化する手法

■コア・コンセプトとは？

「コア・コンセプト」とは、ブランディング全体の中心であり、ブランディング・ワークの前提になるものです。商品やサービス開発時に、利用対象者に説明するために書かれた短い文章です。

たぶん、どんな商品やサービスでも「これは○○な商品です」「このサービスは○○です」などの説明が当たり前のように存在しているでしょう。しかし、これがブランディングの中心点として（マーケティングの中心点でもありますが）耐えられるのかどうかは別の課題なのです。

コンサルティング現場でよく見かけるのは、出発点であるコア・コンセプトがうまく表現できていない場面です。たとえば、「この商品は、Aという素材を使った商品です」「Bという問題を業界No.1のスピードで解決するサービスです」など、販売を全面に出したようなキャッチフレーズをコア・コンセプトとしてしまうケースが該当します。これらは嘘でもなく、役割を持った説明文ですが、コア・コンセプトではないのです。

『ストーリーとしての競争戦略』（楠木建：著、2010年）には、「コンセプトは『扇の要』の役割」、「起点がしっかりしていれば、そこから出てくる構成要素には初めから骨太の因果論理が備わっている」とあります。逆にいえば、扇の要になってないコンセプトは、ブランディング全体を歪（いびつ）なものにしてしまうのです。

ついでながら、「商品・サービス」の場合では、**コア・コンセプトを補完する実務がマーケティングであり、マーケティングを補完する実務がブランディング**といえます。コア・コンセプトは、マーケティングでもブランディングでも中心点なのです。

■コア・コンセプトを言語化する際のポイント

では、ブランドの中心点、ブランディングの出発点であるコア・コンセプトを言語化するときのポイントは何でしょうか？　それは「**存在意図**」です。そのブランドが成立する以前、別の商品やサービスでは解決がむずかしかった課題があり、提供者側は新たな商品やサービスを世の中に出すことによってこの課題を解決しようと試みています。「解決がむずかしかった課題」とは大袈裟な表現ですが、**大なり小なり課題があるからこそ、自ブランドの登場に必然性が生まれる**のです。

そして、ワークで着目するのは、**「"解決がむずかしかった課題"は2つの対立したものが生む矛盾」**だったということなのです。これを言葉に置き換えることで存在意図を明らかにして、コア・コンセプトとしていきます。

■コア・コンセプトのワークの概要

ブランドのコア・コンセプトを、相応しい状態で中心点として定義するにはどんなワークが最適でしょうか？　実務に落とし込みやすいものとして、「対極性の統合」のワークによって自分たちの扱うブランドのコア・コンセプトを書き起こす方法を、ここでは紹介します。

この方法論は"*Polarity management*"（*Barry Johnson, 1992*）で紹介されている「**対極性の統合**」という考え方を基にしています。

〈図表2―3―1〉の無限大マークが象徴しているのは、2つの事象AとBが、メリット・デメリットを循環しながら、お互いを繰り返していく構造です。

たとえば、「経済成長を目指せば環境問題が大きくなり、環境問題を解決しようとすると経済成長を抑制しなければいけない」といった2つの事象の関係は、どちらも同時には解決できないように見えます。一般的には、これを対立とみなします。しかし、「**対極性**」は磁石のS極・N極のように、相互に必要としている関係とみなす考え方です。どちらか一方の満足を採ってしまうと、新たな不満を生み出す矛盾に見えるものがあるのですが、それを新しいアイデアで超えていくことを「対極性の統合」と言います。最近ではこういったアイデアを生み出す方法論を**「デザイン思考」**と言ったりもします。たとえば、国連総会で採択されたSDGsは「持続可能な開発目標」ですが、そのコア・コンセプトは、対立してしまう矛盾の解決方法を世に問うているわけです。

どんなブランドのコア・コンセプトにも、新しくこの世に価値を問おうとした瞬間に、何らかの対極性を統合できたアイデアがあるはずでしょう。「そもそも」のブランド価値の存在意義を明文化して、ブランディング活

■図表2−3−1　ブランドのコア・コンセプトの明確化■

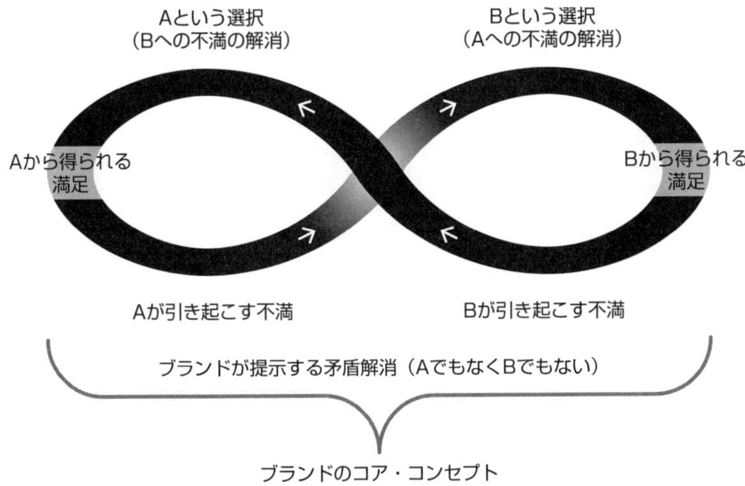

※"*Polarity management*"（*Barry Johnson, 1992*）を元に著者作成

動のメンバーと再認識しておくことをブランディングのスタート・ポイントとしています。

〈図表２―３―１〉にある、無限大マークの左上からスタートしてみましょう。

・Ａという選択→Ａから得られる満足→Ａが引き起こす不満
・Ｂという選択→Ｂから得られる満足→Ｂが引き起こす不満
・Ａという選択＝Ｂが引き起こす不満の解消
・Ｂという選択＝Ａが引き起こす不満の解消

無限大マークは、こんな循環を表しています。

Ａのメリットに注目しての選択したところ、少し時間が経過するとＡのデメリットが目立ってきて、その解消のために別のＢという選択をします。しかし、今度はＢのデメリットが目立ってきて、その解消のために元に戻る選択をします。つまり、**ＡかＢかという選択を「矛盾」をはらんでおり、このサイクルからの脱出が求められている**のです。

あなたが扱っている商品・サービスも、なんらかの形でこの矛盾からの脱却を提唱しています。この視点を言葉にしたものが「**ブランドのコア・コンセプト**」です。

■参照事例１「商品」のコア・コンセプトのワーク

アイスクリーム「パルム」で、対極性の統合ワークを当てはめてみましょう。

・「シンプルな素材でまとめたアイス」
→「味わいとなめらかさのバランスがむずかしい」
→「バーアイスは従来の品質と変わらない」
（対象者にとって、あえて選ぶ理由が弱い）

・「バーアイスで贅沢な品質を目指す」
→「高級素材を使う」
→「バータイプではバランスを崩しやすい」
（提供者にとって、あえてつくる理由が弱い）

・「シンプルな素材でまとめたアイス」
＝「バータイプではバランスを崩しやすい」という不満

・「バーアイスで贅沢な品質を目指す」
＝「バーアイスは従来の品質になってしまう」という不満

「パルム」ブランドのコア・コンセプトの例

「見た目に新鮮さはない。けれど、味わいと極上のなめらかさを特徴とする飽きのこないバーアイスクリーム」

言語化することで見えてくるもの

このように言語化すると、「売れているアイスクリーム＝おいしいから」という単純な図式にも、提供者の意図が隠れていることを説明できます。むしろ、どんな商品・サービスも、この世に新しく登場するということは、今まであった他の商品やサービスの「Aを採ったらBをあきらめ、Bを採ったらAをあきらめる」という対極的な構造に対して、何らかの新しい解決策を提案しているはずなのです。

基本的に書こうと思えばなんでも書けます。「こういった商品は高いのが普通でしたが、この商品は安いのです」も、「品質を採ったら安さをあ

■図表2−3−2　「パルム」のコア・コンセプトの例■

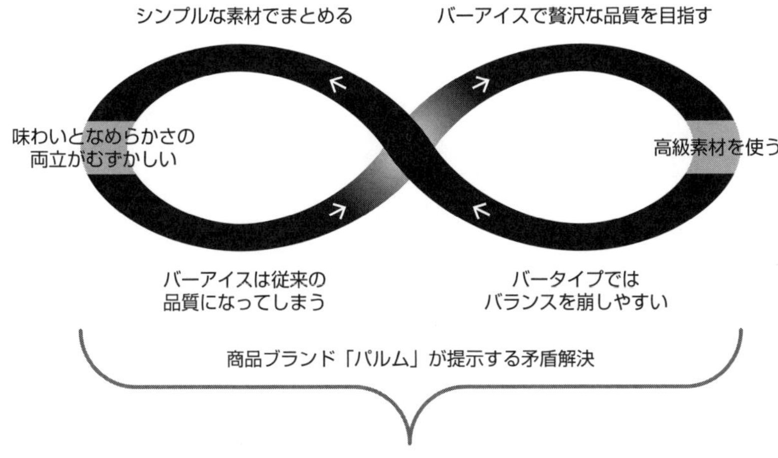

〈パルム〉ブランドのコア・コンセプト
見た目に斬新さはない。けれど、味わいと極上のなめらかさが特長の
飽きのこないバーアイスクリーム

きらめ、安さを採ったら品質はあきらめる」という鉄板の対極性の統合といえます。

しかし、これは特定ブランド独自のものとは限りません。**言語化の良し悪しは、そこに独自性が組み込まれているかどうか**です。ぼんやりとしたコア・コンセプトは、自ブランドのオリジナリティがなく、一般論になっています。すると、「これって他のブランドのコア・コンセプトに差し替えても問題ないね」と言われてしまいますから、ブランディングの中心点になっていないといえます。

コア・コンセプトはワーク全体の足場づくりです。「なんだか面倒臭いワークだな」と思ってコア・コンセプトのワークを軽く扱うか、「確かにそういう意図でつくった商品だった」と、大切さを再認識して納得するかは、メンバーの気持ち次第です。しかしながら、コア・コンセプトの弱いブランディング活動は、一般論的なアイデアを出すだけで終わりやすく、ブランディング活動が機能しない結果になる可能性が高くなります。

■参照事例２「サービス」のコア・コンセプトのワーク

温泉旅館「界」で、対極性の統合を当てはめてみましょう。

・「新しい文化に触れる宿泊施設」
→「洗練された最新のホテル」
→「何度も逗留（とうりゅう）すると飽きる」
（対象者にとって、あえて選ぶ理由が弱い）

・「場ごとに異なる温泉宿」
→「地方それぞれにある日本旅館」
→「古臭い昭和的な旅館サービス」
（提供者にとって、あえてつくる理由が弱い）

・「新しい文化の宿泊施設」
＝「古臭い昭和的な旅館サービス」という不満

・「場ごとに異なる温泉宿」＝
「何度も逗留すると飽きる」の不満

「界」のブランドのコア・コンセプトの例
洗練されたご当地文化が体験できる旅館で、希少な時間を提供するブランド

コア・コンセプトを浮き彫りにするためのポイント

従来、その市場で当たり前と思われていた「Ａを採ったらＢをあきらめ、Ｂを採ったらＡをあきらめる」という循環する矛盾への新しい解決案こそ、ブランドが価値を提供し、対象者に選択を促す根本の理由となります。

ブランドのコア・コンセプトを浮き彫りにするためには、市場や業界の主流となっているコンセプト群との距離に気づいてください。自ブランド単体で成立しても、それだけではコア・コンセプトとはいえないのです。何らかの矛盾を明示できる場合には広い視点が必要となります。

■図表2-3-3 「界」のコア・コンセプトの例■

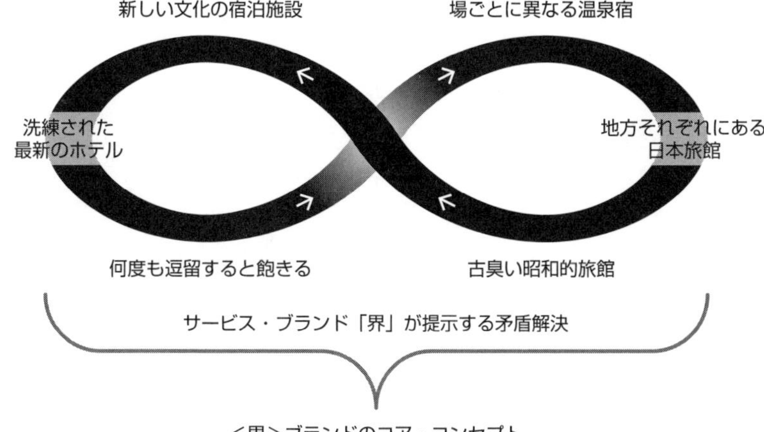

■「ブランドのコア・コンセプト」のワーク実施上の留意点

ワークを実施する場合の留意点を挙げておきます。

① ワークはどこから始めてもOK

∞の図のどこから記入しても大丈夫ですが、上にはメリットAとBが入り、下にはそれぞれのデメリットが入るようにまとめます。出だしがむずかしいときは、既存の「商品・サービス」に近い存在（競合のアイスクリームやホテル）などをAとBの代表として設定すると、具体的な単語が出やすくなります。

② マーケティングの差別化との差

「商品・サービス」ブランディングでは、マーケティング活動の計画が先にあるので、差別化ポイントがすでに明文化されている場合が多くあります。設定済みの差別化ポイントをそのまま流用しても構いません。

むしろ重要なのは、対極性が具体的になるためのキーワードが出るかどうかです（参照事例：「パルム」→見た目に新鮮さはない、飽きのこない、「界」→ご当地、希少性）。

「見た目に新鮮さはない」という自嘲的に思える言葉も、強い主張を含んでいるなら、ブランドのコア・コンセプトを浮き彫りにしてくれる重要な言い回しになります。

③ うまく描きたいという衝動への対処

素晴らしいワークにしようとするあまり、既存の商品やサービスを超えた表現にしたい衝動がメンバーに現れます。これは、コア・コンセプトが起点である原理を、後作業のブランディングで曲げようとする行為になりますから、好ましくありません。

「コア・コンセプトの表現がブラッシュアップされること」と「コア・コンセプト自体が後から変更されること」が異なる点には留意しましょう。

第3章

「商品・サービス」ブランディングの実務：〈フェーズⅡ〉「観点」

3-1

〈フェーズⅡ：価値観〉 価値観を設定する

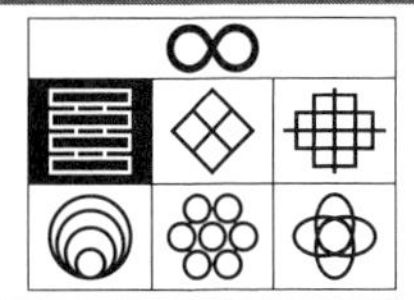

価値を価値観を変換するためのブランド・ストーリー

■ブランドの「価値観」とは？

商品・サービスは、価値をお金と交換します。商品・サービスの価値は、そもそも提供する側の価値観があってできています。すぐには見えないが、提供者は、価値の基準を持つことで、実際に価値ある商品やサービスにすることができるのです。それが売れるかどうかは別の話です。

ですから提供者は、黙ったまま商品やサービスを販売することもできます。黙っていても、人は価値に納得すれば購入します。でも、その商品やサービスの価値を生み出した側（提供者）の価値観を、対象者（ここでは消費者）に伝えることもできます。

ブランド・ストーリーは価値（コア・コンセプト）を価値観に変換するための技法です。言い換えると、ブランド・ストーリーは人が聴きたくなる、話したくなる価値観の物語を著述することです。その結果、「納得」だけでなく、「共感」してもらうきっかけを提供します。納得と共感が、購入以上の反響行動につながります。

価値観というと何やら大袈裟な気がしますし、ワークそのものに不安を感じるでしょう。しかし、ブランド・ストーリー策定には、特別な仕入や仕込みは必要ではありません。手持ちの素材で価値観を描けるからです。自分たちの言語で語ればいいのです。ですから、無理に着飾った言葉や、慣れない言い回しは不要です。むしろ、無理すれば無理するほど、対象者には上滑りしたものにしか聞こえなくなり、「なんか、あざとい」と思われ、逆効果になりがちです。

■ワークの原理について

まずはブランド・ストーリーの構造について説明します。この構造は、コア・コンセプトを俯瞰しながら、４つの要素をラダー（はしご）で１つの話にまとめ上げてみるものです。〈図表３―１―１〉のように、**「ブランド・ストーリーのボックス」**（４段ラダー）は、大きく対象者側の上２段、提供者側の下２段に分かれています。

■図表3-1-1　ブランド・ストーリーのボックス■

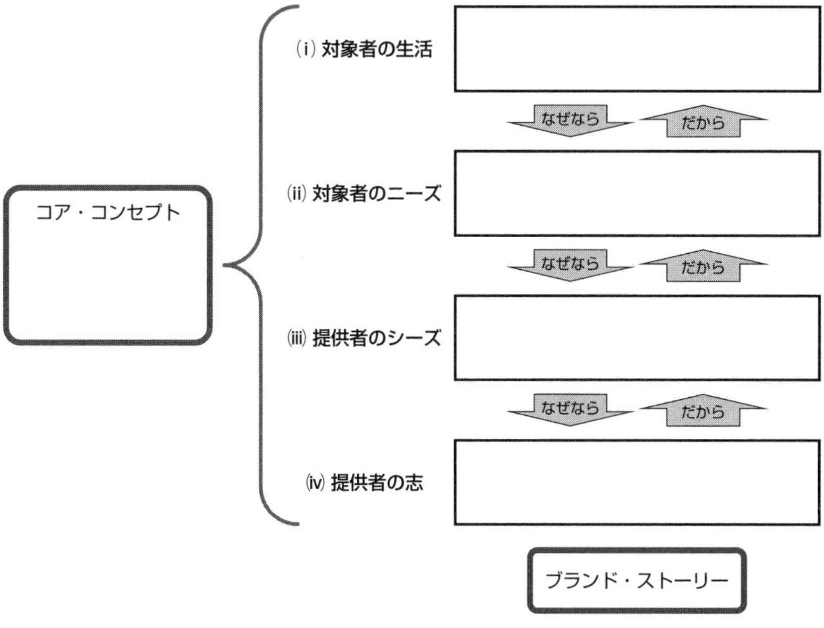

４つのボックスはそれぞれ上段、下段へと続く一本ずつの筋道を持っています。それぞれが「なぜなら～」で下段と、「だから～」で上段と結ぶことができ、納得感のあるストーリーとなります。コア・コンセプトを提供者の話と対象者の話に広げながらも、因果関係は外さない構造です。

４つの要素で構成されたブランド・ストーリーについて解説しましょう。

例示は、基礎化粧品ブランド「ＳＫ－Ⅱ」（Ｐ＆Ｇ）のブランド・ストーリーです（HPなどの公開情報から、著者視点で編集し、一本のブランド・ストーリーを組み立てました）。

また、前提となる商品のコア・コンセプトは、「美しい肌の実感がある酵母活用の基礎化粧品」と設定しています。

基礎化粧品ブランド「ＳＫ－Ⅱ」（Ｐ＆Ｇ）のブランド・ストーリー

「ＳＫ－Ⅱ」が、かなり高額でも「どれだけいいものなのかしら？」と興味を持っている人々に愛され続けているのは、本当の良さをわかってもらっているからです。（なぜなら）透明感に満ちたクリアな素肌の実感があり、（なぜなら）それは酵母がつくり出すうるおい成分SK-II<ピテラ>を使った製品だからです。（なぜなら）当時、通常、過去に使われた原料は厚生労働省の許可が１年以内に下りるのですが、業界で例のなかったSK-II〈ピテラ〉の場合は、基礎研究を含め、商品化までに５年近い歳月をかけることになりました。まさに、研究員の熱意の結晶です。

① 対象者の生活

「商品・サービス」は価値としてコア・コンセプトを持っています。しかし、人が商品やサービスを欲するのは、行き着くところ生活を良くしようという衝動です。顧客は「自分の生活がどうなるか？」を、最終的に意識しています。ですから、ブランド・ストーリーの最も上位にくるものは、「そのブランドはどんな生活を実現させるのか？」という大きな話となります。そのような大きな話を、自ブランドらしく具体的に描けるかどうかが重要です。たとえば、「良い生活になります」では、納得するには話が広すぎて、共感するには当たり前すぎます。

事例の「対象者の生活」部分

「ＳＫ-Ⅱ」が、かなり高額でも「どれだけいいものなのかしら？」と興味を持っている人々に愛され続けているのは、本当の良さをわかってもらっているからです。

② 対象者のニーズ

「ニーズ」とは「欲求」のことです。マーケティングにおいて商品・サービス開発には必須の要素で、通常はすでにコア・コンセプトに書かれています。ブランディングは、この欲求を具体的なイメージで膨らませながら、ブランド・ストーリーを組み立てます。同時に、「なぜなら」「だから」で前後の要素が結びつくように、言葉を足し引きして深掘りしたものです。

事例の「対象者のニーズ」部分

透明感に満ちたクリアな素肌の実感があり（ます。）

③ 提供者のシーズ

シーズ（Seeds）は直接訳すと「種」です。独自の商品・独自のサービスにはすべて商品シーズやサービス・シーズがあり、「提供者側ならでは」の、つくり方や運営の仕方などを指します。独自なものだけがシーズと呼べます。言い方を変えると、「シーズとは他者からの真似されにくさ」なので、ここには、他の商品・サービスでは使われない単語やフレーズが入るのが望ましいです。

> **事例の「提供者のシーズ」部分**
> 　それは酵母がつくり出すうるおい成分SK-II<ピテラ>を使った製品だからです。

■図表3−1−2　「SK-II」のブランド・ストーリーのボックス■

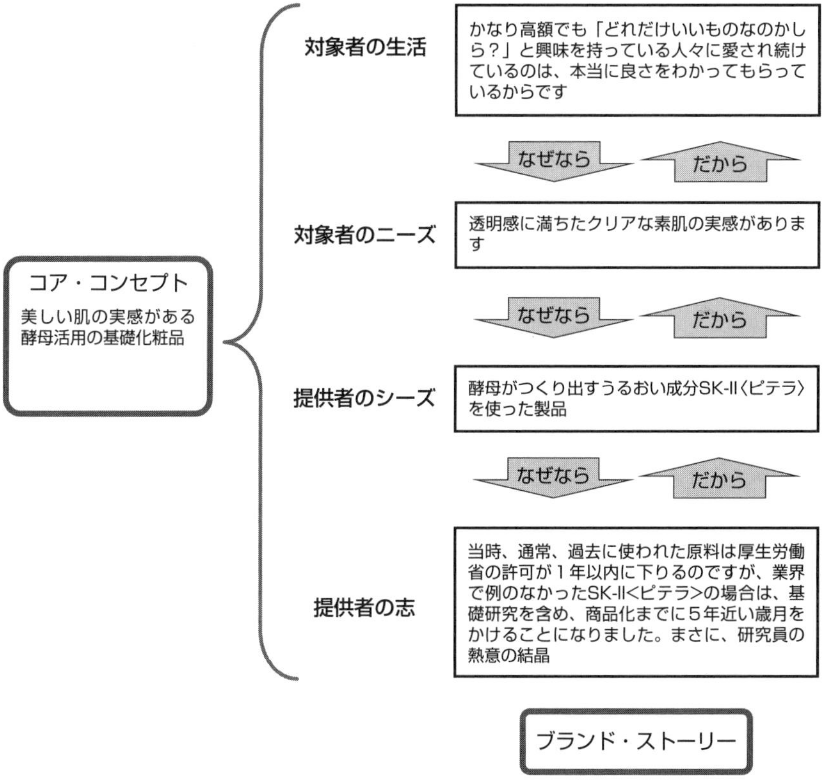

コア・コンセプト	項目	内容
美しい肌の実感がある酵母活用の基礎化粧品	対象者の生活	かなり高額でも「どれだけいいものなのかしら？」と興味を持っている人々に愛され続けているのは、本当に良さをわかってもらっているからです
		なぜなら ↓ ↑ だから
	対象者のニーズ	透明感に満ちたクリアな素肌の実感があります
		なぜなら ↓ ↑ だから
	提供者のシーズ	酵母がつくり出すうるおい成分SK-II〈ピテラ〉を使った製品
		なぜなら ↓ ↑ だから
	提供者の志	当時、通常、過去に使われた原料は厚生労働省の許可が１年以内に下りるのですが、業界で例のなかったSK-II<ピテラ>の場合は、基礎研究を含め、商品化までに５年近い歳月をかけることになりました。まさに、研究員の熱意の結晶

ブランド・ストーリー

④ 提供者の志

商品やサービスのシーズそのものは、いきなり存在するわけではありません。そこには、提供者側の努力としてのシーズ自体の研究・開発・調達・訓練など準備があります。そこに至る社内ドラマ（「プロジェクトX的」と言ってもよいでしょう）も存在するはずです。提供者側が独自のコア・コンセプトを掲げ、この商品・サービスを世に出そうとする“志（こころざし）”が、ブランド・ストーリーを信頼できるものにします。「このブランドは本気なんだな」という証です。

事例の「提供者の志」部分

当時、通常、過去に使われた原料は厚生労働省の許可が1年以内に下りるのですが、業界で例のなかったSK-II〈ピテラ〉の場合は、基礎研究を含め、商品化までに5年近い歳月をかけることになりました。まさに、研究員の熱意の結晶です。

3-2 〈フェーズⅡ：価値観〉価値観策定の参照事例

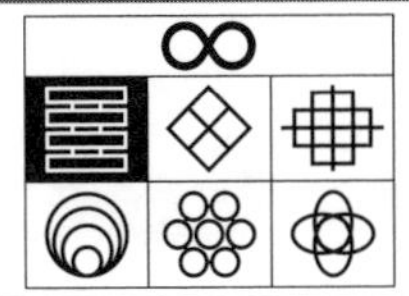

具体的な商品やサービスで考えてみる

■参照事例１「商品」のブランド・ストーリー設定

ここでは、ブランディングにおける価値観設定の参照事例を見ていきましょう。

〈図表３―２―１〉は、森永乳業のアイスクリーム「パルム」を、ブランド・ストーリーのボックスに当てはめてみたものです。

ブランド・ストーリーをまとめる

ブランド・ストーリーの４要素を対象者側からまとめます。最終的に語尾と言い回しを調整して一本の物語にしています。

■図表3−2−1 「パルム」のブランド・ストーリーのボックス■

コア・コンセプト
見た目に斬新さはない。けれど、味わいと極上のなめらかさの特長に飽きのこないバーアイスクリーム

対象者の生活	大人が、普段使いのバーアイスなのに贅沢さを感じられる
なぜなら ↓ ↑ だから	
対象者のニーズ	バータイプで、従来にはない口溶け、なめらかさ、コクを提供する
なぜなら ↓ ↑ だから	
提供者のシーズ	装置開発と改良、製造条件と配合の調整により風味と食感に違いをつくる
なぜなら ↓ ↑ だから	
提供者の志	シンプルな素材だけで品質を極めて、長く愛される市場を開発する熱意

ブランド・ストーリー

アイスクリーム「パルム」のブランド・ストーリー

「パルム」は、大人が普段使いのバーアイスに、贅沢さを感じられるアイスです。従来にはない口溶け、なめらかさ、コクを提供しています。装置開発と改良、製造条件と配合の調整により風味と食感に違いをつくりました。シンプルな素材だけで品質を極めて、長く愛される市場を開発する熱意で実現したブランドです。

① 対象者の生活

大人が、普段使いのバーアイスに贅沢さを感じられるアイス

② 対象者のニーズ

従来にはない口溶け、なめらかさ、コク

③ 提供者のシーズ

装置開発と改良、製造条件と配合の調整により風味と食感に違い

④ 提供者の志

シンプルな素材だけで品質を極めて、長く愛される市場を開発する熱意で実現

ブランド・ストーリー策定の際に気をつけること

気をつけたいのは、ブランドの独自性が色濃く出る要素です。所属するカテゴリーではあまり使われていない新しい単語や言い回しが、物語性を高めますので、なるべくユニークな要素が最初にくるように物語を組み立てるのがお勧めです。

パルムの場合、「大人の普段使い」とか「シンプルな素材だけで品質を極める」などは、アイスクリームのカテゴリーではユニークなものです。ブランド・ストーリーが美しいだけの話ではなく、価値観を語っているようにしている部分です。

また、対象者側からの視点とは逆に、提供者側から組み立ててもブランド・ストーリーは成立します。

アイスクリーム「パルム」のブランド・ストーリー（書き順違い）

シンプルな素材だけで品質を極めて、長く愛される市場を開発する熱意で実現した商品です。装置開発と改良、製造条件と配合の調整による風味と食感に違いを出しました。従来にはない口溶け、なめらかさ、コクを提供しています。大人が普段使いのバーアイスに、贅沢さを感じられるアイスにしています。

■参照事例2「サービス」のブランド・ストーリー設定

以下は、星野リゾートが運営している温泉旅館「界」で、ブランド・ストーリーのワークを当てはめてみたものです。

■図表3−2−2 「界」のブランド・ストーリーのボックス■

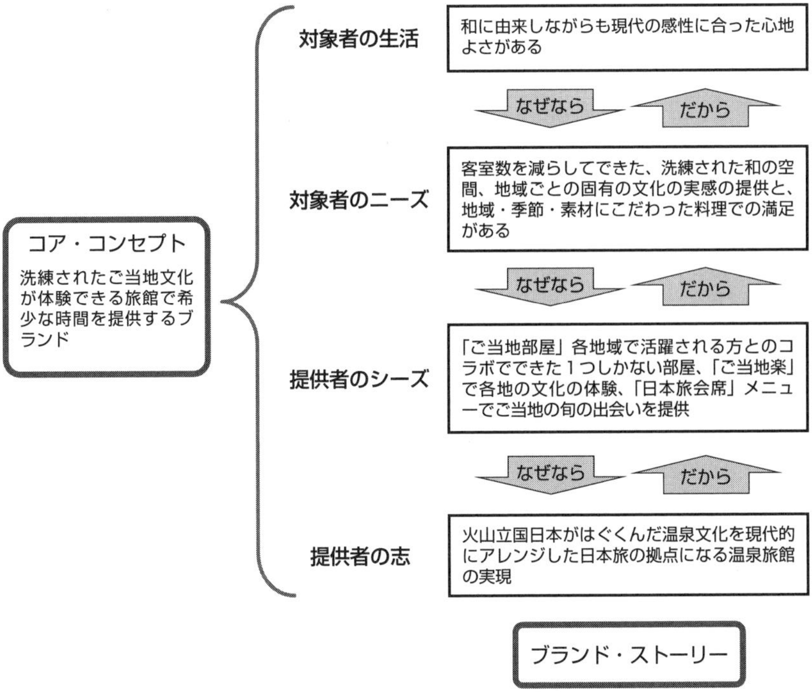

コア・コンセプト 洗練されたご当地文化が体験できる旅館で希少な時間を提供するブランド	対象者の生活	和に由来しながらも現代の感性に合った心地よさがある
		なぜなら ↓ ／ ↑ だから
	対象者のニーズ	客室数を減らしてできた、洗練された和の空間、地域ごとの固有の文化の実感の提供と、地域・季節・素材にこだわった料理での満足がある
		なぜなら ↓ ／ ↑ だから
	提供者のシーズ	「ご当地部屋」各地域で活躍される方とのコラボでできた１つしかない部屋、「ご当地楽」で各地の文化の体験、「日本旅会席」メニューでご当地の旬の出会いを提供
		なぜなら ↓ ／ ↑ だから
	提供者の志	火山立国日本がはぐくんだ温泉文化を現代的にアレンジした日本旅の拠点になる温泉旅館の実現
		ブランド・ストーリー

ブランド・ストーリーをまとめる

ブランド・ストーリーの４つの要素を対象者側からまとめたものです。こちらも、語尾と言い回しを調整して一本の物語にしています。

> **温泉リゾート「界」のブランド・ストーリー**
>
> 「界」は、和に由来しながらも現代の感性に合った心地よさを提供するブランドです。各地域で活躍される方とのコラボでできた１つしかない「ご当地部屋」、各地の文化に触れる場の「ご当地楽」、ご当地の旬に出会う「日本旅会席」メニューなどがそれを支えます。小さくて上質な温泉旅館に相応しく、客室数を減らし、洗練された和の空間、地域ごとの固有の文化の実感、地域・季節・素材にこだわった料理を提供します。目指すのは火山立国日本がはぐくんだ温泉文化を現代的にアレンジした、日本旅の拠点になる温泉旅館です。

① 対象者の生活

和に由来しながらも現代の感性に合った心地よさを提供するブランド

② 対象者のニーズ

各地域で活躍される方とのコラボでできた１つしかない「ご当地部屋」、各地の文化に触れる場の「ご当地楽」、ご当地の旬に出会う「日本旅会席」メニュー

③ 提供者のシーズ

小さくて上質な温泉旅館に相応(ふさわ)しく、客室数を減らし、洗練された和の空間、地域ごとの固有の文化の実感、地域・季節・素材にこだわった料理を提供

④ 提供者の志

目指すのは火山立国日本がはぐくんだ温泉文化を現代的にアレンジした日本旅の拠点になる温泉旅館

ブランド・ストーリー策定の際に気をつけること

商品のような実物があるケースに比べると、サービス系のブランド・ストーリーには、見えにくい部分が多くあります。そのため、固有の単語を組み合わせて使って、ブランド・ストーリーを見える化することも一案です。「界」であれば「ご当地部屋」や「ご当地楽」という造語です。「ご当地」＋「部屋・娯楽」といった一般名詞同士の組み合わせからも「それってユニークだね」（人に話やすい、人が記憶しやすいことを狙っています）と思ってもらえるような独自性がつくれます。

3-3 〈フェーズⅡ：価値観〉ワークの具体的手順

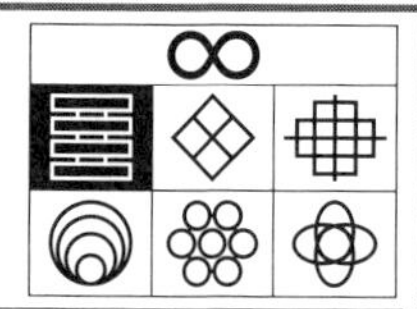

ブランド・ストーリーを絞り込むステップ

■ワークの進め方

ここでは、複数のメンバーでブランド・ストーリー策定のワークを行う前提で解説します。１人で実施することもできますが、「多様な視点があること」「ユニークな切り取り方に気づけること」などを考えると、５～６人ぐらいが妥当でしょう。人数がこれ以上であれば、グループを分けて実施して、１人当たりの参加の密度が保ちます。

①「案」：コア・コンセプトを起点に、メンバーの案を出すステップ

コア・コンセプトを全く知らない人に説明する前提でブランド・ストーリーを考えます。メンバーが「思いつくもの」「伝えたいもの」を、４つのボックスごとに、１案につき１付箋で出していきます。付箋が手薄な場所は、再度、メンバーで集中的に案を出します。**「独自性」「一貫性」「長期性」「明瞭性」があるものほど良い**とします。

②「線」：つながっているように見えるものに線を引くステップ

全体を眺めて「これとこれはつながっていくことでうまく説明できそう」という観点で線を引きます。最終的には１つの線に収束させますが、この時点では線は何本あっても問題ありません。また１つの案から分岐された線がたくさん出る場合、「おいしい」「たのしい」「美しい」など、案が抽象的すぎるケースもあります。より、**「一貫性」「長期性」「明瞭性」を意識しながら、「独自性」を具体的に出せないか**を考えます。

③「本線」：最も納得感のある線を絞り込むステップ

ブランド・ストーリーの本線となるものを選びます。必ず４つのボックスを１カ所で通過していることが条件になります。**「誰かに伝えたくなる」（情報拡散の可能性）、「もっと聞きたくなる」（体験累積の可能性）**を基準にします。絞り込みに迷う本線候補が複数になっている場合、次ステップのブランド・パートナー策定のワークに進んだ上で、「ブランド・パート

■図表3−3−1　ブランド・ストーリーの絞り込みのステップ■

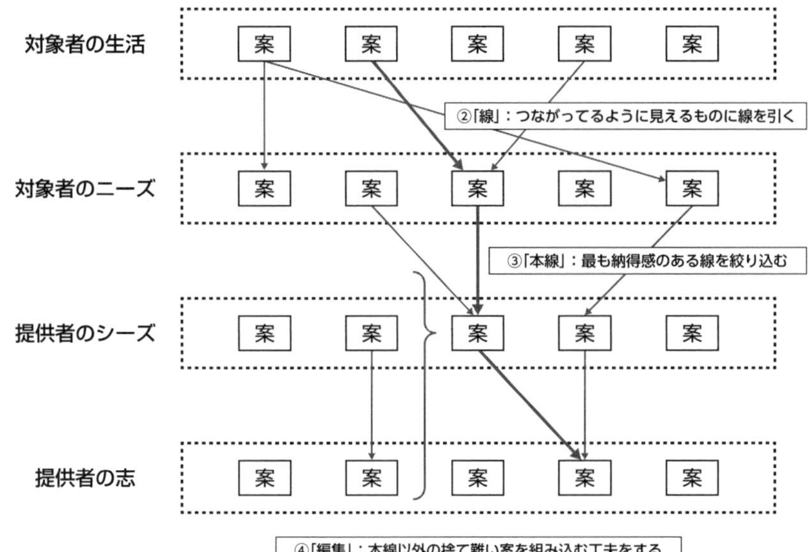

ナーが語りたくなるストーリーは？」という視点から、もう一度本線を決めることもできます。

④「編集」：本線以外の捨てがたい案を組み込む工夫をするステップ

本線以外にある「案」が単位で捨て難いものがある場合、「なぜ、孤立しているのか？」「どうしたら組み込めるのか？」を考えます。この過程で本線の内容が進化します。ただし、最終的に一本になっても、文章としてつなげると粗い状態です。接頭語・語尾などを整え、ブランド・ストーリーとします。

■「ブランドの価値観」のワーク実施上の留意点について

ワークを実施していく上で留意すべき点は、以下のような事項です。

「独自性」……具体的な表現が多いこと

繰り返しますが、1つのストーリーとしてのつながりは、一般的な言葉を選べば選ぶほど太くつながっていくように見えます。しかし、「このブランド・ストーリーってオリジナリティないね」というメンバーが多いと、そこから派生させるブランディング活動も、なんでもありになってしまいます。

基本的に**「商品・サービス」のコア・コンセプトがしっかりしていれば、1つや2つの独自の表現（言葉）がボックスのどこかに入ってくるはず**です。全体の中に独自性がある言葉（カテゴリーでは使われてないような単語）がなければ再度、見直す必要があります。

よく使うチェック方法は、「他のブランドに、このブランド・ストーリーをそのまま置き換えても成り立ってしまうかどうか？」です。成り立っているようでしたら、独自性が弱いと考えられます。

「一貫性」……競合比較でブレないこと

通常のマーケティング活動では、競合は非常に意識されます。しかし、**ブランディングでは競争関係にならないで済む環境が理想**です。競争関係にならないためには、コア・コンセプトからブランド・ストーリーまでは、自己完結度の高さを追求する必要があります。

また、そのためにはブランド・ストーリーでは**相対的な表現を避ける**必要があります。「○○より□□が良い」「○○に比べ□□な感じ」など、競合の存在を前提にストーリーを組むことは、競合に振り回されやすい、ブレやすいということになります。

また、「○○業界No.1」というのは、評判設計ではコンテンツで利用できますが、ブランド・ストーリーでは使わないのがお勧めです。No.1が事実であっても「価値観」ではないからです。むしろ、「No.1の理由が何か知っていますか？」という展開で、常にブランド・ストーリーが出てくる形式が理想です（未来永劫、No.1かどうかもわかりませんし）。

「長期性」……長期の使用を想定すること

ブランド・ストーリーはいったん内容を決めたら複数年は継続していきます。また、ブランドはロングセラーになってこそ、生涯累積貢献（LTV）が高まるわけですから、可能な限り長期的に変えなくてもいいストーリーが望ましいことになります。10年保証はオーバーでも、５年保証でストーリーが成立するぐらいの確度は求められます。**現在流行していても、今後廃れる可能性がある単語の使用は、特に避けましょう**。

「明瞭性」……わかりやすいこと

独自性を追求するほど、わかりやすさは失われます。「聞いたことがない物語」は「理解に時間がかかる物語」です。「誰もがわかる」ストーリーは長期的には魅力不足ですが、この反対の「もっと詳細に聞かないとわからない」ストーリーは伝達にコストがかかりすぎです。ちょうど中間にある、初めてストーリーを聞く人が**「なんとなくイメージが湧く」レベルを目指します**。

特に、**専門用語や造語は、多くても「1ボックスにつき1つまで」**が原則です。ブランドの価値観は「自ブランドが主張する、参照してほしいブランド選択の優先順位」です。頭の中への入りやすさと、脳内での新しい置き場所の両立を目指します。

■図表3−3−2　ブランド・ストーリー設定で留意したい視点■

独自性	具体的な表現が多いこと 「他のブランドに、このブランド・ストーリーをそのまま置き換えても成り立ってしまうか？」
一貫性	競合比較でブレないこと 「他ブランドが動くと自ブランドのブランド・ストーリーも影響を受けそうか？」
長期性	長期の使用を想定すること 「5年後も同じブランド・ストーリーで語れるか？」
明瞭性	わかりやすいこと 「頭の中への入りやすさと、脳内での新しい置き場所の両立はできているか？」

3-4

〈フェーズⅡ：成長観〉成長観を設定する

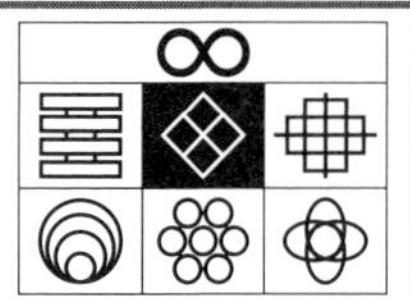

ブランドの委託先であるブランド・パートナー

■「ブランドの委託先」がブランド・パートナー

ブランディングでは、マーケティングとは別の意味での成長が求められます。商品・サービス自体は市場の中に存在しますが、ブランドは人の頭の中に存在するものです。**市場での成長を考える視点がマーケティングの成長観なら、顧客の頭の中での成長を考える視点がブランディングの成長観になります**。成長観を表した魅力的な「**ブランド・パートナー**」は、実務での灯台の役割を果たします。

一言で言うなら「**ブランド・パートナーとはブランドの委託先の代表者**」です。最も望ましい人にブランドを預かってもらえていると考えてみる。すると、「それはどんな人なのか？」を考える必要が出てきます。ブランディングは自ブランドをコントロールするための実務術ですが、それは委託先を通じて行われるからです。「ブランドをこんな感じにしたい！」と思っても委託先の協力がなければ、使用するリソース（費用・時間・労力）がかかるばかりで、あまり前に進まないのです。正解のないブランドのゴールに対して、先のブランド・ストーリーのワークは、理想のブランド像から逆算して価値の物語に組み立てたものでした。それに対してブランド・パートナーは、理想の顧客像から逆算してブランドの成長の道筋をつくるためのワークです。ここには「売れれば、なんでも正解」とは一線を画す態度が示されています。

よく聞かれることですが、**マーケティングにおける「ターゲット」とブランディングにおける「パートナー」の違いは、「量の視点」と「質の視点」の違いです**。

マーケティングのターゲットは「この人々を押さえると、ビジネスの売上が効率よく成長する」という存在です。なお、ここでの成長とは、「マーケティング・コストに対する販売量が、早く、大きく増えていく」という意味です。

これを補完するように、ブランド・パートナーは「このような人々を想定しながらブランディング活動をしていけば、ブランドが利用者の頭の中で時間的に長く、印象深くて豊かなものに成長する」という存在です。なお、ここでの成長とは、「ブランディング・コストに対する利用者からの反響行動が、広く、強く増えていく」という意味で使っています。

■フレームワークの要素

ブランド・パートナーの策定原理は、成長観を理想の人物像で表現するものです。〈図表３―４―１〉のフレームで言語化していきます。

成長観とは、期待する顧客の変化の様子です。「こんな感じでお客さんが変わってくれて、こんな感じでかかわってくれると嬉しいな。そしたら、きっと息の長いブランドになると思う」という顧客に対する素直なゴールイメージです。そして、このゴールイメージを関係者が理解し合えるように、共通言語で扱おうとする作業が成長観のワークです。フレームワークは作業台ということになります。

成長観のワークは、４つの要素でワークして、ブランド・パートナー像

■図表3−4−1　ブランド・パートナーの4つの要素■

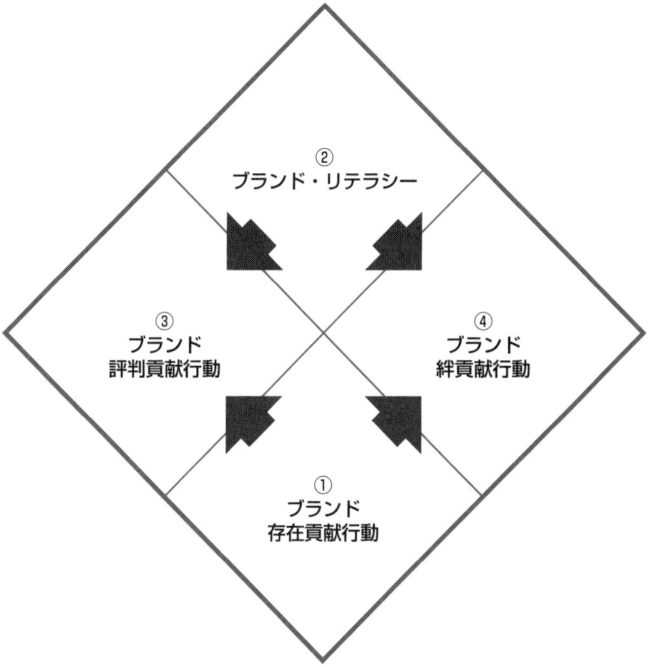

に近づきます。ワークの進行順に並べると、①**ブランド存在貢献行動**、②**ブランド・リテラシー**、③**ブランド評判貢献行動**、④**ブランド絆貢献行動**です。前の2要素である存在貢献行動とブランド・リテラシーはパートナーの前提条件の設定です。この前提2条件をベースに、後の2つの評判貢献行動と絆貢献行動をワークします。評判貢献行動は新規獲得コスト（CPA）を下げてくれる動きであり、絆貢献行動は生涯累積貢献（LTV）を上げてくれる動きです。これらは、〈フェーズⅢ：設計〉（第4章で解説）に反映されます。

① ブランド存在貢献行動

これはパートナー候補の最低条件で、利用状況を示したものです。利用頻度の高い商品・サービス（食品などの日用品が典型）であれば、少なくともリピーター以上の利用者。生活上での利用頻度が低い商品・サービス（冠婚葬祭などのサービスが典型）なら、高めの価格帯での利用者です。**ブランド・パートナーの量的なエントリー条件**です。

② ブランド・リテラシー

そのカテゴリー分野に詳しく、ブランド選択（自ブランドに限らず）を言葉にできる能力です。

たとえば、キャンプ道具のブランド・リテラシーなら、すでにキャンプの経験が豊富で、キャンプで使いたい道具の選択に必要な知識を持ち合わせている人になります。自分のブランド選択を言葉で人に説明できます。ブランド・パートナーは、「私は○○ブランドが好き。その理由は△△」などの自己説明ができる顧客を想定します。「価格に左右されない選択基準」「明確な自分にとっての満足理由」が語れるような人です。

特定の分野の情報読解能力を指して、「ITリテラシー」や、「メディア・リテラシー」といった言葉が使われています。これになぞらえるなら、「自ブランドに関する情報読解能力の高い優良顧客像」は、「**ブランド・リテラシー**」の高い人といえます。

通常、気に入っているブランドがあるというのは、そのブランドの選択に迷いがない状態です。しかし、その選択の衝動を他人が理解できるように語れるとは限りませんし、いちいち他人に言語化して説明する必要もありません。「私は心底、このブランドAが好き」という表現で十分でしょう。

■図表3−4−2　ブランド・リテラシーの高い人とは?■

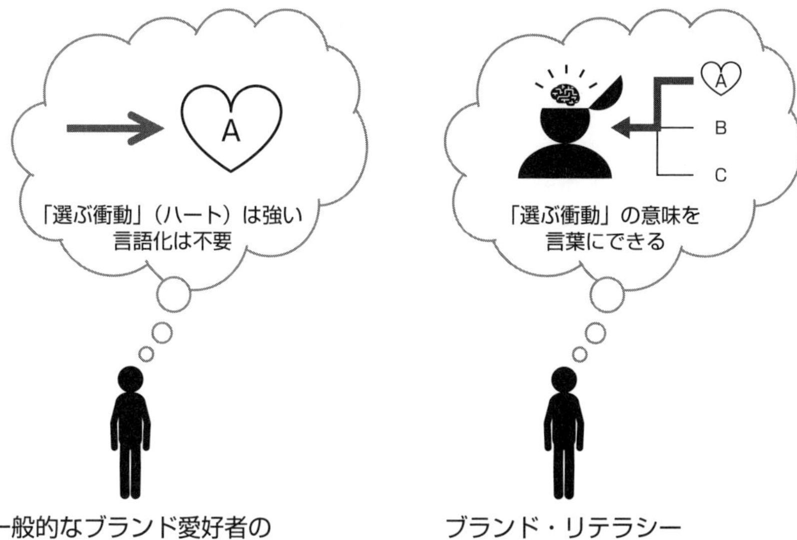

一方で、自身のブランド選択を語れるブランド・リテラシーが高い人もいます。「私がこのカテゴリーの中でブランドAを気に入っているのは△△だからです」と、選択行動の意味を話すことができます。

ブランド・リテラシーは、従来のブランディング関連書では（本書の旧版も含めて）扱いのない項目でした。日常生活でのネット活用の比率が高まるにつれ、利用者と提供者のブランドについての情報量が対等になりつつある状態でブランドを考える必要が出てきています。頭の中にブランドが委託されるわけですから、委託先の条件としてブランド・リテラシーの高さがあるわけです。

ブランド・リテラシーの高い人々が誰かを考えることは、ブランド・パートナーのワークにおいて、質的なエントリー条件の設定になります。

③ ブランド評判貢献行動

期待される評判の発生と広がりを明文化します。①存在貢献行動があって、②ブランド・リテラシーがある人、の２つのエントリー条件を元に、「どんな形で自ブランドの評判が行動となって現れることを期待しているのか？」をメンバーで言語化します。

ブランディングの目的の１つは新規獲得貢献（CPA）の低下です。良いお客さんが次の良いお客さんに良い影響を及ぼすことが、コストをかけずにブランド利用機会が増やしていくポイントになります。ここでは「利用者から潜在利用者への推奨が広がっていく理想的な形が、どうすれば実現するのか？」という視点から、情報伝播の反響行動を考えます。

ブランド・パートナーから評判が広がっていく様子がわかるのが、ゴールイメージです。

④ ブランド絆貢献行動

期待される絆の深まり方を明文化します。今度は、①存在貢献行動があって、②ブランド・リテラシーがある人、の２つのエントリー条件を元に、どんな形で自ブランドとの絆が維持され、深まっていくのかを、ブランド・パートナーの行動で考えてみます。

ブランディングのもう１つの目的である累積体験貢献（LTV）を高めることにつながる反響行動が何かを想定するワークです。良いお客さんの自発的な利用が、継続的なブランド接点によって増えることがポイントになります。**実際のブランド利用機会だけでなく、利用場面以外も含めたブランドとの接点から広がって、絆を感じてもらう様子（「絆のオケージョン」ともいえます）を考えます。**

〈フェーズⅡ：成長観〉成長観設定の参照事例

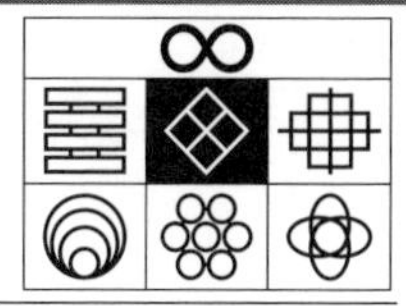

具体的な商品やサービスで考えてみる

■参照事例１「商品」のブランド・パートナー設定

ここでは、ブランド・パートナー設定のワークについて、具体的な参照事例を挙げていきましょう。以下は、アイスクリーム「パルム」で、ブランド・パートナーのワークを公開情報と著者類推で当てはめてみたものです。

①ブランド存在貢献行動（＝量的なエントリー条件）

過去１年間に、ブランド利用が２回以上ある

②ブランド・リテラシー（＝質的なエントリー条件）

自他共に認めるアイス・ラバー。コンビニのアイス製品は必ず試す習慣がある。市販アイス全般についての情報読解＆解説能力が高い

③ブランド評判貢献行動（＝新規獲得コストにつながる反響行動）

職場・家庭で本人がパルム利用と常備の行動をしてくれる。ブランド・パートナーから職場の同僚、ブランド・パートナーの家族や来宅した知人を通じて、パルムの新規のブランド体験が拡散していく

④ブランド絆貢献行動（＝生涯累積貢献につながる反響行動）

通年でのアイスクリーム利用がある中で、パルムは冬季でも、冷蔵庫に常にストックされ、優先順位が最も高くなっている。新フレーバーが登場すると、冷蔵庫にあるフレーバーが複数になる。

このように眺めていくと、商品を冷蔵庫に常備する行動が「情報の拡散」と「体験の累積」を生む重要なポイントであり、ブランディングの根幹であることが見えるようになります。今まで直感的にはわかってることであっても、それを成長観として自ブランド関係者と共有できます。

■図表3−5−1　「パルム」のブランド・パートナー像の例■

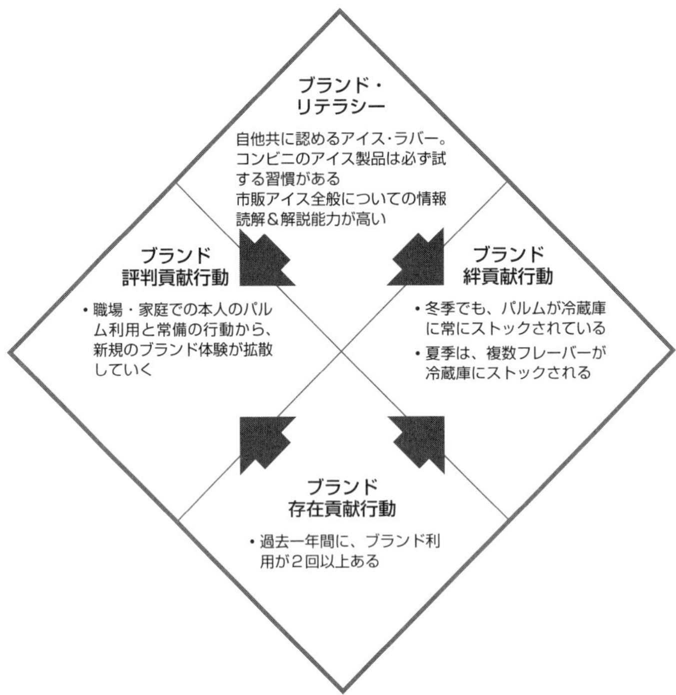

■参照事例2「サービス」のブランド・パートナーの設定

星野リゾートの温泉旅館「界」で、ブランド・パートナーのワークを当てはめてみましょう。

①ブランド存在貢献行動（＝量的なエントリー条件）

過去、ブランド利用が2回以上ある。または、利用が1回で満足度調査が「非常に満足」

②ブランド・リテラシー（＝質的なエントリー条件）

年間を通じて、温泉を目的に国内旅行を定期的にする。一人旅、家族旅を使い分けるので、温泉宿の選び方にも詳しい

③ブランド評判貢献行動（＝新規獲得コストにつながる反響行動）

温泉宿では「どこがいいか？」という周囲の質問に対して、「界」ブラ

ンドを推奨してくれ、実体験から具体的な良さを伝えてくれる。その結果、新たな利用が発生する

④ブランド絆貢献行動（＝生涯累積貢献につながる反響行動）

１年以内に、「界」ブランド利用が複数泊ある。その際に、こちらから提案しているアクティビティへの参加経験が１回以上ある。その満足度から、次回の利用も候補になっている

上記の流れで考えると、連泊利用者はロイヤリティーがある可能性が高いので、その中にいるブランド・リテラシーの高い人への情報・体験がブランディングの核になります。何を語ってもらうと「あの人が利用しているなら」と周囲が感じるのか、どんなアクティビティが「また利用しよう」という気持ちの向上につながるかを中心軸にすることができます。

■図表3−5−2 「界」のブランド・パートナー像の例■

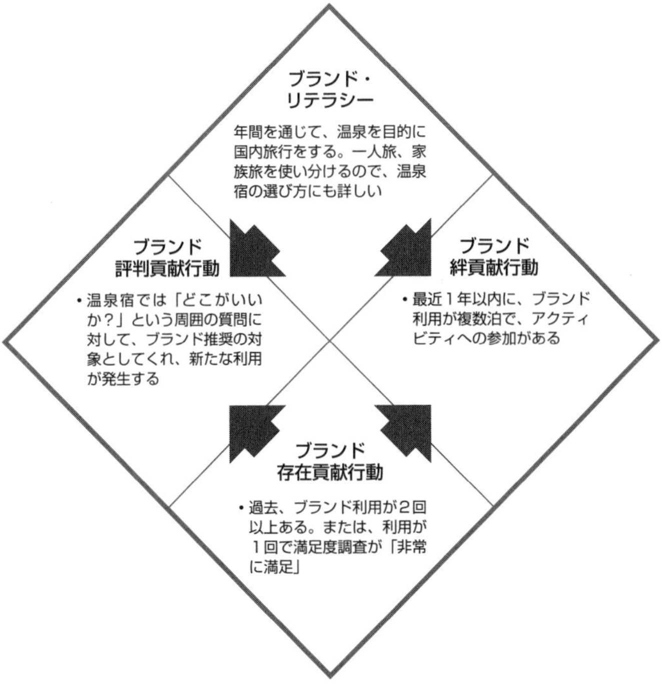

3-6

〈フェーズⅡ：成長観〉
成長観の意味

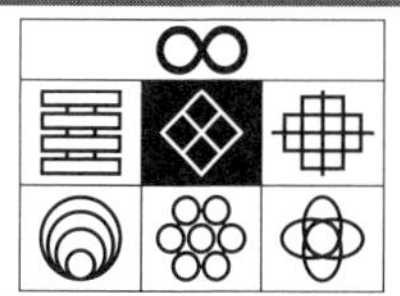

ブランド・パートナー設定の背景にあるモデル

■フレームワークが採用する変化モデルについて

マーケティング実務では、「**消費者行動モデル**」という、消費行動を説明するモデルが存在します。ブランディング実務もマーケティング実務を補完するわけですから、対象者が変化する様子を簡潔に示したモデルが必要です。

消費者行動モデルだけでも、１冊書けるくらいの内容があるので、詳細は割愛しますが、消費者行動モデルは大きく３つの流れを持っていると思ってください。「**行動的変化のモデル**」「**理性的変化のモデル**」「**感情的変化のモデル**」です。

それぞれの中にある「どんな行動なのか？」「どんな理性（記憶や思考）なのか？」「どんな感情（共感や好意）なのか？」を選び、順序を決めていくことでバリエーションができます。

同時に、この３つを互いに組み合わせることで、変化を説明するモデルは多種多様になっています。まずは、簡単に３方向に触れ、最後に「**ブランド・パートナー策定のモデル**」を解説します。

■行動的変化のモデル

「商品・サービス」では、購買行動をカウントすることで、対象者がいる段階の違いを説明できます。典型的なモデルは「**トライアル→リピート→ロイヤリティ**（ヘビーユーザー、オンリーユーザー、など）です。消費頻度に沿ったモデルです。

ちなみに実務では、リピートを想定しにくい商品・サービスについては、広義のリピートとして扱います。たとえば葬儀サービスでは、個人ではリピートされませんが、一族でリピート利用されることはある、といった具合です。

行動ベースのメリットは、なんといっても観察すればわかるので、行動情報を数字でカウントできることです。**KPI**（Key performance indicators）は、ほとんどが行動的変化をベースにしています。どの消費者行動の数字が低いのか高いのか、ビジネスの売上や利益に直結して考えることができることです。

また、提供者側の打ち手も、ネット通販などで細かく行動を規定すれば、行動モデルだけでもかなり考えることができます。サイト来訪、滞在時間、クリック先、チェックしたQ&Aや口コミ内容など、計測できるKPIを設定できればいいのです。その延長線上にあるのがマーケティングのオートメーション化です。

ただ、「売れる」ための実務へのヒントはたくさんあるのですが、「売れ続ける」仕組み〔新規獲得コスト（CPA）が下がっていくための活動と生涯累積貢献（LTV）が上がっていくための活動〕まではわかりません。ブランディングという、対象者の頭の中にあるものを扱いながら、ブランドへの提供者の“志”を託していくことは、心理的な部分が多い仕事ですから、行動データだけでは実務方針を決められません。

■理性的変化のモデル

理性的変化のモデルとは、記憶と思考が深まっていく順序を購買行動に適用したものです。典型的なモデルは「**認知→理解→納得**」です。商品・サービスの存在を知ることから始まり、その状態を「認知がある」としています。ここはブランドでいうと、対象者がブランド名を知っている状態です。そこから理解に進み、商品やサービスの特徴を知っている状態になります。ここでの理解とは「コア・コンセプトをわかっている」という意味です。次に納得に移ります。納得は、「その特徴が自分にとって有益だと考える」段階です。価格や購入経路も含めて、「利用する合理的な判断ができている」と自己判断している状態といえます。

このモデルのメリットとしては、行動的変化よりは実際の心理状態を追いかけているため、リアリティが高いこと。言葉での確認なので、対象者とブランドについて客観的に対話できることです。つまり、買う理由や買わなかった理由がわかれば、その理由を増やしたり減らしたりする対応策を採ればいいわけです。

しかし、一方で疑問も残ります。人はそんなに合理的ではないし、そもそも「対象者はブランドを正確に言語化できるのか？」という問いもあるということです。

■感情的変化のモデル

情緒的な観点から消費への態度変化を把握しようとするのが、感情的変化のモデルです。ここでは『ファンベース』（佐藤尚之；著、2018年）を引用させてもらいました。『ファンベース』では「**共感→愛着→信頼**」で感情的変化のレベルを解説しています。

ブランディングにおいての「共感」とは、対象者の態度が変わる入口です。共感をともなわない行動と、共感をともなう行動では、同じ行動でも分けるのが望ましいのです。成長観でブランディングの海を眺めるなら、潮目の違いを大切にする視点です。なぜなら、ブランドの評判や絆は対象者の協力をともなうものだからです。

合理的にブランド選択をしているだけなら、そのまま黙って使い続けていることが、最も効率的なはずです。それをあえて推奨したり、参画したりする、「愛着」にはエネルギーが必要で、そこには理性を超えた感情的な前向きさがともないます。

ただし、感情面を客観的に把握するのはむずかしいという問題があります。Ａさんの「好きなブランド」とBさんの「好きなブランド」は、同じ文面でも、本音の部分では、「心底好きなブランド」と「嫌いじゃないから、それで十分なブランド」ぐらいの差があったりします。

■ブランド・パートナー策定のモデル

本来は、これら３方向のモデルがバッチリ把握できればいいのですが、実務の現場では時間・費用・労力・能力……どれも十分に用意できる組織はほとんどありません。ではどうしたら、最小限の情報で、最適の打ち手につなげて「売れ続ける」状態につなげるができるのでしょうか？

消費行動（交換行動）に足される「**反響行動**」は、３つの設計である、「評判」と「絆」と「シンボル」が元になっていると考えます。これによってブランディングを実務として取り扱えるようになります。

口コミによる評判も行動をともないます。また、絆が強まってロイヤリティ（ヘビーユーザーやオンリーユーザーなど）が高まっていくのも行動で表すことができます。このように、どのくらい買ったかのほかにも、ありがたい「**行動的変化**」があります。これらを反響行動として、購買行動とは別に扱いたいわけです。

また、反響行動が、表面上ではよくわからない「**感情的変化**」（**愛着や**

信頼）を間接的に表現していると、よりよい補完関係になると考えます。

さらに、最終的にブランドの強さは選択行動時の頭の中のシード権の順位によるものであり、それを反響行動として間接的に示すのが、最初に思い浮かぶブランドかどうかです。これは記憶の話であり、「**理性的変化**」です。記憶は、人の頭の中にあるので、尋ねなければわかりませんが、反響行動があるということは、かなり強く記憶されたブランドであることは間違いないでしょう。

ワークは、これらの反響行動を設定する作業です。「いったい、どんな人が？」「どんな評判をしてくれそうか？」「どんな絆の保ち方をしてくれそうか？」を、現実の情報を参照（十分ではないかもしれませんが）しながら、ブランドに託した提供者側の志も加味して、**ブランド・パートナーを言語化していく作業です。**

■図表3−6−1　ブランド・パートナー策定のモデル■

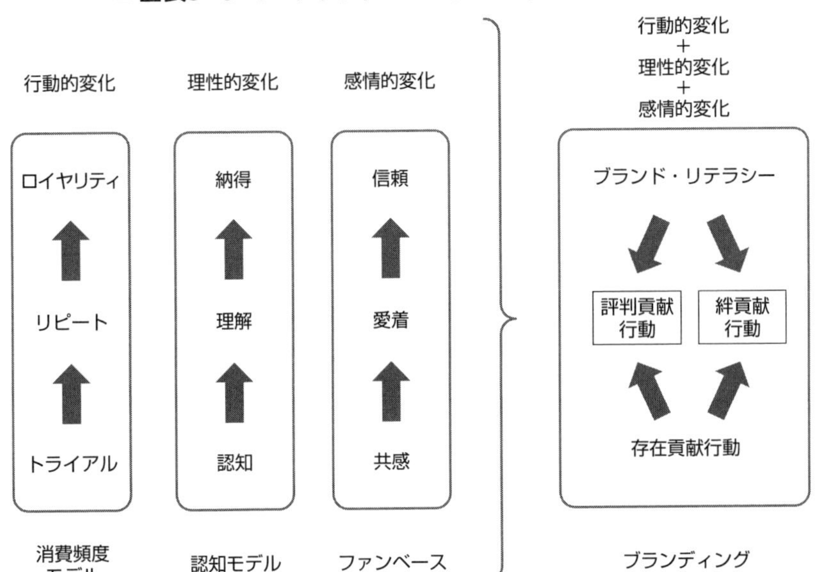

3-7 〈フェーズⅡ：成長観〉ワーク実施上の留意点

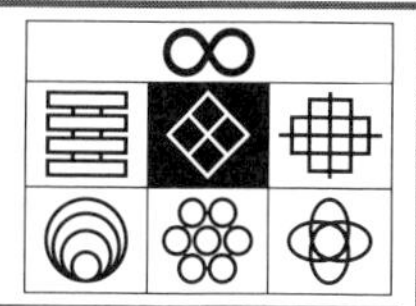

ブランド・パートナーをペルソナ化する

■存在貢献層を押さえるときの留意点

ここでは、具体的にどのような点に留意してブランド・パートナー策定のワークを進めていけばいいかを説明します。

「商品・サービス」ブランドでは、**存在貢献層**はシンプルです。なぜかというと、リピートがブランディング対象になるかどうかの最初の条件だからです。F2転換（2回目を購入すること）とも言われるブランドへの態度の分岐点です。Fは「フリークエンシー」で「頻度」の意味で、“Frequency”の頭文字のFです。ちなみに“F1”はトライアルになります。

ただし、リピートが見えにくい業種や業態もあります。自動車、住宅、ブライダル、葬儀などの場合、利用直後の「利用満足度が高い層」を、ここでの存在貢献層とします。もし、満足度調査なしに顧客履歴だけで追いかけたいなら、同じブランドでも高価格帯の利用者を存在貢献層としても構いません。

■どのような情報源で書き込んでいくのか？

グループでワークをするとき、ブランド・パートナーは参加者の考えがパッチワークされたものになります。情報源は大きく「事実」と「類推」に区分けできます。ところが、ワークをしていると、この区分けが溶け込んで同等に扱われるようになってしまいます。そこで、情報源のタイプ違いを見えるようにするために、ホワイトボードであれば色違いの付箋を使うなどしておくと、最後まで情報の軽重がキープできます。

ここでは情報源のタイプを4種（事実2種・類推2種）に区分けしています。

「間接的な事実」→カテゴリー内で確認された事実

同じカテゴリーで、比較的近い商品・サービスから参考になる情報を得ます。すでに顧客が存在しているので、事実を確認しやすいです。ただし、既存カテゴリーを革新していくブランドであれば、むしろ、そういった現在の顧客像の情報に目を向けないことを意図しているので、参照は控えめにしましょう。

「直接的な事実」→自ブランドで確認された事実

最も確実な参照先です。利用度合いの高い人から得た事実ほど、パートナー候補に近く、参照になります。堅調なブランドであれば、すでにパートナーがいる可能性もあります。

「経験からの類推」→メンバーの経験から派生させた類推

ワークするメンバーの持つ経験に紐づけしながら、パートナーがどのような人なのかを考えます。パートナー像は、別のカテゴリーの当事者しか見えないものだったりもします。そこから自ブランドへ転用することができると類推します。あくまでも類推なので仮説の域を出ませんが、参照できる事実が少なすぎる場合には、メンバーの納得感を前提にブランド・パートナー像の候補にします。

「希望的な類推」→メンバーの願望から派生した類推

ワークするメンバーが自ブランドの期待している、「こうだったらいいな」という思いは排除すべきではないのですが、そもそも存在しないようなパートナー像になっていく危険も孕（はら）んでいます。あくまでも理想であり、可能性です。扱いの原則としては、否定はせずに、あくまでもワークの盛り上げや相互を刺激するものとしておきましょう。

■ブランド・パートナーのワークの終わり方

ブランド・パートナーの検討をして、ある程度の納得感が出てきたら、そこでパートナー像を仮置きしておきます。**全体を眺めて、「これで評判と絆の設計にいけそうだ」と感じたらワークをストップしてください**。

また、他のワークとの兼ね合いから「どうも書き直ししないと辻褄（つじつま）が合わないな」という場面も多々発生します。そのときはまた、パートナーのワーク結果の修正で対応します。一度できた内容に、必ずしも固執する必要はないのです。

これは、起業の際のリーン・スタートアップ、「仮説――実装――発見――仮説バージョンアップ――実装バージョンアップ――次の発見」のスパイラルに近いものがあります（くわしくは、『リーン・スタートアップ』エリック・リース：著、2012年を参照してください）。

初期の仮説のバージョンがアップして「初期仮説――次の仮説――そのまた次の仮説」といった具体に仮説が螺旋階段を登りながら、ブランディング実務の精度が上がるわけです。

ブランド・パートナーも１つの仮説です。仮説の中の類推部分が減って、事実部分が増えていくことがバージョンアップです。

■ブランド・パートナーをペルソナにする

ペルソナとは、いくつかある要素を組み合わせながら、納得のいく1人の人物像で描いたものです。ペルソナについては、すでに解説書は多く存在しますので、詳細については割愛して、ブランディングでの使い方について触れます。

ブランディングにとってペルソナは応用編です。なので、なくても大丈夫ですが、あれば業務内容の説明力は上がります。特に、商品・サービスではマーケティング業務が先行しているケースが多いので、すでにコア・ターゲットが設定されているかもしれません。コア・ターゲットとブランド・パートナーは補完し合う関係になるので、両方を目配せしてできたペ

■図表3-7-1　ペルソナの描き方■

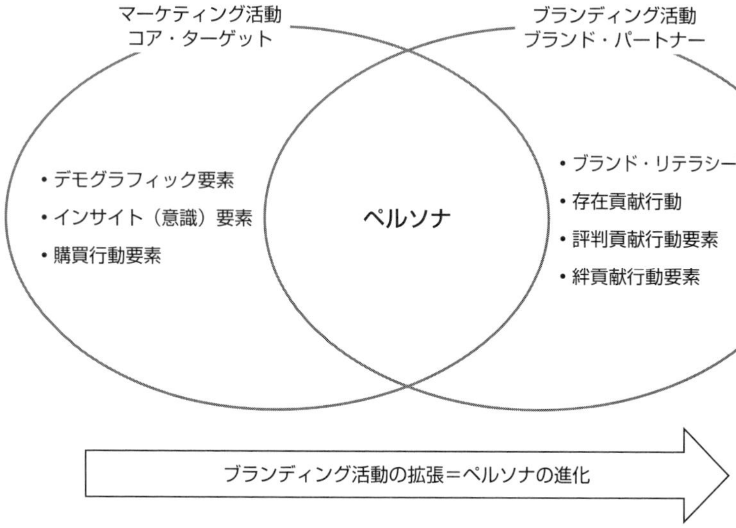

ルソナはより進化したものです。

組織活動で行うマーケティングやブランディングでは、実務は担当者によって分業されるのが一般的です。マーケティングの販売、製造、流通、販促から、ブランディングの情報拡散のための評判設計、体験累積のための絆設計、印象強化のためのシンボル設計まで、業務担当者によってブレやすい部分を「この活動はペルソナで書かれた人物を反映しているか？」という共通質問で補正できます。

ここで紹介するブランド・パートナーのペルソナ事例は、既存ブランドX（市販アイスクリーム）を想定したものです。

これらの要素と、ブランド・パートナーのフレームワークを交えて、ペルソナを描き出してみましょう。

■図表3–7–2　ブランドXのペルソナの例■

【人物概観】（デモグラフィック）

・42歳、女性既婚東京都23区在住

・家族→夫・中2（男）、小6（女）

・仕事→天然酵母のパンづくり教室を主催

・趣味→旅と旅先での有名パン屋めぐり

・SNS利用状況→複数利用、情報発信頻度多め

【消費意識】

・たまに子どもが買ってくる新しい商品を試してみるが、今のところブランドXは揺るがない。

・パン教室をやっているので、そこに来た人との休憩時間にもアイスを出す。食に関心高い人が多いので、誰もが喜んでくれるアイスがいいと思う。
シンプルだけど手堅い美味しさも大切。それもブランドXを常に選択する理由の1つ。

【消費行動】

・1人で食べるのは夕飯をつくっているとき。冷蔵庫を開けて食べながら料理をする。1口サイズやバータイプの市販アイスが必ず入っていて、食べてはちょっと家事をやり、食べてはまたやり。火を使いながらだと暑くて。わりと何かしながら食べることが多い。「ゆっくり座って」というのはない。

・冷凍庫はアイスだらけ。勝手に食べるともめるので、全員が好きなアイスと各人が好きなアイスが分かれて入っている。共通アイスは自分が買う。

【存在貢献行動】

ブランドXは、夏場は複数個を常備している。

【ブランド・リテラシー】

・家族全員がアイス好きなので、新製品だけでなく、ショップのアイス情報も自然と入る。新製品が入手できるときは必ずトライし、味覚評価や原材料の評価もしながらリピートするかどうかを決める。

【評判貢献行動】

・最近はパン教室で休憩時にブランドXをよく出すので、ほぼアイスの話で盛り上がる。

【絆貢献行動】

・夫の出身地が静岡県で、近くにあるブランドXの生産工場に家族で見学に行ったことがある。初めて見るアイスの生産現場が楽しかった。何か地元の商品という愛着があって、ブランドXから新しいフレーバー商品が出たら必ず試す。

■ロングセラー・ブランドの原風景を探る

ロングセラー・ブランドでは、ブランドの原風景の強度に配慮します。「**原風景**」とは、過去のブランド体感からくる、忘れ難い好印象のことです。加齢とともに変わっていく「**加齢効果**」、印象的な出来事が反映される「**時代効果**」、上の世代から受ける生活習慣としての「**世襲効果**」などで、忘れにくいブランドへの印象がつくられます。

このような側面から利用者をグループで区分して整理すると、微妙な原風景の由来の違いも見えます。たとえば、カルピスのコンク（濃縮タイプ）でカルピス・ブランドに初めて触れた人の原風景と、カルピスウォーター（ストレート飲料タイプ）でカルピス・ブランドに初めて触れた人の原風景は異なります。**世代の差が、頭の中にあるブランドの基盤を違うものにしている可能性もある**のです。

もし、扱うブランドがロングセラー商品であれば、ブランド・パートナーが時代を超えて過去から今まで存在してきた可能性があります。10年以上も存在しているブランド・パートナーの原風景は、ブランド委託先にあるブランド資産です。ブランディング活動の背景としてブランドの原風景をまとめておくと、ブランディングも長期の視点を外さなくなる利点があります。

参考までに、次の表で挙げたような、原風景の違いを世代ごとに探る消費者調査は「**コーホート分析**」ともいいます。これは応用編ですが、より詳しく調べて、「原風景サマリー」にしてみるのもお勧めです。

■図表3-7-3　ある50年以上の歴史がある焼き菓子ブランドの「原風景サマリー」■

	加齢効果（年齢が上がると変化する）	時代効果（ある時代の強い印象がそのまま続く）	世襲効果（生活環境で受けた影響が続く）
10代～20代	友だちと分け合う定番のお菓子	—	祖母の家に行くとよく出てくる
30代～40代	誰もが知っている味だから人に出しても安心	若い頃に見たタレントAの広告が印象的	親がおやつによく買ってくれた
50代～60代	—	昭和の良い思い出が詰まっている	孫がくると出す定番的なお菓子

上の表に社会的な出来事年表や、過去に実行してきた顧客向けの企業活動を併記しておくと、より俯瞰度が高まります。

3-8 〈フェーズⅡ：世界観〉世界観を設定する

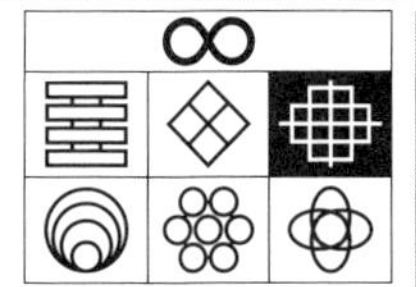

「らしさ」をつくるブランド・ワールド

■ブランドの「らしさ」とは何か？

私たちは身近にある商品・サービスを目にして、よく「これって○○らしいよね」とか「○○ブランドらしくないなあ」という発言をします。ここにある「らしさ」とは、その人が認識している、あるパターンのことです。

商品やサービスの中身は基本的に変わっていませんから、「らしい」も「らしくもない」もなく、価値そのものです。つまり、**「らしさ」は価値の周辺にあるブランド固有の印象**です。

実のところ、「らしさ」は長い時間培ってきたブランドの個性の一部なので、後からやってくるものです。マーケティング活動と重なる部分でもあるのですが、商品を包むパッケージ・デザインや広告表現、サービスならお店の空間デザインや接客時の対話なども「らしさ」づくりに貢献しています。もちろん、ネーミングも入ります。佇まいすべてが「らしさ」をつくります。

後述しますが、**「らしさ」を反映させたものがシンボル設計であり、ユニークさがブランドの印象になって自然に記憶されます**。投下したコミュニケーション費用に比例する商品・サービスのブランド知名度とは異なり、ユニークさによる利用者の自発的なブランド記憶が「らしさ」です。

先に紹介した価値観は、ブランドの納得と共感を、対象者に働きかけるための指針でした。一方、ブランディングでの世界観とは、ブランドの記憶に「らしさ」をつくる指針です。

■ブランド・ワールド設定へのアプローチ方法

しかし、「らしさ」が言葉以外の要素を含んでいることから見ても、理性的なワークだけでは世界観組み立てるのはむずかしいので、アート系のアプローチになります。

ブランドの周辺部分となって対象者の頭の中に入っていく過程には、「**ユニーク→個性→らしさ**」という進化があります。もちろん、もっと細かく

■図表3−8−1　ブランド・ワールドと「感性的変化」■

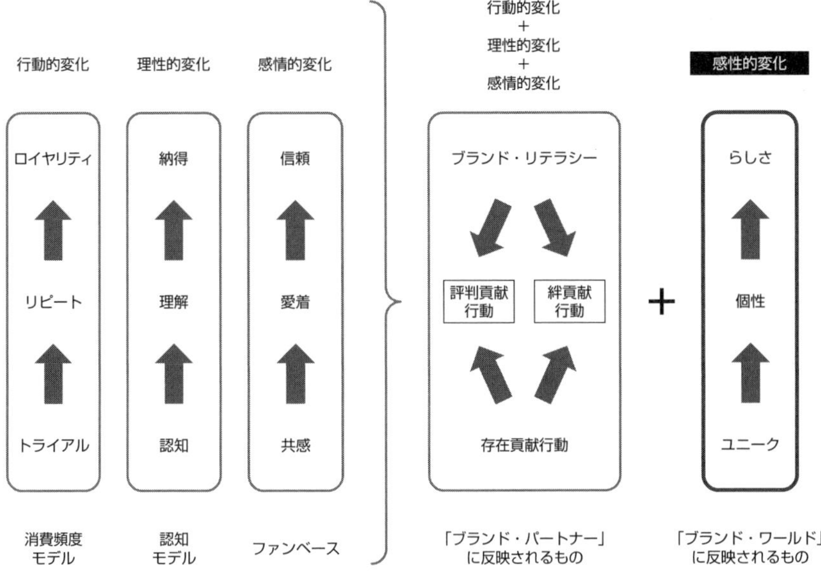

もできますし、異なった用語でつなげることもできるでしょうが、ここでは３段階の**「感性的変化」**として設定しました。ちょうど、ブランド・パートナー解説の図表（91ページ、図表３―６―１参照）にあった３つの変化、行動変化「トライアル→リピート→ロイヤリティ」、理性的変化「認知→理解→共感」、感情的変化「共感→愛着→信頼」に並走するものです。

ここで紹介する**「ブランド・ワールド」**とは、感性的変化「ユニーク→個性→らしさ」をブランドのシンボル群（165ページ参照）に転写する指針と思ってください。

■ブランド・ワールドのカバー範囲

「商品・サービス」を提供者と対象者が交換するすべての場面において、ブランド・ワールドは機能します。ただし、どのぐらいのカバー範囲にするかについては、商品やサービスの内容や展開方法によっても異なりますので、当然ながらブランド・ワールドの重視度合いは変わります。

主なカバー範囲としては、次のようなものが挙げられます。

まず中心は**「商品・サービス自身での伝達」**（パッケージ形状やカラーリングなど）です。その周囲にあるメディア別に、**「ビジュアルでの伝達」**

（パンフレットやサイトなど）、「**動画での伝達**」（解説や利用案内など）、「**対話での伝達**」（応接や案内など）、「**空間での伝達**」（展示や店舗など）があります。全体に共通しているのが「**言葉での伝達**」（ネーミングやストーリー）です。つまり、対象者の周囲360度すべてがカバー範囲の候補となります。

ラグジュアリー・ブランドになれば使える費用も多くなるので、カバー範囲は広く、同時にブランド・ワールドには高級感が求められます。価格帯にふさわしい「『らしさ』は何か？」を決めておく必要が出てきます。また、メインストリームに対してニッチなブランドであれば、物理的なカバー範囲は狭くても、「知る人ぞ知る」ブランドならではの世界観が必要です。インパクトのある「らしさ」に組み込まれ、市場に埋没しないためのブランド・ワールドを設定する必要があります。

「商品・サービス」のコア・コンセプトはブランドの起点なので、そこから「らしさ」を考えることになります。「どんな言い回しが『らしさ』なのか？」「どんな写真を選ぶと『らしさ』が増すのか？」「どんな動画の編集の仕方が『らしさ』につながるのか？」「どんな話題が会話のときに『ら

■図表3−8−2　ブランド・ワールドの範囲■

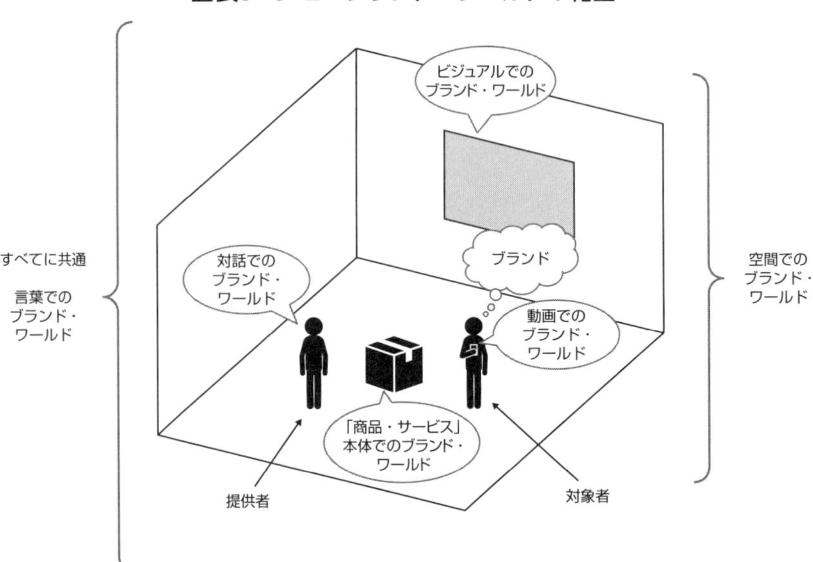

しさ』を醸し出すのか？」……提供者側のメンバーが感性を必要とする場面でヒントを与えてくれるのが、共通してイメージできるブランド・ワールドです。

■ワークの原理について

ブランド・ワールドは、ブランドに感性的なゴールを設定するためのものです。新ブランドであれば、まだ設定してないので、どこの時点で設定するのが望ましいのかを考えることになります。また、既存ブランドであれば、設定済みなので、今までのブランド「らしさ」を生かしつつ、どうやって感性的な深みをつくっていくかの指針を言語化できます。

たとえば、〈図表3―8―3〉は、日用家具のカテゴリーで主要なブランド、イケア、無印、ニトリをプロットして作成した、**「世界観マップ」**です。日用家具の新ブランドのブランド・ワールドを設定する場合、候補は所属するカテゴリーでつくった世界観マップの左上の空白部分が有利です。評判による情報拡散ならユニークさが新たな対象者に興味を、絆による体験累積なら個性がより強い印象を記憶へ伝達します。ブランド・ワールドの設定は間接的とはいえ、ブランディングの目的を促進させることになります。

■図表3−8−3　日用家具の世界観マップ■

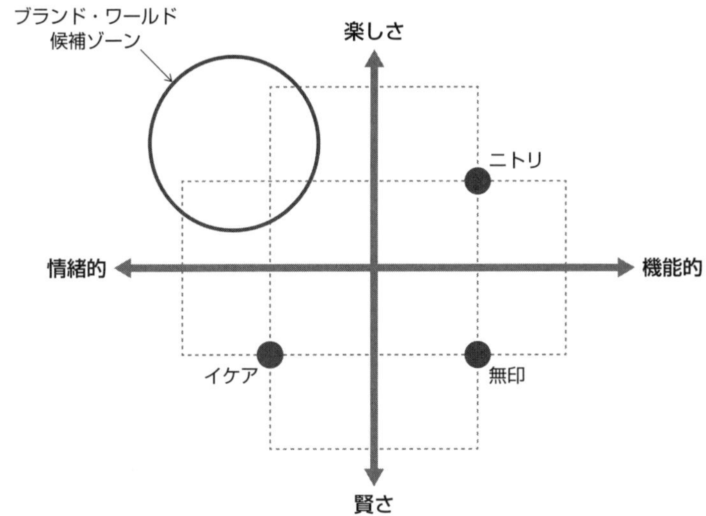

また、既存ブランドであれば、ブランド・ワールドを言葉で明確にすることで、余計な情報発信をしなくて済みます。「これはウチのブランドらしい」「これはウチのブランドらしくないな」という基準があれば、「活動現場でのブランドからの情報発信をどうするか？」や、「提供する体験をどうするか？」の判断に役立ちます。

つまり、ブランドの独自性を長期的にキープし、かつ提供側のメンバー全員が一貫性を保ちながら、ブランドに何を付加するかを明瞭に選択できるのです。

〈フェーズⅡ：世界観〉世界観設定の参照事例

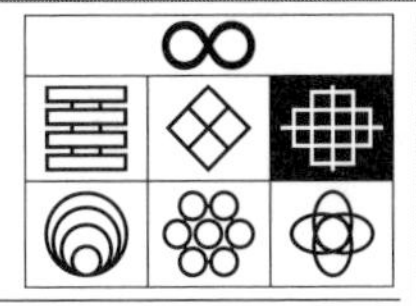

具体的な商品やサービスで考えてみる

■参照事例1 「商品」のブランド・ワールド設定

それでは、ブランド・ワールド設定のワークについて、具体的な参照事例を挙げていきましょう。以下は、アイスクリーム「パルム」で、ブランド・ワールドのワークを当てはめてみたものです。

まず、カテゴリーの中で最も代表的なブランドであるメインストリームブランドを特定します。ここでは、プレミアム系の「ハーゲンダッツ（＝HD)」と、バーアイス系の「ガリガリ君」にして作成しました。

HDとパルムの距離を説明できそうな軸として「装飾的――ミニマム」、ガリガリ君とパルムの距離を説明できそうな軸として「大人の――子どもの」を設定し、二軸としています。これをカテゴリー世界観のマップとしました。

たとえば、HDは「大人の」がメインで「装飾的」がサブとなり、図表にプロットしています。両者との距離を意識していますから、パルムは「シンプル」がメイン、「大人の」がサブで「らしさ」にしているという見立てができます。著者主観で書いていますから、プロットの正確さに関しては読者ごとに意見が異なるでしょう。しかし、ブランド・ワールド設定のワークの書き方に関しては、理解してもらえるのではないでしょうか？

また、それぞれのプロットには、ポジティブ表現の「らしさ」と同時に、カッコ内でネガティブな「らしさ」も、あえて記入しています。「らしさ」は正解・不正解ではなく、傾向でしかありません。ある人には好きな世界観は、別のある人には嫌いな世界観であることが普通だということです。ですから「**全員に好かれようとして描いたブランド・ワールドの規定は機能しない**」といえます。

もちろん、自ら進んで不快なイメージをユニークさとして設定する必要はありませんが、どのユニークさを選んでも、好悪の両面があることを認識してください。ブランディング実務では、「あのブランドの世界観が嫌いなんだよね」というような声を耳にすることもありますが、ブランド・

■図表3−9−1　「パルム」の世界観マップの例■

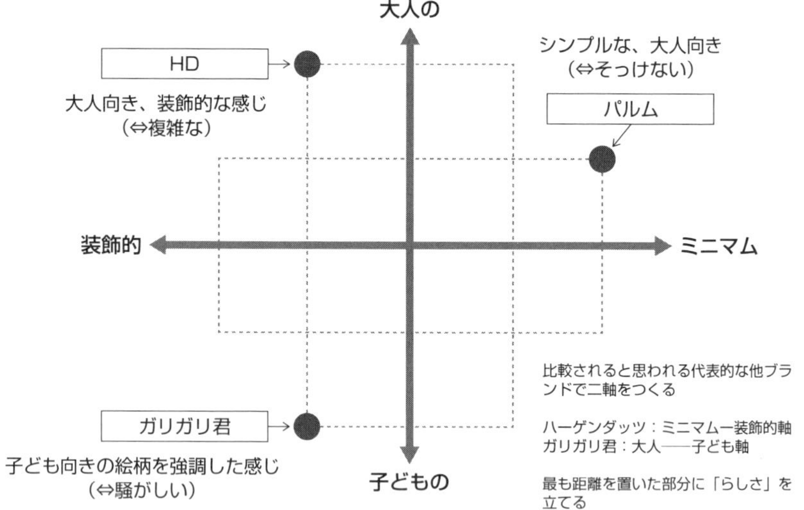

ワールドの意味をわかっていれば気にしないで済みます。

「パルム」のブランド・ワールドの例

・大人向き目線での表現基準
・シンプルで、できるだけ装飾は減らす見え方
・常に素材が主人公になっている

■参照事例２「サービス」のブランド・ワールド設定

今度は温泉リゾート「界」に、ブランド・ワールドのワークを当てはめてみましょう。

このケースでは、軸作成のために選ぶものが異なります。メインストリームに該当するものがブランド名ではなく、カテゴリーが持つ「らしさ」を活用して、カテゴリー世界観マップを策定しています。

比較される他ブランドの数がものすごく多い場合は、メインストリームのブランドを特定するのがむずかしいでしょう。そこで、カテゴリー全体

■図表3−9−2「界」の世界観マップの例■

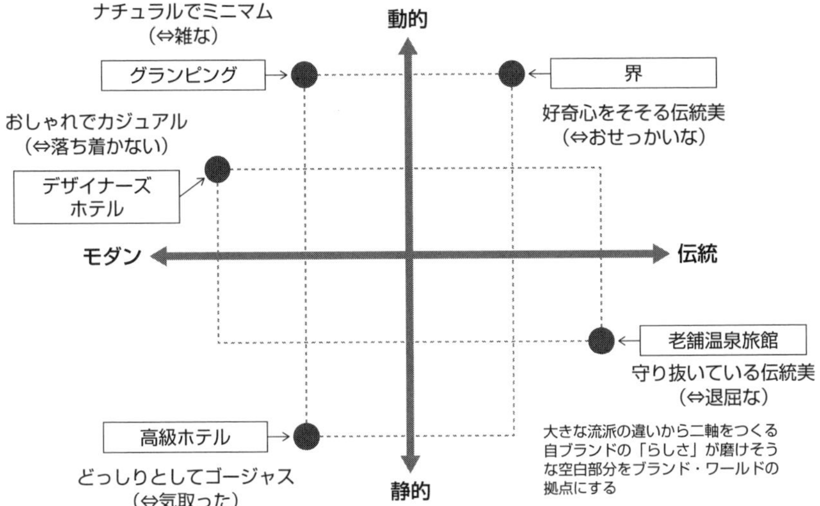

と個々の代表的なタイプを単位にして二軸をつくります。対極にありそうな高級ホテルとグランピングで「動的——静的」の軸、老舗温泉旅館とデザイナーズホテルで「モダン——伝統」の軸を設定してみました。このカテゴリー世界観マップで「界」をプロットすると、動的がメインで、伝統がサブになるような「らしさ」が読めます。

「界」のブランド・ワールドの例

・現代に合うくつろぎを追求した和
・好奇心をそそる伝統美の体験場所

3-10 〈フェーズⅡ：世界観〉ワークの具体的手順

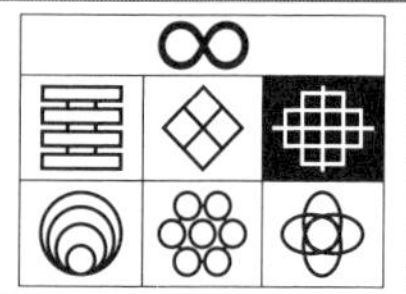

カテゴリー世界観マップの作成から言語化まで

■進め方の手順

ここでは、ブランド・ワールドのワークの仕方について説明します。大きくは3つのステップで行います。①カテゴリー世界観のマップ作成、②世界観コラージュ作成によるプロット理由の深掘り、③もう一度マップに戻ってブランド・ワールドの言語化、の手順です。それぞれを詳しく見ていきましょう。

■①カテゴリー世界観マップの作成

二軸での画面四分割を、自ブランドが所属するカテゴリー、カテゴリー自体が革新的であれば一番近いカテゴリーの世界観マップを作成します。

世界観マップの作成手順❶

「自ブランドが所属するカテゴリー内の主要なブランドを選定する」

カテゴリーで多くの人が想起するブランドを選びます。任意で構いませんが、個性を抽出する母体になるので、あまりマニアックなブランドを選定してしまうと、そのブランドの販売規模が小さい割に、個性が軸策定に影響してしまいます。

世界観マップの作成手順❷

「選定ブランド群をできるだけ離れるようにプロットするにはどうすればいいかを考える」

最初は軸がなくてもいいので、画面上の離れたところに、選定ブランドを置きます。その間に個性の違いの境目があると考えます。AとBの「『らしさ』の違いは何か？」を言葉で説明してみます。複数メンバーがいる場合は、お互いの意見交換からの気づきで、画面上の位置関係をプロットし直していきます。

世界観マップの作成手順❸

「二軸を引く」

軸を置いてみます。同時に、両端に説明できそうなブランドの傾向を表す単語を置いていきます。まずは一軸の一極に単語を置きます。そして、対極にある単語を組み合わせます。たとえば、「楽しさ」に対して「苦しさ」、「機能的」に対して「情緒的」といった組み合わせが該当します。「このあたりが一番シックリくるな」というところまで、軸の両極を試行錯誤します。手詰まり感が強いときは、もう一度作成手順の❷に戻ります。また、作成手順❶に戻って、選定ブランド群を増やすことも有効です。

世界観マップの作成手順❹

「空いているゾーンを眺めて、ゾーン自体に意味をつけるとしたら何と説明するかを考える」

プロット済みのブランドが存在しないゾーンを特定します。ここがブランド・ワールドを設営するための候補ゾーンです。複数ある場合もありますが、まずは選定ブランド群から距離があるものほど、優先順位の高い空きゾーンとなります。実務でユニークさを出しやすいからです。

世界観マップの作成手順❺

「全く異なるカテゴリーにおいて同じようなゾーンに存在するブランドを探し、その世界観を言葉にしてみる」

空きゾーンはそのままでは、なんと表現していいのかわかりません。空きゾーンが置かれた二軸の位置を頼りに、他のカテゴリーで似たようなブランドがないかを考えます。「楽しくて情緒的って、化粧品でいえば『ラッシュ』かな？」といった具合です。そこから、「どのあたりが『ラッシュ』を楽しくて情緒的な感じにさせるのかな？」などという問いに発展させます。言葉が多く出れば出るほど、世界観づくりの素材が集まっていることになります。

■②世界観コラージュ作成によるプロット理由の深掘り

次に、世界観マップから離れて、非言語的な部分に近づいてみるワークをします。ここまではすべて、言葉を使ったワークで、「言語化」が強調されていました。しかし、微妙なニュアンスというのは、そもそも言葉にしにくいものです。「らしさ」も言葉だけでは伝わらない何かであり、「感性に訴える」というのも言葉では表せない側面があります。

ブランド・ワークについても、言語化の限界があります。それでいて、ワークのメンバーでの意思疎通は必要ですから、非言語な何かを経由するアプローチが求められます。これは**「言葉にしにくい」→「言葉以外の表現へ」→「その表現を眺めながら、もう一度、言葉で説明してみる」**といった手続きです。ここでは一番扱いやすい**コラージュ**作成によるアプローチ方法を紹介します。

コラージュとは、絵や写真の切り合わせによって1つのテーマを表現するものです。コラージュはそもそもアートの技法の1つですが、消費者調査で回答者にブランド・イメージを聞くときにも使います。

雑誌・本・カタログなどを切り貼りして、そこから語り出してもらいます。いきなり言葉は出てこないので、コラージュが想起の補助役になります。ここでの原理も同じです。

①で特定したブランド・ワールド候補として表現できそうな写真、絵などを集めて、組み合わせて1枚にしてもらいます。そのコラージュをメンバー同士で解説しながら、気づけなかった意味や言葉を拾い上げていきます。

コラージュに取り組むときのテーマは「自分たちのブランド・ストーリーを、カテゴリー世界観マップのブランド・ワールド候補ゾーンに置くとしたら、どんな雰囲気の中で語るのだろうか？」です。ここでのコラージュは、ブランド・ストーリーの「スコップ」のようなものです。カテゴリー世界観での空いている地面を掘り出して、まだ見ぬ「らしさ」の原石を切り出そうという行為です。

コラージュに取り組むときのテーマ

「ブランド・ストーリー」の中の自分が大切にしたいキーワードを、「世界観マップの空きスペース」に置いたときの風景を想像して、言葉を使わずに画像だけで表現する。また同時に、主要な他ブランドの世界観も画像にしてみる。できた絵を他メンバーに説明するとき、「らしさ」の原石になる思いもかけなかった語彙に出会う（ことを期待し合う）

コラージュの作成や資料集めには時間がかかりますので、メンバーへの宿題にして、でき上がったものを持参してもらうのも効率的です。

お互いにつくったものを見ながら語り、質問し合いながら、「そういえば、こんな世界観ともいえそう」という気づきを引き出します。ですので、**でき上がったものは作品ではなく、メンバーの気持ちをメモしたものです。良し悪し、出来不出来は問いません。**

たとえば、コラージュした人が「静かなところで、１人で楽しんでいる感じがする」と説明したら、「全体に人が１人しか出てこないのは、マイペースな雰囲気があるってことですか？」「ちょっと賑やかさもあるから、気分はお祭りってことかな？」など、思いついたポジティブな単語を質問に混ぜながら、刺激し合います。

■③もう一度マップに戻って、ブランド・ワールドの言語化

コラージュでのワークが終了したら、もう一度、カテゴリー世界観マップに戻って、ブランド・ワールドを言語で肉づけします。

3-11 〈フェーズⅡ：世界観〉ワーク実施上の留意点

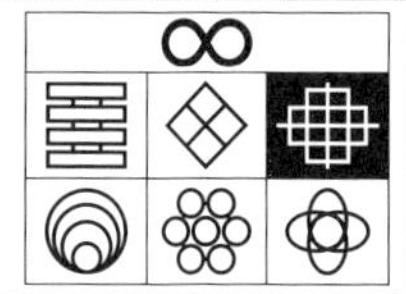

作業する際に意識すべきポイントとは？

■「独自性」「娯楽性「汎用性」「明瞭性」を意識する

ブランド・ワールドを構築するワークの進行にあたっては、常に**「独自性」「娯楽性」「汎用性」「明瞭性」**に留意しながら作業してください。それぞれについて見ていきましょう。

独自性＝「ユニークな表現が多いこと」

自ブランドのオリジナリティを感性に訴えようとしているので、方針となる**ブランド・ワールド**もユニークな単語使いや、新しい組み合わせからの造語が必要になってきます。ただし、**ユニークさを追求するとわかりにくくなりやすい**点には注意します。

また、複数のフレーズで構成しても構いません。実際に、自ブランドの所属するカテゴリーにブランドが数多く存在していれば、そこでのブランド・ワールドも語ることが多くなります。ただしこれも量が増えると、他者との共有が厄介になります。明瞭性とのバランスで判断してください。

娯楽性＝「メンバーが楽しめる遊び心があること」

ブランド・ワールドに正解・不正解はありません。ビジネスなどの実務では、正解を求める場面が多くあります。「AとBでどちらが正しいやり方だろうか？」という問いの場合、シリアス（Serious）に課題に向き合う必要があります。しかし、「AとBのどちらが魅力的か？」という問いでは正解を求めていません。正解はないが、選択しなければいけないとき、選択基準はプレイフル（Playful）なものに切り替えてください。**楽しい、面白そう、といった「やってみたい」思いの熱量の有無で、言葉を選んだり、フレーズを組み立てたりします。**

汎用性＝「どんな場面でも適用できそうなこと」

ブランド・ワールドで規定したものは、言葉での伝達、ビジュアルでの伝達、動画での伝達、空間での伝達、対話での伝達などの場面で活躍が期待されるものです。どういった言い回しか、どんなイラストか、どんなレイアウトか、どんなナレーションか、どんなレセプションか……、無尽蔵に場面が出てきます。**現時点のブランド・ワールドが、どんな場面でも、ほぼ適用できそうかどうか**は、考えておく必要があります。

明瞭性＝「説明しやすくなっている」

言葉での伝達、ビジュアルでの伝達、動画での伝達、空間での伝達、対話での伝達では、多様なメンバーが参画します。当然ながら、全員がブランド・ワールドの意味をわかっているのが理想です。また、実作業はブランド・ワールドからシンボル設計に入っていきますから、通常はデザイナー、クリエイターなどのアート系の専門家の力を借りることになります(181ページ参照)。ブランド・ワールドは、外部の専門家にオリエンテーションするときのテーマです。抽象度が高いと、解釈も個人差が生まれます。第三者にうまく伝えるためにも、**具体的な言葉をできるだけ使うことで、誰でも説明しやすい言葉にしておきます**。

図表3−11−1　ブランド・ワールド設定の際の留意点

	留意したいチェックの視点
独自性	ユニークな表現が多いこと 「他のブランドに、このブランド・ワールドをそのまま置き換えても成り立ってしまうか？」
娯楽性	メンバーが楽しめる遊び心があること 「行動に移すメンバーが、楽しさを感じることができるか？」
汎用性	どんな場面でも適用できそうなこと 「どんなコミュニケーション場面でも、適用できるか？」
明瞭性	説明しやすくなっていること 「外部のサポート者へのオリエンテーションはしやすくなっているか？」

第4章

「商品・サービス」ブランディングの実務：〈フェーズⅢ〉「設計」から「アクション・プラン」へ

4-1 〈フェーズⅢ：設計全体〉「設計」の役割と意味

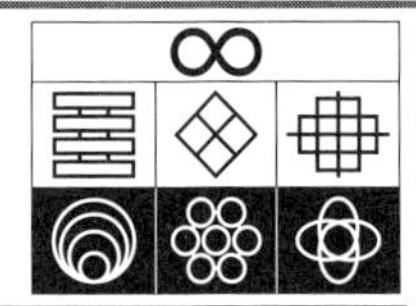

ブランディングの「行動の言語化」のフェーズ

■「設計」とは「行動の言語化」

ここから設計のフェーズに入ります。評判設計・絆設計・シンボル設計の3設計での構成です。

「観点」のフェーズⅡが「**方針の言語化**」だとすると、「設計」のフェーズⅢは「**行動の言語化**」です。ⅡとⅢの間には、「抽象的・理想」→「具体的・現実」のシフトがあるのです。

設計が扱うのは具体的なアクション・プランです。マーケティング活動との対比で見るなら、製品マーケティングの**4P**（製品の仕様：Product、価格の設定：Price、提供する場面：Place、販促の内容：Promotion）や、サービス・マーケティングの**4C**（顧客への価値：Customer value、顧客にとっての費用：Cost、顧客にとっての利便性：Convenience、顧客とのコミュニケーション：Communication）に該当します。これらはマーケティングにおいては戦術であり、「**アクション・プラン**」と呼ばれるものです。

ちなみに、ブランディングの「観点」（価値観・成長観・世界観）のフェーズが、マーケティングの戦略部分（セグメンテーション：Segmentation、ターゲティング：Targeting、ポジショニング：Positioning）に相当します。

担当する人々が業務で使える状態まで具体化する必要がありますので、「設計」であるアクション・プランの記入項目は「活動の方針、活動の内容、活動の評価」が最小限のセットになって構成されます。本書ではこれらを「活動の目指す方針、活動の開発内容、活動の参照指標」を対応させています。

また、マーケティングが「売れる仕組み」なら、ブランディングは「売れ続ける」仕組みですが、同じ対象者を想定している以上は、ここからここまでがブランディング活動、ここからはマーケティング活動という線引きはありません。「売れる仕組みor売れ続ける仕組み」ではなく、「売れる仕組みand 売れ続ける仕組み」を、同じリソース（労力、費用、時間）で極大化できるように設計を考えていきます。

ブランディング実務は、第３章で取り上げた価値観・成長観・世界観の「観点」を受けて、**評判設計・絆設計・シンボル設計**の３つの設計で形にしていきます。
〈図表４―１―１〉で、簡単に「設計」のゴールイメージについて触れておきます。

「評判設計」で評判が広まるとどうなるのか？

自ブランドへの新規の対象者が現れやすくなります。この過程で、情報拡散に中心になるブランド・パートナー候補が見えてきます。

「絆設計」で絆が強まるとどうなるのか？

対象者の自ブランドへの関心が高まることになります。この過程で、体

■図表4−1−1　ブランド「設計」のゴールイメージ■

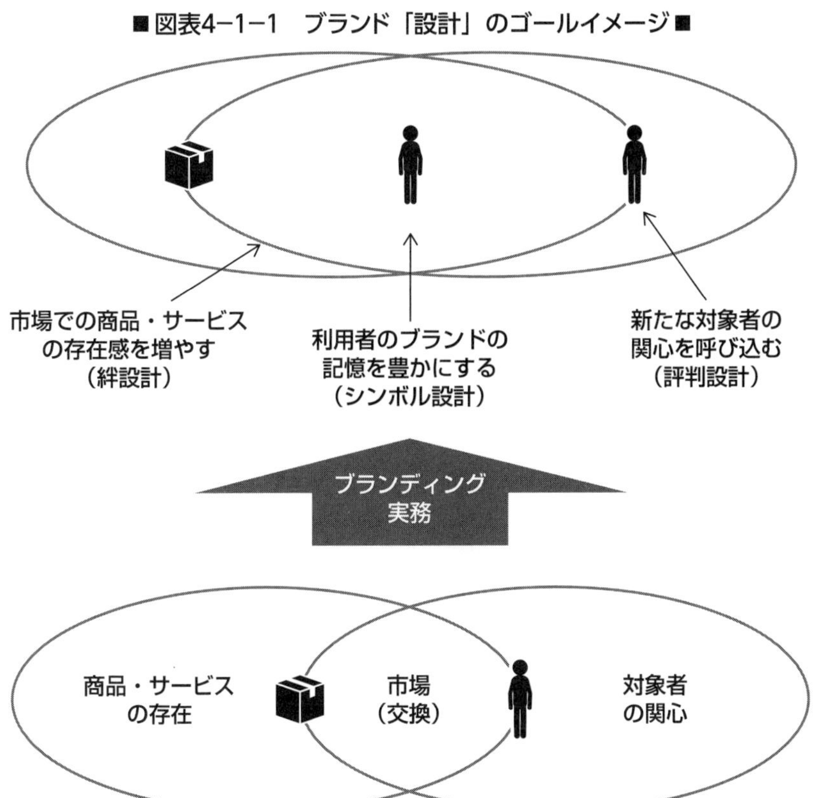

験累積を目指すブランド・パートナー候補が見えてきます。

「シンボル設計」で印象が深まるとどうなるのか？

対象者の自ブランドの記憶を「らしさ」で助けることになります。この過程で、ビジネス行動全般のアクションプランに組み込まれ、優先して利用するシンボル（同時に、それ以外は利用しない）が決まります。

「設計」が目指すものは、自ブランドの「存在」が対象者（利用者＋潜在利用者＋利用休止者）の「関心」で広がっていくことです。つまり、自ブランドの市場（交換）が豊かになることです。売り上げ・シェアが「大きい」かどうかとは別に、ブランドの存在の「豊かさ」が増えることを目指します。

「このカテゴリーなら、このブランドを選びます」という意識は、「質」（＝優先順位の高い）の良い「量」（＝交換の回数）を導きます。売れ続けるために値段を下げる、プロモーションの金額を増やすというような行動に頼らないで、「売れる＆売れ続ける」状態の確率を高めます。

4-2 〈フェーズⅢ：評判設計〉評判設計の考え方と要素

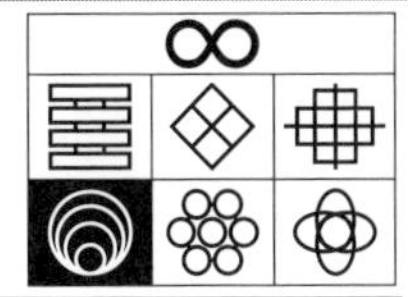

マーケティングとブランディングの情報拡散の違い

■プロモーションと評判設計の違い

評判設計の立ち位置を明らかにするために、マーケティングとブランディングの関係から眺めてみます。

先にも述べましたが、マーケティング実務では４Ｐと呼ばれるアクション・プランがあります。プロダクト（Product）、プライス（Price）、プレイス（Place）、プロモーション（Promotion）の頭文字をとった４Ｐです。これ以外にも７Ｐ、４Ｃ、4Aなどアクション・プランの項目分類はいろいろあるのですが、ここではオーソドックスな４Ｐで比較してみます。

これらのアクション・プランは、マーケティングでは**「戦術」**とも呼ばれます。この４Ｐの中では、**「プロモーション」が「評判設計」と最も重なります**。

マーケティング実務でプロモーションを設計するときには、逆三角形となる「コーヒードリッパー型」で組み立てます。まずは大量の新規購入の見込み対象者へコミュニケーションして、最終的には購入決定に至ってもらう形です。

次ページの〈図表４―２―１〉の左側にある逆三角形がコーヒードリッパー型になっています。コーヒーを抽出する際、逆三角形の最後の部分が最も濃くなって落ちていくイメージです。

■マーケティングにおけるプロモーションの考え方

プロモーションの設計では、プロモーション接触経験をつくることからスタートするので、視聴者数が多い、閲読者数が多い、フォロワー数が多いメディアに自ブランドのコンテンツ（広告、プレスリリース、自前のコンテンツなど）を載せ、「こんな商品・サービスがあるんだ」という認識を広めます。

次に、興味・関心がある人を対象に、自ブランドのサイトで商品やサービスの理解を促進させます。「どんな商品・サービスなんだろう？」という疑問に答えられるように、必要な情報すべてをセッティングしておくわけです。

購入検討段階に至った人には、より深い情報を集めます。「良いとはわかったけど、買うか買わないか迷う」といった態度を和らげるコミュニケーションです。たとえば「こんな迷いがありませんか？　でも、こう考えると迷いは消えませんか？」といったコミュニケーションを、購入経路で行うようにします。

最後に、購入決定場面で、商品・サービスの利用満足を最大限にするためのメリットを伝達して背中を押します。「今買うと○○なのでお得です」などのプロモーションはその典型です。

プロモーションは、「売れる」が考え方の中心です。提供者側がすべてをコントロールしてプッシュするため、エネルギー（費用）がかかりますが、即効性（時間）も早いのが特徴です。

■図表4−2−1　マーケティング実務でのプロモーションの見取り図■

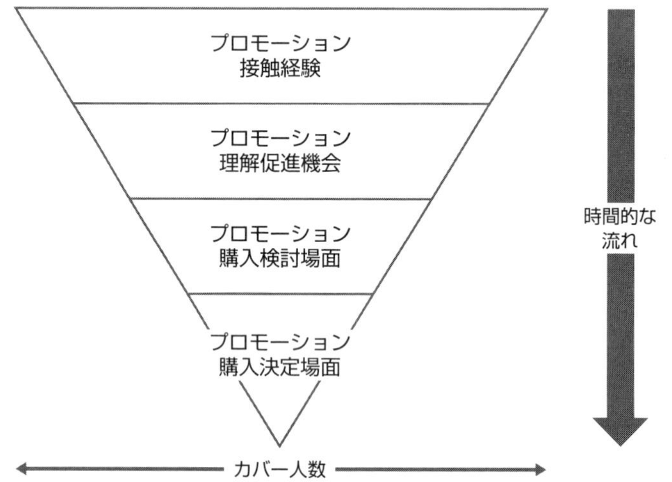

■ブランディングにおける評判設計の考え方

一方で、ブランディング活動は長期的な活動を前提にしており、「売れ続ける」ことが考え方の中心です。一気にリソースを投資して回収していくプロモーションとは異なり、「小さく始めて、大きく育てるための創意工夫」が、ブランディングの設計フェーズでの基本姿勢です。提供者は、あくまでも語りたくなるメッセージ（ブランド・ストーリーや評判設計の提供コンテンツ）によって、最小限のリソースでの情報拡散を目指します。
大まかな評判の拡散と意味を、時間の流れに沿って解説します。

話したくなるブランド利用体験

まずは、利用者がブランド自体の体験をこれからの人に語るという情報拡散です。一般的にはブランドの体験談にあたります。ビジネス活動をすれば利用者数と比例して、体験数が増えます。体験談を紹介して、利用を検討している人々に参考情報を提供するなどは、従来からのマーケティング活動でもしています。

話したくなるブランド・ストーリー

ブランド・ストーリーがブランド利用への納得や共感を促して、これからの人にとっての選択優先順位を上げます。ここでは価値観で組み立てたブラド・ストーリーが「人に話したくなる」ことで評判として情報拡散することを期待しています。体験者から見たブランドで「ブランドAは良かったよ」だけで終わるのか、「ブランドAが良かったのは、他のブランドにはない○○という理由らしい」まで伝わるのかは、長い目で見ると大きな違いを生みます。評判の拡散人数は少なくても、評判に納得感という強さを与えることができます。

話したくなるコンテンツ

評判設計の中心課題です。前述のブランド・ストーリーはブランディング活動の最初に設定済みになりますが、評判設計は継続活動です。ブランド・ストーリーから派生したコンテンツを継続的に情報発信していきます。評判コンテンツがブランド・ストーリーへの関心を喚起させ、これからの人たちの利用場面での選択肢に入ることを目指します。プロモーションと異なるのは、コンテンツのテーマが一貫してブランド・ストーリーにあること、継続的な活動なのでコンテンツが溜まることで、1つの大きな存在になっていくことです。ブランドの新たな資産になります。

話したくなる情報発信先

評判設計での情報発信が社会的に話題になると、メディアからの取材や、ネット上でのインフルエンサー（YouTuberやブロガーなどの個人メディア）が取り上げるような状況になります。また、評判コンテンツがきっかけとなって他業界からのコラボレーションや、イベントでの対談に社員が呼ばれるような、想定外だが自社単独ではできない情報拡散の機会がやってきたりもします。評判設計からの継続的なコンテンツの提供が人々を惹きつけるわけですが、ここはコントロールできません。また、どのような評判コンテンツが、社会的に反響につながっていくのかはわかりません。あくまでも継続活動からの副産物ですので、ここでのメディア取材や新たな協力関係の発生へ対応していくことはブランディングの二次活動です。

■ブランディングにおける情報拡散のイメージ

ブランディングでの情報拡散は、〈図表4―2―2〉にあるように、**ブランド体験が起点となって水面の波紋が大きく広がっていくイメージ**です。

現場の実務作業では、マーケティング実務とブランディング実務を分離して行うことは稀です。活動担当は同一人物、同一部署が大多数でしょう。よって、この双方の活動をどう組み合わせるかも考える必要が出てきます。特に企業規模が大きい会社の視点から眺めると、最初の段階になる「話したくなるブランド利用体験」はマーケティング活動でもCRM（カスタマ

■図表4-2-2　ブランディング実務での評判設計の見取り図■

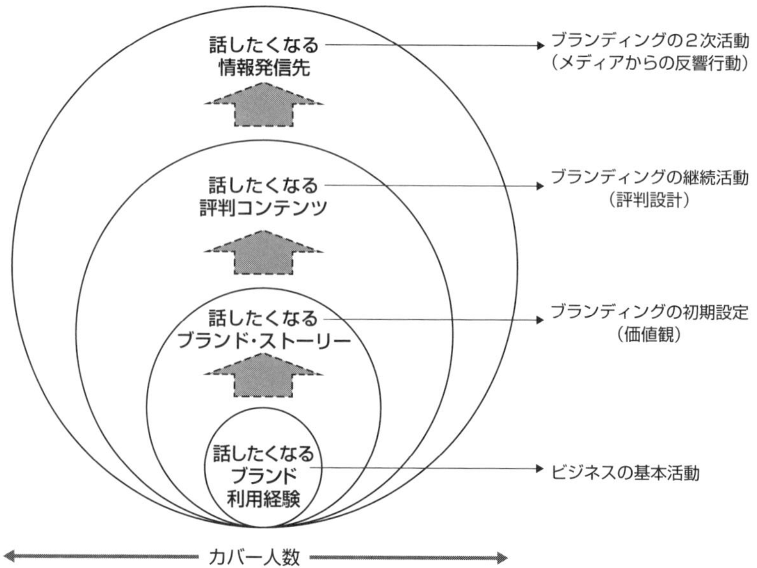

ー・リレーション・マネジメント）が行うことが多く、最後の段階の「話したくなる情報発信先」は、通常ですと広報やPR活動に組み込まれていきます。初期活動の「話したくなるブランド・ストーリー」は全社共通なブランディング・テーマですが、継続活動となる「話したくなる評判コンテンツ」に関しては、情報拡散の相乗効果と業務の効率性から、どこの部署で担当するかも考慮していかねばなりません。主要なコミュニケーションを担当する部門は、ワークのメンバーとして当初から参画してもらうのも現実的な一手です。

■設計の構成要素

評判設計のフレームワークの３要素を紹介しましょう。

① 情報拡散の方針

ブランド・ストーリーから、テーマを決めます。

② 評判コンテンツの開発

具体的な展開案です。ブランディングのフレームワークの主目的です。

③ 新規獲得コスト（CPA）の参照指標

評判が導く新規獲得コスト（Cost Per Acquisition、31ページ参照）の低下をどうやって類推するかの仮説を設定しておきます。

新規獲得コスト（CPA）は、新たなブランド利用の対象者（お客さん）をつくるのにかかるコストを意味します。通常は、新規開拓のためのコミュニケーションの総費用を、ある期間（月単位や年単位）中に利用したビギナー顧客数で割ったものです。

ただし、ブランディングのコミュニケーション活動をしていたときとトライアル・ユーザーになったときの間にはタイムラグがあるので、同じ期間で「費用÷人数」で計算するには少々無理があります。また、ブランディングで派生するクチコミを費用換算するのもむずかしいのが実情です。

ここでは、①ブランディング評判貢献の活動と新規獲得コスト（CPA）に相関（因果関係ほど強くない）がありそうな数値で、②タイムリーに安く簡単に入手できるスコア（時間、費用、労力がミニマムで入手できる）を、参照指標として設定します。

4-3 〈フェーズⅢ：評判設計〉評判設計のテーマ

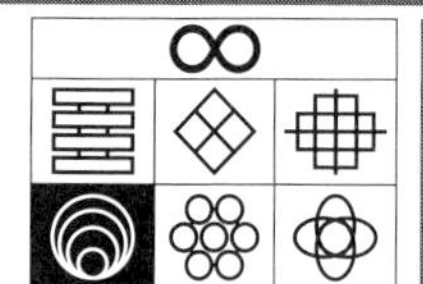

4つのアプローチを紹介

■評判設計の４つのアプローチ

ここでは、評判設計のテーマを設定する際の４つのアプローチ、**「逸話」「証明」「工夫」「異界」**を紹介します。

この後に説明する絆設計も同様ですが、テーマ設定はあくまで評判設計の入り口です。「独自性」や「ユニーク」といったブランディングの設計方針は、カテゴリー内の他のブランド群が築いたパターンから抜け出すことを目的としています。ですから、**設計案を出し合う際は違和感満載なほうが、むしろ理想です**。つまり、既存のカテゴリーに対する先入観を否定しようとしているからです。

最初はフレームの中でのぎこちない案だったとしても、メンバーが徐々に面白がれる、「これは今まで見たことないね」「一度、世の中に問うてみたいな」と思えるような案に行き着くことが、ここでのゴールです。テス

■図表4−3−1　評判設計のアプローチ■

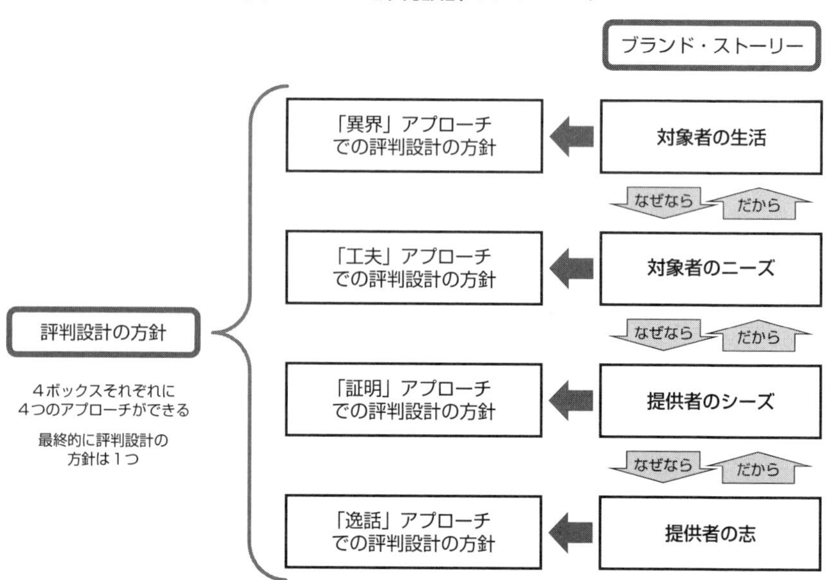

トの答案のように、正解で仕留めるものではない点を強調しておきます。

4つのテーマはブランド・ストーリーと紐づいています。この点も絆設計と同様です。

ワークのやりやすさには順序があります。**お勧めするのは「提供者の志」からの「逸話」、「提供者のシーズ」からの「証明」、「対象者のニーズ」からの「工夫」、「対象者の生活」からの「異界」の順です。**

〈図表4—3—1〉のブランド・ストーリーの4ボックスの並びでいうと、下から上への順になります。評判設計は、提供者側も持っている情報を起点にすることが多いからです。反対に、絆設計では対象者の気持ちを起点に考えたいので、ブランド・ストーリーのボックスを上から下に検討していく順序になっています。

■「逸話」アプローチ

利用体験者が誰かに伝えたくなるような話が「逸話」です。ブランディングの流れで少し正確に定義すると「商品・サービスだけでは伝えきれなかった、顧客が人に語りたくなるエピソード」です。なので、逸話自体が「今までになかったユニークなもの」である必要があります。対象者側の好奇心につながるものであれば、小ネタだとしても、良い伝播が起きます。

気をつけなければいけないことは3点あります。

①逸話は事実に基づいていること

正直な話、創作はいくらでもできますが、発信側である自分たちが信じてない話は、長い年月には耐えられないものです。

②ブランド・ストーリーに紐づいていること

逸話が面白ければ確かにそのときは拡散してもらえますが、人々はすぐに次のネタに飛びつきます。単発のネタ提供だけで終わらないためには、ブランド・ストーリーで書かれた「提供者の志」とつながっていることが重要です。

情報の受信者が、いつ新たな対象者となるかはわかりません。だからこそ、逸話を読んだ人にブランドの根幹を強く印象づけることで、「選ぶ際の参考の1つにしてもいいな」と思われるような、余韻が残る確率を上げます。

③評判貢献行動が想定できること

逸話が伝わってほしいのは、主にカテゴリー解説力と情報発信力がある自ブランド体験者、つまり、評判貢献行動層です。

イメージしてほしいのは、そのブランドの利用経験がある人が、自分のSNSで、「こんなの買っちゃった」「ここに行ったよ」という写真とともに紹介するブランドのエピソードであり、「こんな話が面白かった」「こういうこともやっているらしい」などの、ブランドから発生した情報への反響です。

このようなイメージが描ける場面までいけるかどうかどうかを考えながら、自ブランドの「逸話」アプローチを探ります。

「逸話」を時系列で探してみる

「提供者の志」を外さずに逸話を探そうとするときは、時系列で探してみるのも1つの手法です。

■図表4−3−2　時系列に並べたブランドの「逸話」■

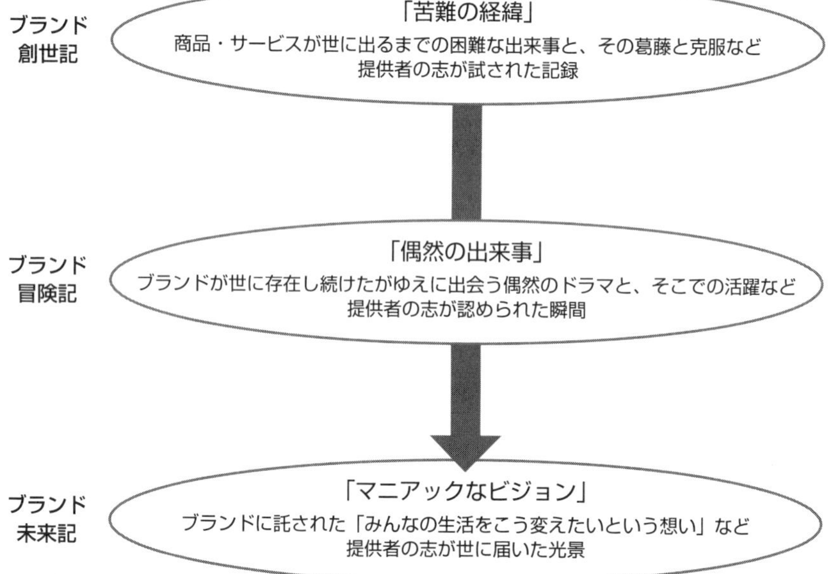

• ブランド創成記の逸話

「逸話」は、単なる経歴ではなく、人々に深い納得感を与える話です。特に、商品ブランディングであれば商品開発担当者、企業ブランディングであれば創業者のこだわりの話が主軸になります。なぜなら、**こだわりの物語にはそれを妨げる障壁が存在しており、それを乗り越えた事実が含まれているはず**だからです。

たとえば3Mの「ポスト・イット」のように、強力な接着剤を開発しようとして失敗したはずのものが逆に役に立っていく話などは、「こだわりの話」として多くの人が興味を抱くでしょう。

また、ニッカウヰスキーの創業者である竹鶴政孝のエピソードは、同社のホームページで詳しく紹介されています。「日本で本物のウイスキーをつくりたい」という情熱から生まれたエピソードの数々は、ニッカブランドのお酒を飲みながら眺めたい逸話です。

スワニーのキャリーバックも、開発者自身が体の障害を持っていたことから、旅行鞄が「自らの足を支えるようになる」をコンセプトに、パイプを湾曲させる発想によって「体を支えつつ」ラクラク歩ける製品にしたという逸話があります。

ニッカもスワニーも、語られているのは事業を立ち上げた経緯、当時の境遇と苦労話です。時間が経過しても色あせないため、事業が存続する限りコンテンツ提供価値となってくれる逸話になっています。

• ブランド冒険記の逸話

最も他者から真似されないユニークな逸話は、偶然の出来事から生まれたものです。とどのつまり、自分たちでさえ、もう一度行うことができない事実です。ルイ・ヴィトンの鞄が海に漂流しても中が濡れなかった話などは、人に話したくなる逸話として有名です。

身近な例では、スズキのジムニーが大雪（2014年の関東）の中で動かなくなった大型トラックをけん引する動画が話題になりました。ジムニーを利用している現在の利用者の人たちが、自分のブランド選択が確かなものであったという強い気持ちをもつことができ、情報拡散につながりました。

• ブランド未来記の逸話

ブランディングの逸話になりうる事実がない場合、未来に対する「ビジョン」自体が逸話とならないかを考えてみます。

たとえば清水建設のホームページに掲載されている「シミズ・ドリーム」は、ゼネコン・カテゴリーが一括りにされやすい中で、ユニークな逸話を都度提供できるプラットフォームになっています。そこでは深海での未来都市、月面基地、植物を最大限利用した未来生活などが語られ、「清水建設のような大きな建設会社だったら本当にできるかもしれない」という期待感を抱かせます。

評判設計の「逸話」では、実際の活動から切り取ったドラマが最も人々が聞きたく、伝えたく、印象に残るものです。

漢方薬店であれば、相談者の漢方による回復、ビフォー＆アフターです。ブランド冒険記の逸話に該当します。単なる紹介ではなく、その人の生活状態も含めて全体を語るのは、漢方が強調したい全体性ともつながります。

■漢方薬：個別処方煎じ薬タイプ

■「逸話」アプローチ

情報拡散の方針

漢方と生活改善での回復事例の紹介

評判コンテンツ開発

漢方利用までの経緯、漢方処方と生活習慣の改善などが、１つのドラマとなって短編小説のように紹介される

■「証明」アプローチ

「証明」は、自ブランドの特徴が客観的に優れているのを示すことです。基本形は大きく２パターンあります。実績による「**定量的な証明**」と権威による「**定性的な証明**」です。

「定量的な証明」のアプローチ

定量的な証明として「○○で一番という事実」で示す、スコアからのアプローチがあります。商品のスコアに着目し、まずは事実として一番になれることを探します。一番であることは、対象者に安心感を与えてくれま

す。通常は、売上や利用者数でのNo.1が「証明」になります。ただし、No.1を使えるブランドはそのカテゴリーに１つしかないことになりますから、自ブランドがそうでなければ使いようがありません。

しかし、「証明」をもっとユニークな視点で活用することもできます。まずは、シンプルに売上について考えてみましょう。通常、カテゴリーで最も売れている商品シェアNo.1のブランドが売上も一番ですが、自ブランドがNo.1でないなら、エリアで一番、利用グループで一番、属性で一番など、新たなNo.1になることも可能です。むしろ、多くの商品やサービスが至る所でNo.1を謳っています。この**「どこでNo.1なのか？」**のほうがニュースになります。

ブランド・パートナーに大学生の属性を想定している栄養ドリンクなら、極端な話、「某大学生協で売上げ一番」でもいいのです。また、第三者機関での調査結果も、切り口次第で新たな評判を生みます。「70代の人が60代の人に推奨する保険ブランド調査で一番」も、該当する人々の関心を高め、「友人に教えてあげようかな」と思わせる効果があります。高齢者向けに特化した保険であれば、前提年齢での調査結果より、このような調査結果のほうが安心感の順位は高いはずですから、「証明」の１つになります。

■図表4−3−3　区分けで「No.1」をつくり出す■

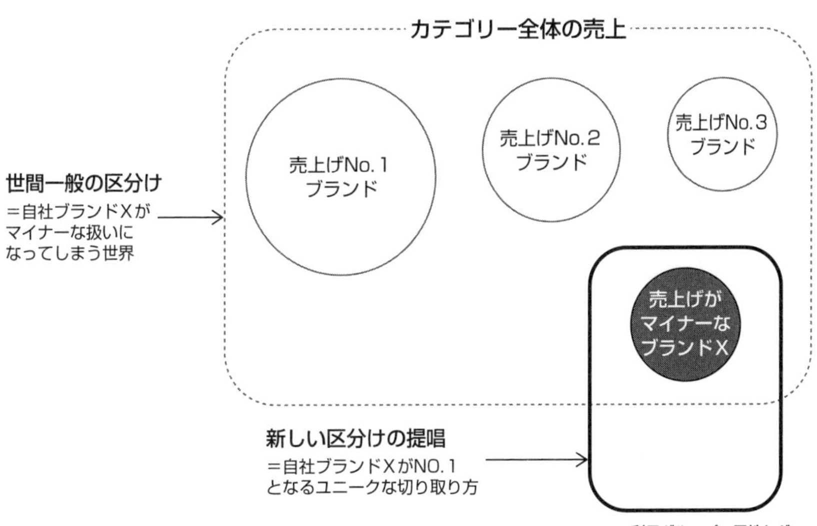

「証明」は情報量がミニマムで、使用する媒体を選ばないため、商品に記載する、接客時も一言で済む利点があります。一方で、既存ブランドしか使えない、実績は変動するので来年も必ず成立する「証明」ではないという不安定さもあります。

「定性的な証明」のアプローチ

定性的な証明は、自社商品の特徴が第三者機関から認定された事実で優位性を示します。「**○○が認定したという事実**」を目指すわけです。有名どころでは海外コンペティション（モンドセレクションなど）や、海外の専門誌（ミシュランなど）が発表するランキングなどです。

実際に認定してもらうには事前の準備や費用が必要ですから、すべてのブランドでできるわけではありませんが、公開コンクールが多いカテゴリーでは、ブランドの認定をもらえないかを考えます（日本酒やワインなどでは多く活用されています）。

ついでながら、定性的な証明は既存の利用者に「私の選択は間違ってない」（「**認知的不協和の除去**」ともいいます）というメッセージにもなるので、誰かに推奨するときの迷いを消してくれます。「お勧めしていいブランドなんだ」という気分が背中を押してくれるのです。

とはいえ、第三者機関で必ず認定されるわけではありませんから、「**自ら権威をつくる**」というのも一考の余地があります。専門性を社内検定試験として見えるようにするなどはその１つです。ユニークな社内検定を設定し、公開していくことで、「そこまで追求しているのは本物のブランドだろう」という安心感を提供するコンテンツになっていきます。

ただし、小さい規模のブランドだと、量的な実績での「証明」や、権威のお墨付きによる「証明」を情報拡散に結びつけるのはむずかしいでしょう。このような場合は、**自分で自分のブランドを「証明」する**こともできます。ただし、このときのポイントは、提供者側の限りなく100％に近い情報公開です。

滋賀県にあるRose Universeのブランド「WABARA（和バラ）」は、バラの一貫育成と販売を行っています。その過程は情報として公開されています。「真似する人がいるならどうぞ真似てみてください」という態度は、「このブランドは何か別格なものを持っている」という評判につながります。

「証明」は、受け手の納得感がポイントになります。権威や実証で証明するにはリソースがかかりすぎてしまう場合が多いので、まずは、「手持ちのリソースの中に何か見る人に納得を与えるものはないか？」を検討し、「それを１回きりではなく、継続的に伝えるコンテンツにできないか？」まで深めてみます。

たとえば、フィットネス・クラブでは、利用者より提供側スタッフのほうが身体的・運動的に優れた部分が多いはずですから、そこに焦点を当てて、「証明」として情報拡散のコンテンツにすることもできます。身近なニュースは、身近な人々に早く・強く伝達しますし、コンテンツ制作に費用や時間がかかりすぎることもありません。

■スポーツクラブ：会員制フィットネス・クラブ

■「証明」アプローチ

情報拡散の方針
スタッフのスポーツ歴、競技入賞歴の動画配信

評判コンテンツ開発
定期的にスタッフを紹介、スポーツ歴と競技入賞歴、運動能力やボディパーツ自慢などを動画配信

■「工夫」アプローチ

「工夫」は自ブランドが提案する新しい生活習慣です。すでに利用している対象者が「これは、こういうものだ」と思い込んでいるブランドへの態度に対して、新しい魅力を感じる提案をすることです。

クリームチーズのフィラデルフィアは、「親子でつくる初めてのケーキ＝フィラデルフィアでチーズケーキ」を提唱しています。ケーキづくりデビューという生活習慣での工夫を提案し、家庭内での新しい消費と楽しさを伝えます。「子どもと最初につくるケーキはチーズケーキがいいよ」というクチコミは、フィラデルフィア・ブランドの間接的な推奨になります。このような商品活用のレシピは「**キラーレシピ**」と呼ばれ、積極的に評判

設計に組み込んで活用していきます。

また、自分たちだけでなく、利用者による評判貢献行動から出てくる「工夫」もあります。カントリーマアムを冷蔵庫で冷やして砕いてアイスにかけるような使い方や、キットカットの受験時のお守り習慣などです。利用者からの工夫を１つの評判として定着させたものです。

サービスにおける「工夫」アプローチは、たとえば「京都きものパスポート」のように、京都の観光ブランド活動の一環で、着物を着た観光客を優遇する提案活動です。実際に着物で参加する人数以上に、「どうしようかな？　やってみようかな？」という話題喚起になっています。結果、「京都へ行く」がリマインドされ、次の旅の選択先として常に上位にくる効果につながります。

「工夫」では、「提案した習慣や定期イベント自体を面白がってもらう」「思わず写真を撮り合ってしまう」「この光景はSNSにアップしてみようかなと思う」などの光景を想定します。

「＋α」の活動を工夫する

「工夫」には、最新のテクノロジーの活用によって、従来できなかった

■図表4−3−4　「工夫」による新しい生活習慣の提案■

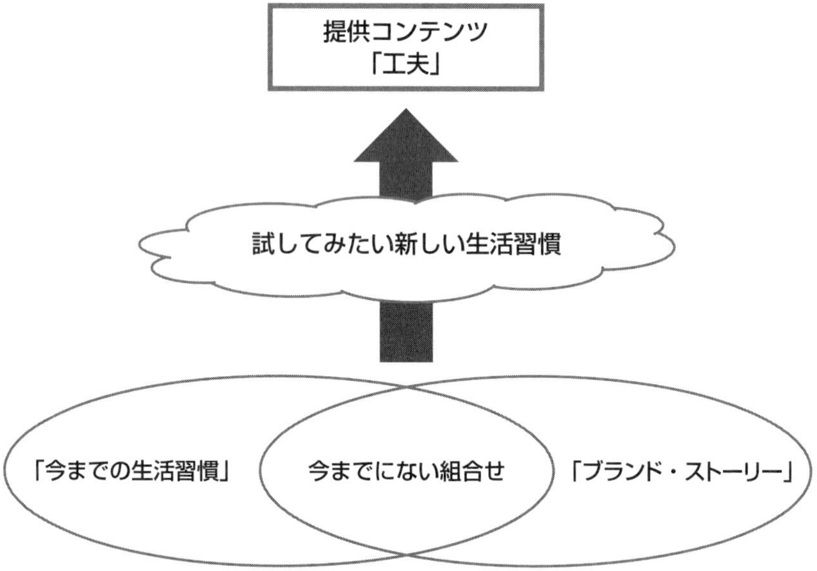

「＋α」の活動をすることも含まれます。伝統的な商品やサービスほど、最新の技術やスキルを導入すると評判になりやすいものです。

アコースティック・ギターであれば、AI活用による演奏アドバイスなどが考えられます。コンテンツの初期作業はやや大変ですが、自動化ができるので、時間経過とともに楽になっていきます。

ただし、このような外部技術を活用するときは、「**カテゴリー内で最初のブランドになる**」ことが重要です。一番目だけが情報拡散され、二番目ではまず起こらないからです。また、そのほかのメリットとしては、最先端の技術は普及のために実装することを優先していますので、技術提供先と交渉すれば、初期の実装ケースをつくるための協力者として、安価に導入できることがあります。かつ、その後の事例として、ブランドを冠して別途公開してくれたりもするので魅力的です。

■楽器：アコースティック・ギター

■「工夫」アプローチ

情報拡散の方針
AIによるギター演奏のワンポイントアドバイス

評判コンテンツ開発
サイト登録すると、既定の課題曲が定期的に提示され、演奏を送るとAIが分析してくれる

■「異界」アプローチ

自ブランドだけで評判設計をすることがむずかしいのが、ロングセラーブランドです。すでに生活習慣に取り込まれていることが多いので、ある意味、理想のブランドになっています。しかし、自ブランドのブランド・ストーリーの忘却もあれば、新たなブランドから発信される評判も気になってきます。徐々に「好きだけど、利用しない」ブランドになってきます。

ロングセラーブランドにとって、評判を自身だけでつくるのは大変です。何をやっても「知っている」範囲内になるからです。このような状況では

「異界」アプローチ、たとえば「**他のブランドとのコラボレーション**」によって、何か新しいことが起きているという評判を喚起することもできます。

ユニクロは常時、アートとのコラボレーション商品によって、「買う・買わない」とは異なる次元で提供コンテンツを発信しています。「ユニクロはもう見なくても知っている」無関心状態から「なんだろう？」の好奇心を引き出します。

ブランディングでの「異界」とは、奇を衒(てら)うことではなく、**知り尽くしたと思っていたブランド同士が組み合わさって鮮度のあるメッセージになる**ことです。ですから、両者共にブランド・ストーリーに変更はなくても、組み合わせの妙で、ブランドへの関心が下がりつつある人々を振り向かせる確率が高まります。

そもそも、定着してないブランド同士がコラボレーションしても状況は好転しません。そういう意味では、「異界」は新規対象者というより、ブランドへの好意のある休眠対象者に行動を呼び起こす活動ともいえます。これも、広義の新規獲得コスト（CPA）低下になります。

「異界」のアプローチをする際のポイント

「異界」でのポイントは、コラボレーション先の選定と協力関係の構築です。基本的に異業種で、規模感も異なりますから、同床異夢になりやすいでしょう。**お互いがブランド・ストーリーの中にコラボ関係で高め合う要素があるかどうか**が、選定の条件になります。

■図表4−3−5　コラボレーションで「異界」を生み出す■

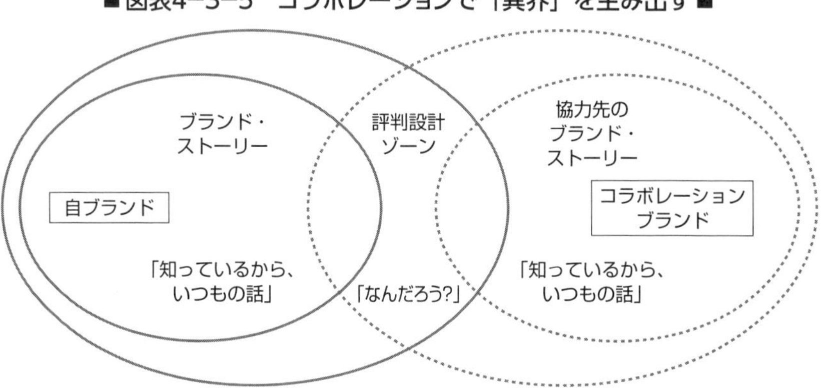

富士通のイベントで、バスケットボール・プロリーグであるＢリーグとコラボレーションしたプログラム開発は、「異界」の度合いが最も高いものの１つです。子どもたちを対象に、バスケットボールをテーマにしたプログラム開発を応募してもらうイベントですが、普段はかかわりが薄いと思われる領域同士（プログラミング＆バスケットボール）のコラボレーションは、お互いの関心層を広げます。

「異界」としての面白さは、「何それ？」という好奇心を刺激することで、プログラム関心層で情報発信力のある人たちがBリーグを、Bリーグ関心層で情報発信力のある人が富士通の活動を情報拡散してくれる点にあります。

オーガニック・スキンケア・クリームと、オーガニック生活を宣言しているデザイナーのコラボの場合、オーガニックの定義とオーガニックに沿った生活がどのようなものかを共有しなければなりません。その分、探したり交渉したりするのが大変ですが、この過程がコラボのノウハウになって、ブランドの独自性を支えてくれる資産になって返ってきます。「あのブランドだけが、いつも新しいオーガニックを感じさせるデザイナーを見つけてくるね」という状態になれば理想です。

■化粧品ブランド：オーガニックスキンケア・クリーム

■「異界」アプローチ

情報拡散の方針

オーガニック生活を宣言しているデザイナーとのコラボ

評判コンテンツ開発

オーガニック生活をしているデザイナーの紹介、限定数量のデザインされたアメニティを有償販売

■評判設計では新規獲得コスト（CPA）を追いかける

評判設計では参照指標として新規獲得コスト（CPA、31ページ参照）を追いかけます。とはいえ、ブランディング実務では活動の因果関係を特

定するのはむずかしい（時間がかかる、費用がかかるも含め）ので、できるだけ入手しやすいもので対応します。新規対象者の出現はマーケティング活動も含めた結果ですから、**「評価設計に基づく活動の効果だけ？」かどうかを測定し、評価するのは事実上不可能**です。

ビジネス全体のプロモーション活動から見たとき、何が効いたのかは見えにくいはずです。おまけに、ブランディング活動は小さくても長期的な展開を想定していますから、難度が高いのは当然でしょう。ですから、**評判コンテンツの拡散を間接的にでも単体で類推できる工夫が必要**です。たとえば、以下のようなものが考えられます。

「逸話」の場合

漢方薬店の「逸話」の事例では、「逸話」を１つの個人版のドラマ風の読み物にしています。１つひとつのタイトルのハッシュタグによって、情報拡散の度合いがわかります。新規獲得コスト（CPA）とのつながりは、対面での応対ができるのでアンケートで「どうやってこのお店を知りましたか？」と聞き出して、情報入手経路の参照にします。

「証明」の場合

スポーツクラブの「証明」の事例では、入会時の「紹介者が誰かどうか？」が対面であればわかります。また、会員からのアプリ経由の動画視聴の有無・回数・時間と、紹介者との相関が参照できます。２つのスコアを加工（クロス集計）することで、やや扱いのむずかしそうな情報拡散の仮説にも近づくことができます。

「工夫」の場合

楽器の「工夫」の事例では、すでにWeb前提で進んでいますから、診断サイト利用（回数・時間）と、商品購入履歴との相関（データの紐付き）があれば、参照する精度が上がります。また、単価の高い嗜好品であれば、購入時のアンケートもへの協力を得やすいので、診断サイトの認知・利用についても聞けます。参照指標を入手する労力が少ないのも、新規獲得コスト（CPA）を下げる一要素です。

「異界」の場合

化粧品の「異界」の事例では、コラボ商品の販売状況によって動きは把握できますが、これが情報拡散しているかどうかは別のチェックが必要です。「アメニティが売れれば、情報拡散も起きているはず」という仮説を手持ちのデータで多面的に検証します。コラボのための特設サイト・ページでの滞留時間、ブランド全体のQ&Aや、体験談コーナーへのコラボ品に関する書き込みも参照指標にできます。

■図表4−3−6　評判設計の参照事例のまとめ■

	情報拡散の方針	評判コンテンツ開発	新規獲得コスト（CPA）の参照指標
■化粧品 ・オーガニックスキンケア・クリーム ・ネット通販	■「異界」アプローチ オーガニック生活を宣言しているデザイナーとのコラボ	・オーガニック生活をしているデザイナーの紹介、限定数量のデザインされたアメニティの有償販売	・新規での限定アメニティ購入者数 ・コラボ・ページの閲覧率
■楽器 ・アコースティック・ギター ・楽器販売店	■「工夫」アプローチ AIによるギター演奏のワンポイントアドバイス	・サイト登録すると、規定課題曲が定期的に提示され、演奏を送るとAIが分析してくれる	・新規サイト登録者 ・認知経路アンケートのスコア
■スポーツクラブ・フィットネス ・FC店運営	■「証明」アプローチ スタッフのスポーツ歴、競技入賞歴の動画配信	・定期的なスタッフ紹介を、スポーツ歴と競技入賞歴、運動能力やボディパーツ自慢などを会員向け動画配信	・新規会員申込者へのアンケートで認知率 ・動画配信接触数と新規申込数の相関
■漢方薬 ・個別処方煎じ薬タイプ ・直営店舗	■「逸話」アプローチ 漢方での劇的な回復事例の紹介	・漢方利用までの経緯、漢方処方と生活習慣の改善などが、１つのドラマとなって短編小説のように紹介される	・事例ごとのハッシュタグへの検索数 ・新来店者アンケートでの事例紹介の認知

4-4 〈フェーズⅢ：評判設計〉評判設計の参照事例

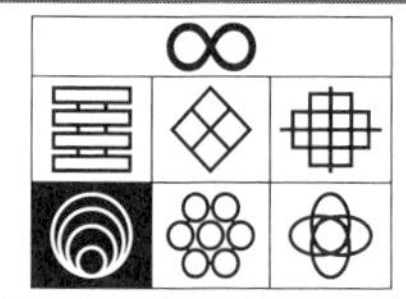

具体的な商品やサービスで考えてみる

■参照事例１「商品」の評判設計

評判設計策定のワークについて、具体的な参照事例を挙げていきましょう。下の図は、アイスクリーム「パルム」で、評判設計のワークを当てはめてみたものです。なお、あくまで「ブランディング・ファシリテーターである著者視点ではこう書く」という参照事例です。

テーマ設定の方法としては「工夫」アプローチです。数量の多い消費財なので、愛用者を「わざわざイベントに参加する人」という条件にして、そこからの好意的な評判設計を考えてみたものです。

アイスクリーム：「パルム」の評判設計

情報拡散の方針

アイスバーなのに大人の目線で楽しめる情報の発信

評判コンテンツ開発

地方のフェス、イベントなどへ出展し、パルムのチョコ付け体験キャンペーンをしていく

新規獲得コスト（CPA）の参照指標

子ども（10歳以上）のいるパルムを冷蔵庫常備している家庭で、「常備をお勧めするアイスは？」の回答数と理由

■参照事例２「サービス」の評判設計

温泉リゾート「界」で、評判設計のワークを当てはめてみたものです。こちらも内容は著者視点で記入したもので、ワーク実施時の参照用です。こちらのテーマ設定は「逸話」アプローチです。「今、ここは、こうなっている」タイムリーさと、「そこに住む人にしか気づけない、出会えない偶然」を中心にして動画を構成していく考え方です。

紹介者が、新規で検討している人向けに溜めたコンテンツを、時期ごとにローテーションしていきます。提供者の代わりにプレゼンしてくれる素材を集めて、評判設計としたものです。

温泉リゾート：「界」の評判設計

情報拡散の方針
地元の伝統文化関係者を巻き込みながら、鮮度と蘊蓄（うんちく）を兼ね備えた情報の発信

評判コンテンツ開発
「ブランド利用体験者が周囲に説明するときに見せる」という前提で、自ブランドのWebに季節感を出すために取材した、タイムリーなコンテンツ動画をアップしていく

新規獲得コスト（CPA）の参照指標
ブランド利用経験者の「知人・友人に推奨したい温泉旅館」でのブランド推奨意向

4-5 〈フェーズⅢ：評判設計〉評判設計のポイント

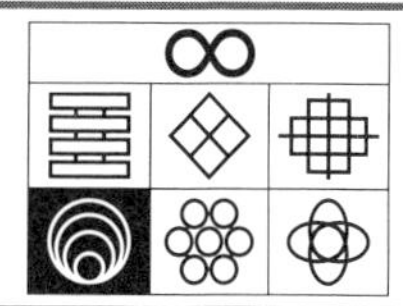

「スノーボール型コミュニケーション」を意識する

■「スノーボール型コミュニケーション」を意識する

ブランディングだけで、すぐに顧客の新規獲得ができることは稀です。時間的なコントロールが難しいのです。これは評判設計の構築と新規獲得コスト（CPA）削減の貢献するまでに時間がかかることを覚悟する必要があるということです。つまり、焦らないことが大切です。

本書では、この魅力的でありながら不安定な状態を、マーケティング活動との補完関係で見ていくことを推奨しています。**「いつまでに売りたい」をマーケティング実務が担い、「いつまでも売れ続けたい」をブランディング実務が担う関係**です。

■図表4−5−1　マーケティングとブランディングのコミュニケーションの違い■

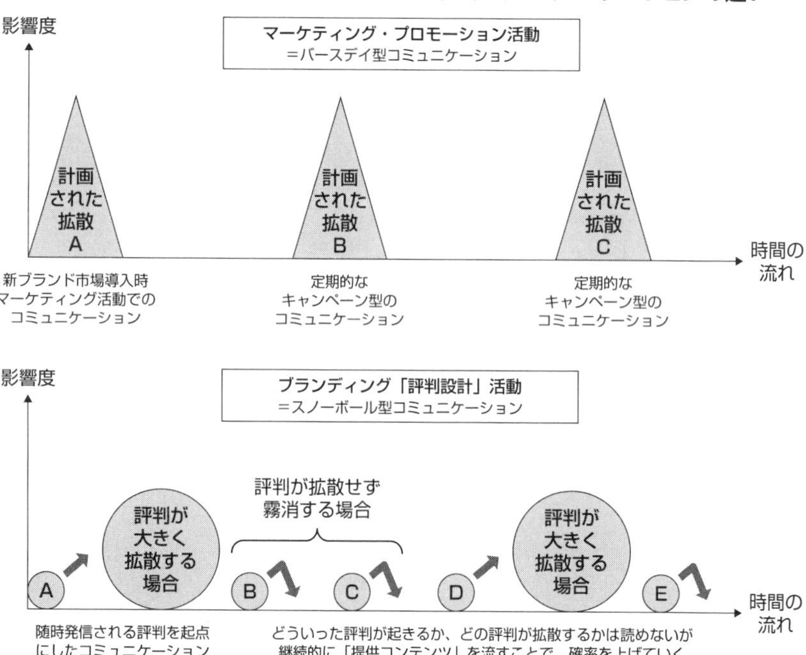

「いつまでに売る」ためのプロモーション活動

この「いつまでに売りたい」という動機に応えるものがマーケティングのプロモーション活動です。時期と規模を事前に計画し、ＰＲ、広告、ＳＰ（セールス・プロモーション）といった手法を組み合わせて実施します。これによって新規顧客へのリーチを最大限にし、認知→理解→購入のプロセス（このプロセスは所属するカテゴリー特性によって細かく分かれます）へと誘導するものです。マーケティングのプロモーション活動は、活動をスタートするタイミングが決まっているので、誕生日パーティになぞって「**バースデイ型コミュニケーション**」と呼べます。

バースデイ型のコミュニケーションは、実施タイミングが計画できますから、準備もしやすいメリットがあります。欠点としては、ブランドの認知度を幅広くしようとする性格上、媒体費用が高くなることです。投資リソースが潤沢な場合には有効となりますが、すべてのカテゴリー、ブランドに適用できる方法ではありません。

「いつまでも売れ続ける」ための評判設計活動

一方で、ブランディングでの「いつまでも売れ続ける」評判を促進する活動は、仕掛けのタイミングよりも、１つの評判が増殖していくことを期待しています。情報の拡散が大きな波紋になって、多くの人にブランドへの関心を余韻として残すことです。

小さな評判を起点に波及していく様子は、山の上から転がした雪玉が大きくなることになぞらえることができます。本書では、このようなブランディングにおける評判設計の活動を**「スノーボール型コミュニケーション」**と呼びます。雪玉は、山の途中で止まってしまうものがほとんどかもしれませんが、ある地点まで転がった雪玉は大きく麓（ふもと）まで転がっていきます。

評判設計とは、「小さな雪玉＝提供コンテンツ」を、うまく流す、流し続けるためにはどうすればいいかを工夫することです。費用投下がそれほど大きくなくても、提供コンテンツ次第で波及効果を期待できるのが魅力です。ただし、それがいつ起きるかはコントロールできません。

さて、実際にこのスノーボール型のコミュニケーションに取り組んでみるとわかると思いますが、１回は簡単にできても、習慣化して取り組める風土がないとなかなか続きません。１、２回程度の結果でダメ出ししてしまい、次のコンテンツ、その次のコンテンツと提供し続けられないのは、

■図表4-5-2　各コミュニケーションの特徴■

	スノーボール型 コミュニケーション	バースデイ型 コミュニケーション
区分	ブランディング	マーケティング
特徴	・ブランド利用経験者への提供コンテンツによって、新たな対象者を獲得していく ・随時実施し、媒体も活かす評判の内容次第で変えていく	・計画的に多くのブランド関心者を集めるコミュニケーションを起こして、新たな利用者へつなげる ・キャンペーンタイミングを事前に決め、媒体も押さえて行う
長所	・費用のわりに、評判が拡散したときのリターンが大きい	・計画できるので準備しやすい
短所	・計画できないため、継続実施しかない	・媒体費用も組み込むため、実施ごとに費用がかかる

ブランドの評判設計にテーマがなかったり、提供者が先に「売れ続ける」ことをあきらめているからです。

評判設計の上手なブランドは、その内部に提供コンテンツを出し続けることを奨励する組織文化があります。組織文化は経営そのものですから、ブランディングに本気で取り組むには、経営者が本気になる必要があるのです。

■活動上の留意点

実際に評判設計の活動をする際の留意点を挙げてみましょう。

ブランド・パートナーを傷つけない評判コンテンツ

新規獲得コスト（CPA）を下げるという目標は、あくまでも「前のお客さんからの評判が次のお客さんを集める」という循環があっての話です。ここで情報拡散を目指すために提供コンテンツを刺激的なものにしようとして無理をすると、ブランド・パートナーを傷つけてしまう可能性があります。評判はなんでも活用できるわけではないのです。

たとえば、自社ブランドの石鹸のユニークな形状が彫刻に適していて、それでいくつもアート作品をつくって個人サイトにアップしている人が評判になっているようなケースです。しかし、石鹸としての利用ではないため、ただ面白いだけであれば、ブランドの良さに納得しているブランド・パートナーからは、「自分が使うべきブランドではない」と距離を置かれてしまう可能性もあります。

また、評判が広がるとサービス（飲食店や旅館など）の面では新規利用者への対応で手いっぱいになり、常連であるブランド・パートナーの利用が阻害されてしまい、次回利用を躊躇（ちゅうちょ）するなどの影響が出ます。

新規利用者が増えることは、ビジネスの表面上は喜ばしい状態ですが、ブランド・パートナーが「知り合いにお勧めしても利用できない状態のブランド」であれば、長期的には新規獲得コスト（CPA）は下がらなくなる危険もあります。

自ブランドが流行りだしたら、同時にブランド・パートナーが傷つかないようにするための対策（たとえば「常連への優先ができる工夫」など）も考えておきます。

「良い評判」は提供者側ではつくれないが、促すことはできる

良い評判がさもあるかのように見せる、サクラのような活動は、ブランディングとは真逆の動きです。その行為自体がブランド・パートナーに伝わったりすると、マイナスの効果を生み、せっかく期待できた新規獲得コスト（CPA）低下や生涯累積貢献（LTV）上昇の効果も失われていく可能性が出てきます。

留意すべきは、ブランドは利用対象者側の頭の中に存在しているので、企業側が直接の管理はできない点です。「良い評判」を企業側がつくろうとしてもつくれないのです。提供者側が演出までしてつくろうとすると「やらせ」となって発露し、「悪い評判」となって返ってきます。逆効果なのです。

では私たちは「評判」に対して何ができるのでしょうか？　「自ブランドを良く言うな」ということではありません。期待を煽（あお）りすぎてはいけないのです。しっかりとした価値がある商品・サービスならば、それを起点にブランドの「評判」を良い方向に育てていくことはできると信じることです。**思っている以上に、リテラシーのあるブランド・パートナーの人々は、提供者の微妙な動きに敏感です。**

4-6 〈フェーズⅢ：絆設計〉絆設計の考え方と要素

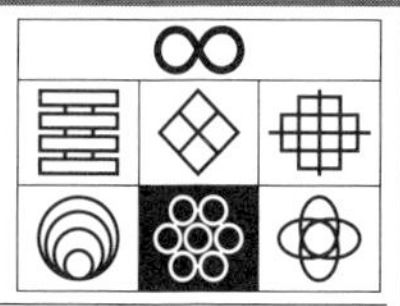

ブランドの絆貢献行動を考える

■絆設計の見取り図

ブランディング実務での「絆設計」は、**対象者の自ブランドへの関心を、体験の累積で高めるようにすること**です。利用体験の回数を増やすのはマーケティング活動の主目的ですが、ブランディングではマーケティング活動の主目的以外を絆設計の主目的とします。

人は24時間、ブランドのことを考え続けているわけではないので、本当に商品やサービスを必要とするときになって、急激に関心が高まります。この状況が、「**カテゴリーへの関心**」＋「**自ブランドの再生**」として、1つのセットとして起きてほしいわけです。

「帰り道にアイスクリームでも食べたいねえ、じゃあXブランドかな」、「ゆっくりと温泉行きたいなあ、それならYブランドで選ぶかな」といった関心の現われ方です（いちいち言葉に置き換わることはなくとも）。

実際に交換する前の段階で、かなりの意思決定がなされています。絆は、「**交換の決定前の、商品・サービスと対象者をつなぐホットライン**」といえます。このホットラインの設営が絆設計で、生涯累積貢献（Life Time Value、32ページ参照）が高まることを目指すものです。

■絆設計のステップ

絆設計のステップは〈図表４―６―１〉のようになります。

ステップ1

まず、絆設計は市場での接点のある人々に向けて考えます。ブランド・パートナー策定の際に出てきた存在貢献層（92ページ参照）がスタートです。存在貢献層は、新規の対象者ではなく、既存の商品やサービスを複数利用（F2転換）した対象者のことです。この層を想定して、ブランドの「**体験累積**」を考えることになります。絆が時間的に長く維持されていくのも重要な要素です。また提供者側が、毎回のように利用を促すための労力をかけないで済む構造はどうすればいいかを考えることも、大切になります。

ステップ2

アクションプランに組み込んで運営します。自ブランドの存在の強さは、対象者の関心の強さとイコールですから、「利用頻度が多い（または、多くなるだろう）＝絆設計の中心」と考えて問題ありません。特に、その中でもブランド・リテラシーが高い人はカテゴリーへの関心があるので、評判貢献行動も期待できます。

絆が強まることで、生涯累積貢献（LTV）が上昇していきます。

■図表4−6−1　絆設計の考え方■

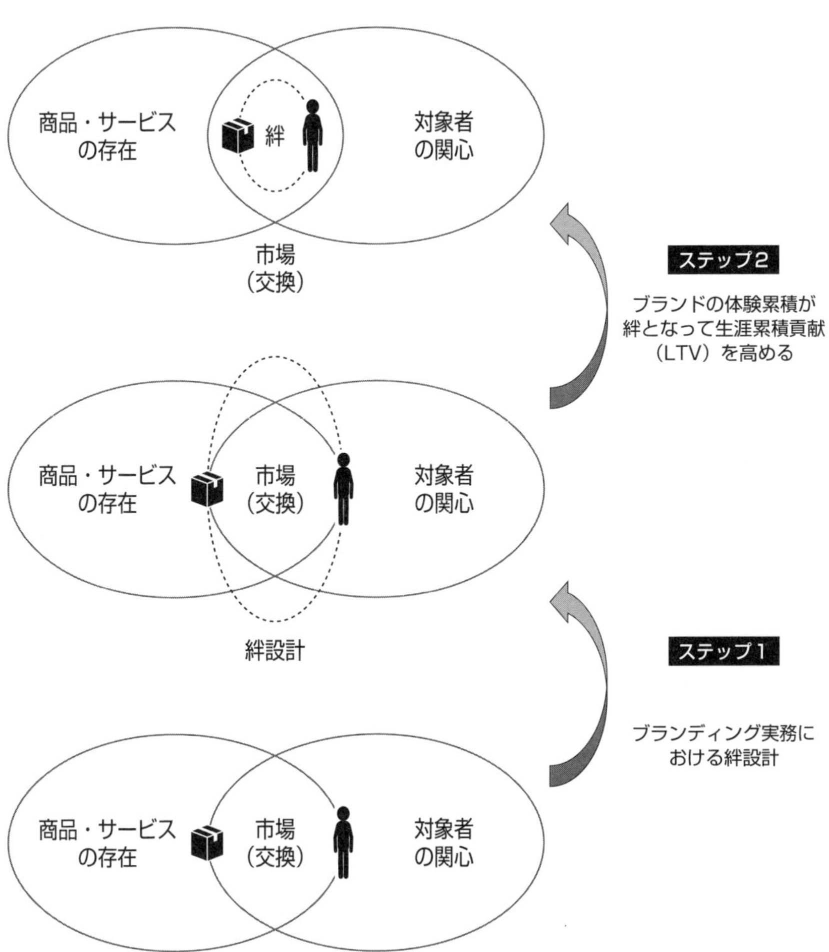

■体験累積を増やすための２つの方針

商品・サービスと対象者との絆は、接点が多くなればなるほど、強くなっていきます。**接点は、累積される体験となって対象者の記憶に溜まっていく**のです。そのため、意図を持って接点を組み立てるわけですが、方針としては２種類あります。「**マーケティングの体験累積**」と、「**ブランディングの体験累積**」です。この２方向の重なりと違いを説明します。

「マーケティングの体験累積」は、商品やサービスの利用頻度や利用時間を増やすことで接点を増やし、「このブランドがいい」という親しみや慣れを高めていく方向で活動を組み立てます。また、商品サイトへの接触の頻度と時間を長くすることも、次の利用を促すきっかけをつくる要素として重視します。

一方、「ブランディングの体験累積」は、商品・サービスの直接の体験をベースにしながらも、そこを包み込むように派生した「もう１つ意味の深い体験」です。これは商品・サービスの交換（購入経験）だけに頼らないで、対象者の頭の中のブランド像を育んでいこうという活動です。

ブランド・ストーリーに沿った体験が徐々にでも対象者の記憶に溜まり、ユニークさに共感してもらうことで、普通の対象者がブランド・パートナーに近づいてくれることを目指します。

繰り返しますが、人の頭の中への働きかけですから、時間のかかる活動です。つまり、**マーケティングは短期指向で、ブランディングは長期指向なのです。**

■図表4－6－2　マーケティングとブランディングの体験累積の違い■

累積の違い	成果の違い	成長の違い
マーケティングの体験累積	利用の頻度と時間、サイト接触の頻度と時間	トータルターゲットからコア・ターゲットへ近づく
ブランディングの体験累積	ブランド・ストーリーに沿った体験のユニークさ、体験での共感	存在貢献層からブランド・パートナーへ近づく

■設計の構成要素

ここでは、絆設計のワークで決めたい３要素を解説します。

① 体験累積の方針

ブランド・ストーリーから、テーマを決めます。

② 絆ネットワーク開発

具体的な展開案です。最初の記入段階では暫定的な案でも構いません。なぜなら、マーケティング活動を含めたビジネス全体の中で、「今期はどうするか？」と「長期はどうするか？」を同じ土俵で討議できればいいからです。

ブランディングのみの視点で活動全部を決定できることはありません。ですが、「短期と長期の違い」「売れることと売れ続けることの違い」を同時に目配せしながら、「ブランディングの活動としてここまで実施する！」という覚悟を決めるようにはしたいものです。これがブランディングのフレームワークの主目的でもあります。

③ 生涯累積貢献（LTV）の参照指標

絆が導く生涯累積貢献（LTV）がどうやって向上するかの仮説を設定しておきます。

ブランディングは、ダイレクトなリターンが読みにくい活動ですから、間接的に絆設計を見直すための入手しやすい指標を考えます。

4-7 〈フェーズⅢ：絆設計〉絆設計のテーマ

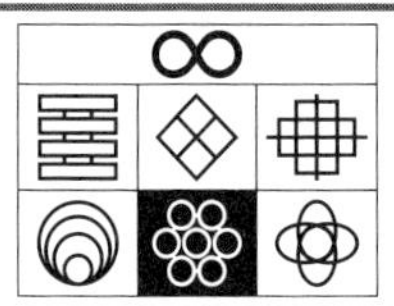

4つのアプローチを紹介

■絆設計の４つのアプローチ方法

絆設計を含めたブランディング実務の３設計では、「さあ、自由に案を出しましょう」という形式で進めるのはむずかしいでしょう。どう踏み出していいかわからない場面が多く、ブランディングのファシリテーション経験上、大まかにでもテーマがあるほうが組み立てやすいためです。そのため著者がかかわる場合は、最もオーソドックスなアプローチ方向を提示してワークしてもらっています。

絆設計では４つのアプローチ、**「仲間」「贔屓（ひいき）」「共創（きょうそう）」「社会」**を紹介します。

ただし、こういう枠組みを設定するのはブランディング実務ではベストな進め方ではありません。「独自性」や「ユニーク」など、ブランディング実務の進行で重視するポイントに反する行為だからです。ですが、限ら

■図表4−7−1　絆設計のアプローチ■

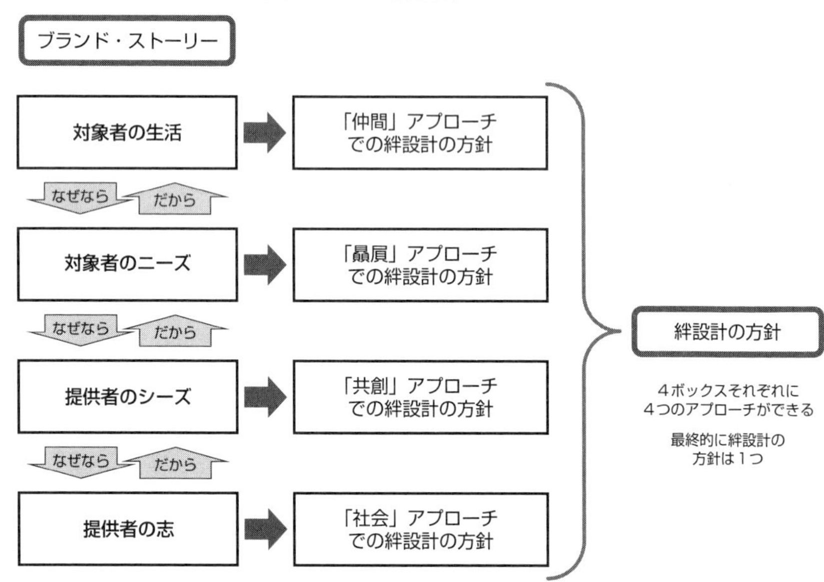

れた時間で、多忙なメンバーがアイデアを絞りきるには、無理があります。そこで、本書は理想論より、理想と現実との妥協論を優先しています。この点に留意していただき、以下のアプローチ方法をうまく使ってください。

最初はフレームの中での案だったとしても、メンバーとの対話を通じて、新たな気づきが発生し、独自性やユニークさを導いてくれることがあります。

■「仲間」アプローチ

「仲間」アプローチは、自ブランドの溜まり場に関心を集めるアプローチです。場に体験累積を任せようとするものです。**ブランド・ストーリーの「対象者の生活」に関連して発想していくアプローチ**になります。

たとえばオーガニック・スキンケア・クリームの場合です。ネット通販が主体で、習慣性のある利用を推奨しているため、購入と購入の間に期間があります。そのため、対象者をつなぎ止めておくように、自然と絆設計が重視されるブランドとなっています。

対象者への体験累積の方針は、「生活スタイル別で、肌ケアのオーガニックな衣食住習慣を共有していく」です。

そもそも存在している自ブランドの対象者の生活には、「肌ケアは日々怠らない」という強い意識があります。しかし、対象者は、ストイックに肌ケア中心の生活をしたいわけではありません。仕事のこと、家族とのことなどで、毎日の生活が忙しいからです。できれば肌ケア自体が楽しい、むしろ、肌ケアが趣味に感じられるぐらいになれば助かるという切実な思いがあります。一方で、肌ケアの習慣は、食から始まって睡眠や運動など、たくさんあります。

ここでの絆設計は、世間で流布されているオーガニック視点での肌ケアをメンバーで試す設計です。既存のブランド利用者、著名な美容研究家、自社の提供者側からのメンバーなどを集めたサイトです。このサイトは、自社メンバーとオーガニックな衣食住、それぞれに詳しい美容専門家がセットで、世間的には有効といわれているけれど真偽は不明の方法も含めて、実際に肌ケアのテストを行なってみるというものです。対象者からも有志を募って、自社メンバーや美容専門家と同様に、テストと意見交換をしていきます。肌ケアテーマは順次入れ替え、衣食住ごとにルームがあって、自由に出入りができる構成です。

さて、ここでの絆設計のポイントですが、「仲間」を絆のテーマにしていることです。コンテンツである「こういう食生活が肌にいい」という内容も重要ですが、それ以上に大切なのが仲間感です。**「こんにちは、元気です！」「今は、こんなことやっているよ」というフレンドリーな会話ができる場にする**ことです。

参考事例になるのは化粧品ブランド「アテニア」の「おしゃべりカフェ」の運営です。ここでは、発言や対話に応答するとコミュニティ・ポイントが付与されます。そして、溜まったポイントは試供品利用に適用できます。より良いコミュニケーションを促すことで「仲間」になりやすい環境ができていきます。

ブランド側からの「さあ、仲間になりましょう！」では人は動かないでしょう。アテニアの「おしゃべりカフェ」は、先に動きを促す仕組みを提供してから、結果として「仲間」の場ができているという好例です。

「仲間」アプローチは「対象者の生活」と連動する

先にも述べたように、「仲間」アプローチでは、ブランド・ストーリーの４つのボックスのうち、「対象者の生活」と連動します。ここを外さずに、ブランド・パートナーと自ブランド社員や専門家が対等に「元気だった？」と言い合える溜まり場のようにすることです。ただし、扱うテーマはブランド・ストーリーからのつながりを外さないよう、仲間が集う場のコミュニケーション・テーマを設定できるようにします。盛り上がればお題はなんでもいいわけではないのです。

「仲間」としての横の関係が心地よければ、個々人の中に好意的なブランド体験が累積していきます。「仲間」の場やテーマで案出しするときは、「想定しているブランド・パートナーが自然に『こんにちは』って書き込みたくなる場になるのかな？」と、常に自問自答していくことです。

■化粧品ブランド：オーガニックスキンケア・クリーム、ネット通販

■「仲間」アプローチ

体験累積の方針
生活スタイル別で、肌ケアのオーガニックな衣食住習慣を共有していく

絆ネットワーク開発
生活スタイル別での肌ケア習慣をメンバーでテストしながら、プログラム体験者からの話をレポートしていく

■「贔屓」アプローチ

「贔屓」アプローチは、自ブランドからの特別な行動に関心を集めるアプローチです。特別感に体験累積を任せようとするものです。**ブランド・ストーリーの「対象者のニーズ」に関連して発想していくアプローチ**になります。

アコースティックギターの場合で考えてみましょう。アコースティックギターを含め、楽器はプロ仕様から入門者用まで幅広くありますが、ある楽器にエントリーしていくと、自発的にかなり長くその楽器への関心を持ち続けてくれる特徴があります。また、楽器よりも、本人の演奏スキル、音楽センスが先行する部分もあります。楽器の良し悪しは、楽器との相性の良し悪しを指していることが多いのです。「このブランドとの相性がいいようだ」という感覚を体験累積で生み出すことが、結果的に愛用を産むという仮説が基本方針です。

「贔屓」のアプローチは、特別に優遇されている感を提供し続ける仕組みです。過去に自ブランドギターを2本以上、利用した人に対して、新モデルの発売に先行した案内や、その開発過程でつくられた一点もののベータ版モデルのオークション参加権、限定のカラーリング・特別パーツ利用の本数限定カスタマイズの優先権などを定期的に設定していきます。常に、贔屓対象者が「トクした感」が出るように工夫していきます。

「贔屓」アプローチは「対象者のニーズ」と連動する

「贔屓」アプローチでは、ブランドストーリーの4つのボックスの「対象者のニーズ」と連動します。ここを外さずに、「贔屓」を絆のテーマとして設計するのがポイントです。

提供されるメリットの魅力度合いも重要ですが、それ以上に大切なのが

贔屓感です。「こんなことしてもらっちゃった」と自然に呟くような「自分は上客なんだな」という実感です。そこには「自ブランドのギターを愛用してくれている」という事実に対して、ブランド側が、「お互いの音楽と楽器に対する考えが似てるってことですよね」という共感をともなう敬意で返していこうという基本姿勢が大切です。対象者に提供する「トクした感」はその後です。

「贔屓」は自ブランドの直接的な利用で区分けするとは限りません。Jリーグの湘南ベルマーレはトークン（ブランド発行の仮想通貨）を発行し、ファンを中心に運営資金を集めています。トークン利用を通じて、ブランド・パートナー候補に参画してもらい、そこに限定サービスで応えるというパターンは、今後の「贔屓」アプローチによるブランディングの一形態となっていくでしょう。

ブロックチェーン技術によって、選手の写真もデジタルでありながら1点ものとしての所有権がリターンとなってきています。このような技術は、「贔屓」するためのコストを抑えながらも「特別に扱ってもらった」感を提供できるのも魅力です。

■楽器：アコスティック・ギター、楽器販売店

■「贔屓」アプローチ

体験累積の方針

自ブランド愛用者の継続的な気持ち

絆ネットワーク開発

今までに自ブランド2本以上の利用者対象にした、新モデル先行販売の案内、ベータ版での試作品モデルのオークション参加権、限定カスタマイズ・キャンペーンの優先枠の設定など

■「共創」アプローチ

「共創」アプローチは、自ブランドへの参画に関心を集めるアプローチです。参画の臨場感に体験累積を任せようとするものです。**ブランド・ストーリーの「提供者のシーズ」に関連して発想していくアプローチ**になります。

ここでは、会員制のフィットネス・クラブを例示します。FCチェーン展開の場合は、必然的に地域密着型になります。また、定期的に利用している会員の間で、利用頻度のばらつきが非常に大きいのも特徴です。そのエリアの中で設備の稼働率を上げるのは、自ブランドのシーズを活用しながら、地元へのサービス提供を充実させていることになります。

「共創」は、ブランド・パートナー候補と一緒にブランドの課題解決や魅力開発を行うものです。年間利用回数の多い会員をパートナー候補とします。クラブ側の用意しているプログラムをよく利用する人の周囲には、親しい友人・知人のネットワークがあると仮定し、そこを起点に体験累積を増やしていける仕組みを設計しているパターンです。

たとえば、空いている曜日・時間のスタジオやコートなどの設備を、アプリから有料で貸切利用できる制度です。インストラクターやコーチも有料設定で、同時に申込ができるようにします。費用的な問題を吸収しながら、利用頻度の高い会員が自らプログラムを組めるため、運営に参画している感覚が体験として溜まっていきます。当然ながら、スタッフとのやり取りもブランドの信頼を高めます。

「共創」アプローチは「提供者のシーズ」と連動する

「共創」アプローチでは、ブランドストーリーの4ボックスの「提供者のシーズ」と連動しているのがポイントです。ここを最大限に活用することで、ブランド・パートナー候補の人々からの活用アイデアを取り込みます。

今までなかった利用側からの「こんな感じで使うといいな」といった主体的なコミュニケーションが、提供側スタッフとの間に生まれるかどうかが重要です。また、友人・知人と一緒の利用では、必然的に誘い・誘われるための会話が発生しますから、自ブランドへの関心を集めます。これも体験累積の1つになります。

また、「共創」によっては提供側と利用側の垣根を取り外すこともできます。たとえばLINEのスタンプは、利用者側が提案したスタンプ案を他の人々が有料で利用できるので、ブランドの新たな魅力を加えながら、スタンプをつくることによる参加と、使うスタンプを選ぶことによる参加が、ブランドの体験累積を高めます。

■スポーツクラブ：会員制フィットネス・クラブ、FCチェーン店運営

■「共創」アプローチ

体験累積の方針

施設稼働率をパートナー候補とアップしていく

絆ネットワーク開発

年間利用回数の多い会員が、空いているスタジオ、コートなどの設備を有料貸切で予約利用できる

同時に、所属インストラクター、コーチなども対応可能であれば、時間単位で有料利用できる

■「社会」アプローチ

「社会」アプローチは、自ブランドの世間とのかかわりに関心を持ってもらうアプローチです。第三者も含めた、社会的に良いとされていることに体験累積を任せる方向です。

ブランド・ストーリーの「提供者の志」に関連して発想していくアプローチになります。

たとえば、直営の漢方薬局店であれば、薬は個別に処方するので、対象者との関係はすでに濃厚であり、体験累積も自然に生まれます。ただし、体調の不具合を解決することが対話の目的ですから、関係性は非常に狭い範囲に終始します。

「社会」アプローチは、直営店ブランドが店舗の周辺で意義ある存在になる活動をして、そこに既存の対象者を呼ぶことによって新たな体験累積をしていきます。店舗はエリアの社会的活動の発信基地という見立てです。

「自生している薬草を探すツアー」などは、既存の利用者にとって、いつもは聞くだけの説明に現地での体験を加えることができます。また、「こんなことが行われるようだけど、どう？」など、対象者から周囲（プログラムごとに親子、友人など異なる）へ紹介する分だけ、自ブランドへの関心を持ってもらえる時間が長くなりますから、絆を高める行為になります。

「社会」アプローチは「提供者の志」と連動する

「社会」アプローチでは、ブランドストーリーの4ボックスの「提供者の志」と連動します。生薬の市民権を得ることがビジネス展開の志にある場合は、前述した内容と合致します。社会的な意義が重要なので、提供者が本気でそう思っているかどうかが、ブランドを信じていいかどうかの分岐点になります。「このブランドは本気だな」という感想が体験者から出てくるかが、絆設計での基準になります。

「社会性」という言葉には何やらむずかしい響きがありますが、そもそも企業の営利活動は社会活動の1つです。提供側の活動はすべて社会性を持っているということなのです。典型的なのは工場見学です。社会性を帯びている工場では、ブランドの商品・サービスの利用とは別に体験累積を築きます。

札幌にある「白い恋人パーク」は、「観る・知る・遊ぶ」をテーマに、商品の製造工程の中にあるものからブランドと社会的な接点を体験できます。

サービス・ブランドでも、JALやANAの整備工場など、体験できる場面はあります。大型の体験は累積回数は少なくても、そこから得られる印象は一生ものです。「私は○○を体験したことがある」が強い体験累積になって、記憶に残ります。

■漢方薬：個別処方煎じ薬タイプ、直営店舗

■「社会」アプローチ

体験累積の方針

社会性のある集まりを店舗起点で行う

絆ネットワーク開発

自生している薬草を探しに行くツアー

親子バージョン、個人参加のプログラムなどを定期開催

■絆設計の参照指標としての生涯累積貢献（LTV）

絆設計では参照指標として**生涯累積貢献（LTV）**（32ページ参照）を追

いかけます。繰り返しになりますが、ブランディング実務では短い期間で活動の動きを左右する因果関係を特定するのはむずかしい（時間がかかる、費用がかかるも含め）ため、可能な限り入手しやすいもので対応します。

参照指標を設計段階で特定しておくことは、経営指標に直接巻き込まれない工夫でもあります。「売れてないじゃないか」「やってもやらなくても同じな感じがする」といった短期的なネガティブな話は、ブランディング実務ではほぼ間違いなく出てきます。マーケティング実務との混在を避けて、マーケティング活動上の「売れること」とブランディング活動上の「売れ続けること」の違いをスタート時から宣言することが、参照指標を設定する意図です。もちろん、設定する参照指標は、ブランディング活動の長期的な推進力が見つけられそうなことが大前提になります。

先に挙げた、高級スキンケア・クリーム、アコースティック・ギター、フィットネスクラブ、漢方薬店の各テーマに沿って、それぞれにおいて考えられる参照指標を説明します。

高級スキンケア・クリームのプログラムサイトの場合

サイトへの参加頻度とブランド利用回数の相関関係をチェックします。

ネット・ビジネスは、行動実績を入手しやすい利点があります。一方で、質的な部分が拾いにくいのが弱点です。プログラム体験レポートへの「いいね」ボタンの設定などで、間接的に質的な部分の良さを類推します。

「いいね」が多い記載内容を眺めていくと、そこには次の体験累積を展開するヒントがあるかもしれないからです。肌ケア習慣のテストは類似テーマで考えていくことができます。

アコースティック・ギターの先行案内、スペシャル品購入優先権の場合

優先権を案内した人数を母数にして、応募数を分子にすることで、反響度合いを「応募率」という形にでき、体験累積に向いているかどうかを類推できます。

また、オークションでの落札者からの感想や体験談も、自ブランドのブランド・ストーリーが反映されているかどうかで、絆設計のズレがわかります。

フィットネスクラブの場合

利用頻度の高い会員による貸切予約を絆設計にしています。

量的には、稼働率への貢献度を予約総時間で把握できます。また、同じ会員がリピートするかどうかをカウントすることで、体験累積ができる方向かどうかを把握できます。質的には、貸切での利用内容や、スタッフとの対話から、共創アプローチへのヒントを集めます。

漢方薬店の場合

社会性のある自生する薬草学びツアーの実施が設定されています。提供者側が行動すればするほど、ライブ感を伴った「生きた情報」が集まります。

「一緒に行く」「一緒に話す」「一緒に考える」は、絆設計の理想形です。これらの理想的な行動は、小さな店舗であれば可能ですが、ブランド利用者が多い商品やサービスでは労力がかかりすぎてしまうため、むずかしいものです。

利用者と提供者が直接集(つど)うことで生まれる「顔の見える絆」は、提供者の志を伝えることができ、その結果、利用者の生涯累積貢献（LTV）は上がっていきます。「○○さんのいる店舗に寄るかどうか」は、「商品どれにするか」とは別に、新たな訪問の習慣を築きます。

■図表4-7-2　テーマごとの生涯累積貢献（LTV）の参照指標■

	体験累積の方針	絆ネットワーク開発	生涯累積貢献（LTV）の参照指標
■化粧品 ・オーガニックスキンケア・クリーム ・ネット通販	■「仲間」アプローチ ・生活スタイル別で、肌ケアの衣食住習慣を共有していく	・生活スタイル別での肌ケア習慣をメンバーでテストしながら、プログラム体験者からの話をレポートしていく	・サイト参加頻度 ・サイトへの記入内容評価 ・ブランド利用回数の相関関係
■楽器 ・アコースティック・ギター ・楽器販売店	■「贔屓」アプローチ ・自ブランド愛用者の継続的な気持ち維持	・自ブランド2本以上利用者への、新モデル先行案内・ベータ版モデルのオークション参加権、限定カスタマイズの優先枠設定	・優先権への応募率 ・落札者らの感想
■スポーツクラブ ・フィットネス ・FC店運営	■「共創」アプローチ ・施設稼働率をパートナー候補とアップしていく	・年間利用回数の多い会員が、空いているスタジオ、コートなどをアプリから貸切で利用予約できる	・稼働への貢献度 ・貸切利用のリピート率 ・貸切内容との相関関係
■漢方薬 ・個別処方煎じ薬タイプ ・直営店舗	■「社会」アプローチ ・社会性のある集まりを店舗起点で行う	・自生している薬草を探すツアー開催。娯楽優先の親子向けや、環境問題とセットの個人向けなどを設定する	・ツアー参加人数 ・参加者の満足度アンケート

4-8 〈フェーズⅢ：絆設計〉絆設計の参照事例

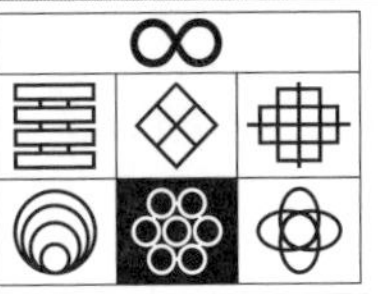

具体的な商品やサービスで考えてみる

■参照事例１「商品」での絆設計

それでは、絆設計の参照事例を見ていきましょう。以下は、アイスクリーム「パルム」を、絆設計のワークに当てはめたものです。ブランドの「観点」から絆設計に延長した場合に、「ブランディング・ファシリテーターである著者ならこう書く」という参照事例です。

テーマ設定の方法としては「贔屓」アプローチです。数量の多い消費財なので、ヘビーユーザーをブランド・パートナー候補として、絆設計を考えてみたものです。

アイスクリーム：「パルム」の絆設計

体験累積の方針

新フレーバーを出すこと、追いかけることを提供者と利用者お互いが楽しむ関係

絆ネットワーク開発

新フレーバーが、ブランドのサブテーマとなり、絆ネットワークをつくっていく

・先行して購入できる機会をつくる

・利用周期が短いリピーターがホームページから参加できる春の定期キャンペーン

生涯累積貢献（LTV）の参照指標

子ども（10歳以上）がいてパルムを冷蔵庫に常備している家庭内で、「これからも必ず常備するアイスは？」という問いにに対する回答と理由

■参照事例２「サービス」での絆設計

温泉リゾート「界」で、絆設計のワークを当てはめてみたものです。こ

ちらも内容は著者視点で記入したもので、ワーク実施時の参照用です。

こちらのテーマ設定は「仲間」アプローチです。同じ人での利用頻度が多くないので、強い体験累積を利用者以外の関係（ここでは伝統文化のプロフェショナル）からつくっていくこととしています。

温泉リゾート：「界」の絆設計

体験累積の方針

連泊による対話と体験の累計時間を重視する

絆ネットワーク開発

地元の伝統文化のプロフェッショナルとの絆ネットワークを起点に、興味関心がある人にアクティビティを提供していく

・地元の伝統文化のプロフェッショナルとコラボレーションができる関係基盤

・地元の伝統文化をアクティビティに組み込む習慣をつくる

生涯累積貢献（LTV）の参照指標

ブランド利用経験者が考える「次に利用したい温泉旅館」の中で他エリアの「界」ブランドの出現頻度

4-9 〈フェーズⅢ：絆設計〉絆設計のタイプ区分

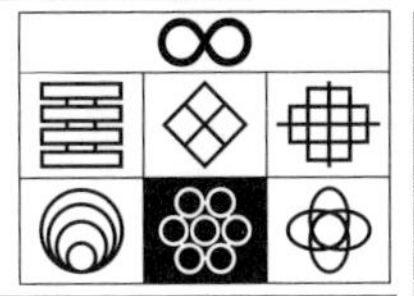

4タイプから自ブランドを当てはめてみる

■ 4タイプのカテゴリー区分

絆設計にもいくつかのタイプがあります。商品やサービスのカテゴリーが持つ特徴や、ブランド・パートナーとの理想の関係から、どのタイプが適用しやすいかを考えてください。ここでは、利用時の関心が高いカテゴリーと低いカテゴリーの違い、利用と利用の間隔が短いカテゴリーと長いカテゴリーの違いで、４タイプに区分してみました。

■図表4−9−1 「絆」のカテゴリー■

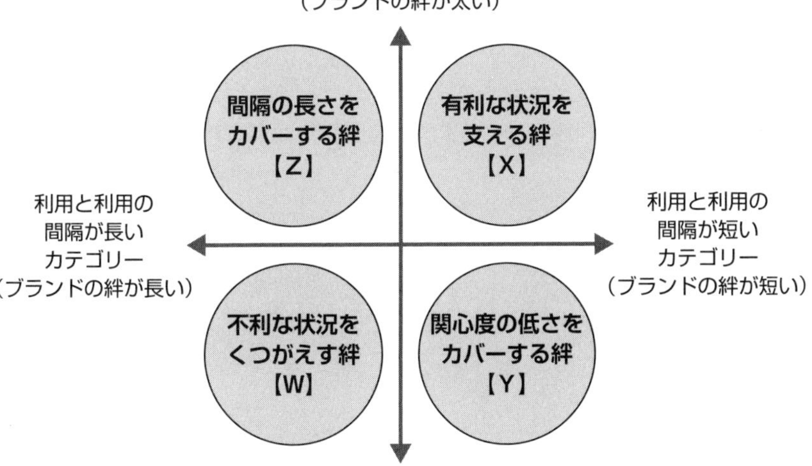

【X】ブランドの絆が短くて、太いタイプのカテゴリー所属

【Y】ブランドの絆が短くて、細いタイプのカテゴリー所属

【Z】ブランドの絆が長くて、太いタイプのカテゴリー所属

【W】ブランドの絆が長くて、細いタイプのカテゴリー所属

4タイプは粗い分け方で、個別にブランドを見ていくと当てはまらないケースもあります。あくまでもブランディング実務のための大まかな自己分析で、絆設計のワークをどこまで実行するかの目安にしてください。

■【X】ブランドの絆が短く、太いカテゴリー →有利な状況を支える絆

カテゴリー自体への関心度が高いので、対象者の多くは普段から積極的ブランドの動向に注意しています。商品であれば、新しく知ったブランドのサイト検索や、気に入ったブランドのインスタやツイッターのフォロー、ブランド発行のアプリ利用までするような状況です。対象者の興味関心がブランドに向いています。その結果、ブランドの忘却が少ない状況にあります。商品であれば、高級化粧品、高級輸入自動車といった、毎日使う、毎週末使うような嗜好品が多い傾向にあります。一般的に**ラグジュアリーブランドと呼ばれる領域**です。また、サービスでも、エステや美容室のよ

■図表4−9−2　有利な状況を支える絆設計■

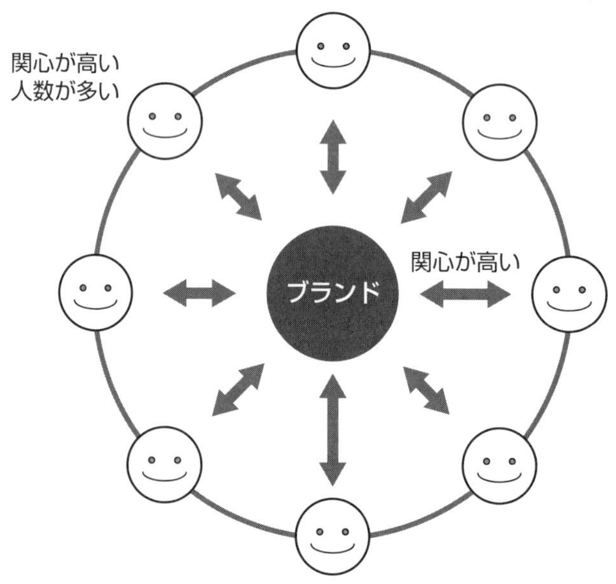

うな習慣と関心が一体になったものが該当します。

こういう状況での絆設計は、**対象者同士が、自ブランドを通じて「ブランドの絆」を安定的なものにすることを目指します。**高級化粧品が展開する特別会員だけが利用できるサロン、高級輸入自動車の所有者が集まるドライブツアーなどによって、優良な会員同士がお互いの存在を認識することで、ブランド価値の一部として存在する方向に向かうことができます。ルイ・ヴィトンの特定会員のみのサロンや、ハーレーダビッドソンのコミュニティなどが該当します。

■【Y】ブランドの絆が短く、細いカテゴリー →関心度の低さをカバーする絆

利用と利用の間隔が短いが、カテゴリー自体への関心が低い状況下で、「ブランドの絆」がそれをカバーしていくことを考えるべき領域です。カテゴリー関心度が高くないため、**習慣的な愛用はあってもブランド自体の指名**

■図表4–9–3　関心度の低さをカバーする絆■

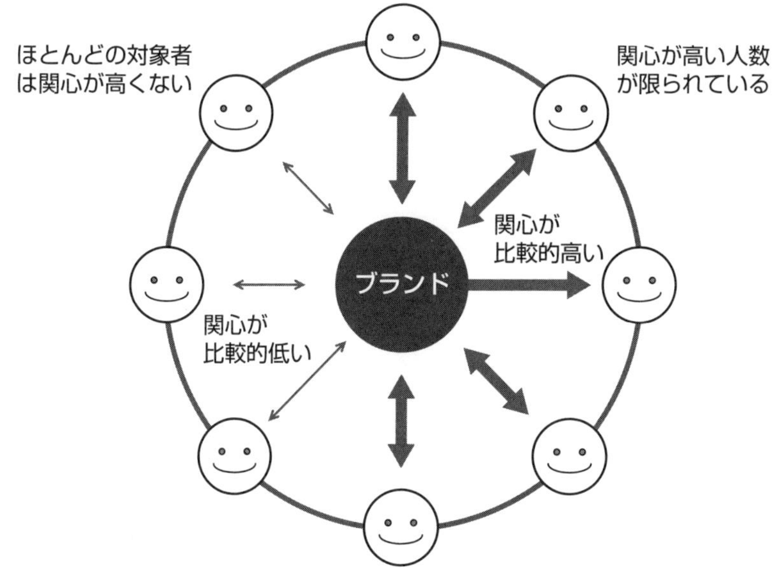

が弱いトイレタリー用品（特に洗剤などの必需品）や、価格帯が低めの食品などです。

まずは**多くのユーザーを「関心あり層」と、「関心なし層」に分けて、関心あり層に向かって絆設計を組み立てる**のが効率的です。

■【Z】ブランドの絆が長くて、太いカテゴリー →間隔の長さをカバーする絆

利用と利用の間隔が長いために、カテゴリー自体への関心度は高いにもかかわらず、記憶の劣化が強い領域です。**生活家電（特に洗濯機、冷蔵庫など習慣的に使う家電）のように購入時の関心は高くても、次の購入までの間隔が長い商品のブランドが該当します。**また、温泉旅館なども、次の利用までが長くなります。その場所での利用が起きたら、その後はたまにしか起こらないものなども同様です。

この場合は、**どうやって間隔の長さをカバーするか**がポイントになりま

■図表4–9–4　間隔の長さをカバーする絆設計■

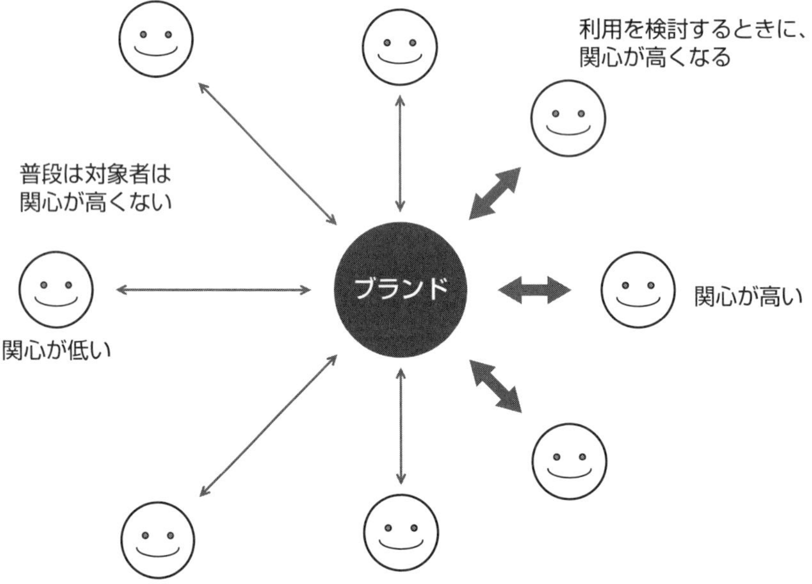

す。広報の「中の人」がSNSを使って常に、自ブランドを使っている人向けの情報を投げかけることで、利用者は「ああ、自分のことに関心があるんだな」とブランドとの絆を感じてくれたりします。

また、強い印象、忘れ難い思い出をつくってもらう方向もあります。「界」ブランドで紹介した地元伝統文化に根ざしたアクティビティは、１回体験するだけで、ブランドの記憶を特別なものにしてくれます。

■【W】ブランドの絆が長くて、細いカテゴリー→不利な状況を翻す絆

自ブランドのブランド・ストーリーの延長線上で絆設計のテーマ設定するアプローチをあきらめる領域です。典型的なのは、**単価が比較的安く利用場面の季節性が強いために忘却期間が長い飲料や、コモディティ化が激しいながらも季節性を出す必要のあるファストファッションです**。そもそも、不足している衣料品を習慣で購入するファストファッションも、喉が渇いたときのジュースや炭酸飲料も、「このブランドを選びたい」という積極的な優先順位の高さより「いつもこのブランドで良しとしている」といった習慣が体験累積になっています。積極的に選ばれ続けた生涯累積貢献（LTV）というより、「まあ、これでいいかな」的なものが繰り返され

■図表4−9−5　不利な状況を翻す絆設計■

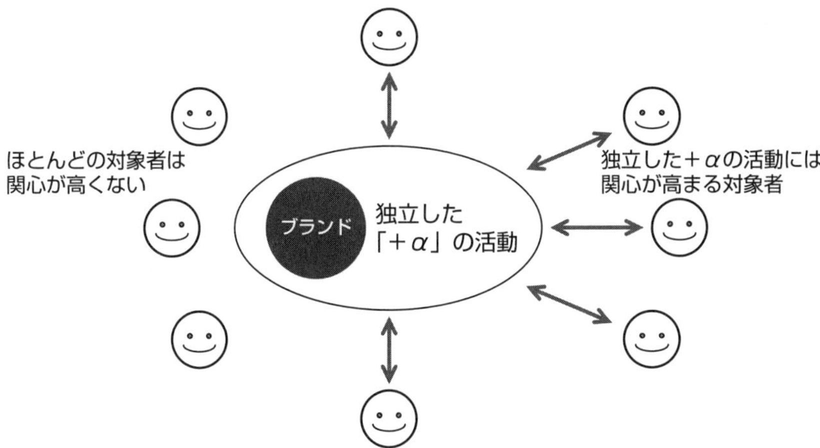

ることで成立する生涯累積貢献（LTV）なのです。

著者が実務をサポートしている経験からいえるのは、この場合は無理してまで絆設計をつくらなくても大丈夫だということです。自ブランド単体でカテゴリーへの無関心を覆すのは、エネルギー効率がよくありません。むしろ、評判設計にもなり得る、ブランドの求心力となる何か、つまり「＋α」を設計していくほうが、効率のよいブランディングになるケースが多いのです。

ここでの「＋α」とは、自ブランドが夏の消費が多い飲料なら、「通年で利用できる自ブランドの飲料を使った面白いデザート・レシピを利用者と一緒に開発する」、ファストファッションなどでは、「旬なアパレル以外で活躍の有名デザイナーを起用した商品を数量限定販売する」など、「対象者のブランド利用の習慣化のきっかけを提供する」といった活動が該当します。

不利な状況に全く別の「＋α」を与えることで絆設計を補完するブランディングです。少し補足するなら**「ブランドとの絆ではなく、その人と生活習慣との絆をサポートする」ことで、習慣による体験累積だけが絆設計**になると割り切っていきます。

4-10 〈フェーズⅢ：シンボル設計〉シンボル設計の考え方と要素

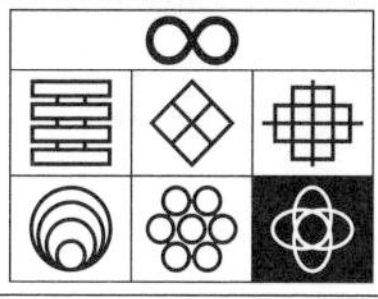

ブランドのシンボル群を設計する

■シンボル群の見取り図

シンボルとは、対象者を取り囲むブランド・ワールド（49ページ参照）を分解し、「らしさ」を印象づけるためのブランドを象徴するものです。**シンボル設計**はそれらモノゴトをどう優先的に使うかをルール化したものです。ブランドには複数のシンボルがありうるので、ここでは、シンボル全体を「**シンボル群**」としています。

ブランド・ワールドを対象者の感性から印象づけようとするときにシンボル群は、

- 商品・サービス本体に付随する商品のネーミングやパッケージ、サービス施設の内装やユニフォーム
- 広告やサイト画面のビジュアル、ブランド説明がある動画
- イベントや店舗なら空間を満たす香りの演出
- 接客があるのなら対話手法

といった、対象者を取り囲むすべての五感の接点に存在します。

それぞれに自ブランドのユニークさを託すことで、「なんとなく、ブランドXらしいね」という、感性を通したブランドの記憶をつくっていきます。

とはいえ、利用者はブランドのコア・コンセプトが持つ価値を選択しています。ですから、実際のブランド設計は、簡単に済ますこともできます、もちろん、徹底的のこだわることもできます。

一般的に、**ラグジュアリーで高い価格帯のブランドほど、ブランドのシンボル設計は詳細になっていきます**。「高級○○」（車、アパレル、ホテル、レストランなど）と呼ばれるセグメントのブランドは、ブランドの世界観を細部にまで独自のシンボル群で再現することで、一般的なブランドと違

■図表4−10−1　ブランド・ワールドとシンボル群■

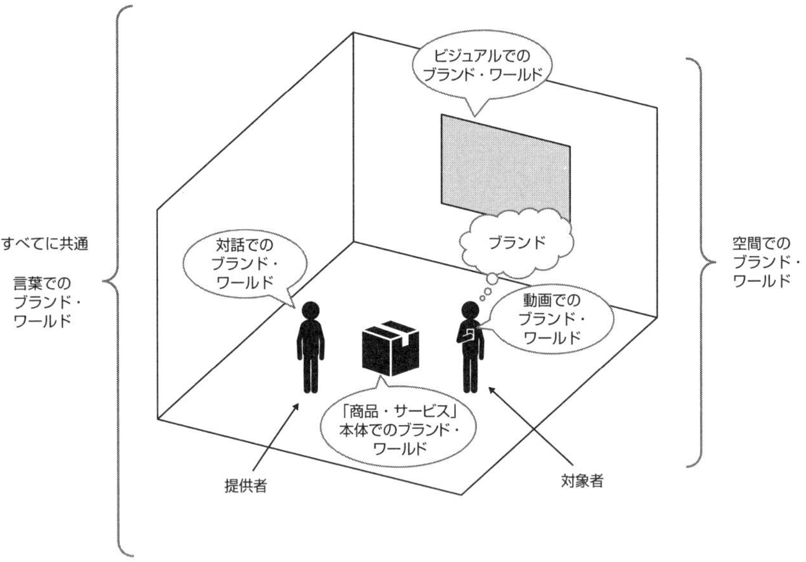

いを出そうとしているからです。

■コア・シンボルとシンボル群の関係

ブランドごとにシンボル設計の範囲は変わってきます。初期設定したシンボル群のレベルで、ワーク内容が変わってくるのがシンボル設計です。

ブランディング活動はマーケティング活動を補完するものなので、先行するマーケティング計画の段階で、どの範囲まで商品・サービスのシンボル群を規定しているかに影響を受けます。

新商品・新サービスでは、シンボル決定の範囲はまちまちです。しかし、少なくとも対象者が自ブランドを問題なく選択できる状態にする必要がありますから、ネーミングやロゴデザインなどはマーケティング業務で扱うのが普通です。

これらはマーケティング業務の範囲で決定していく「**コア・シンボル**」です。通常はブランディング活動に先行して決まります。コア・シンボルは対象者が自ブランドを記憶するときの「取っ手」の役割をするシンボル群なので、決定した後はあまり変化させません。せっかくのブランドの記憶が混乱するからです。

コア・シンボルの例

〈共通〉ネーミング、ロゴデザイン
〈商品〉パッケージデザイン、パッケージに記載するスローガンなど
〈サービス〉マークデザイン、施設があれば設備・内装・衣装デザインなど

これら決定しているコア・シンボルを所与の前提条件として、ブランド・ワールドで規定した「らしさ」をつくるために、シンボル設計を行います。

原則、シンボルは長く使うほうが記憶への定着率は高くなりますが、「らしさ」が固定化して刺激が減るために、第一再生記憶（TOM）が弱まっていくのでは逆効果です。特に**ロングセラーブランドでは、「らしさ」をキープしながら、多角的にシンボル群を変化させて（コア・シンボルを除く）、定期的に感性刺激することも、シンボル設計で求められます。**

■図表4−10−2　コア・シンボルとシンボル群の違い■

シンボルの違い	役割の違い	変化の違い
マーケティングでのコア・シンボル	商品・サービスの価値を交換できる状態にする	記憶の取っ手なので、一度決めると変えられない
ブランディングでのシンボル群	ブランド・ワールドの「らしさ」をつくる	記憶の深掘りなので、変化させることができる

■設計の構成要素

以下で挙げるのは、シンボル設計のフレームワーク３要素です。構造的には、評判設計での情報拡散と、絆設計での体験累積のそれぞれの活動に設定したブランドのシンボルが乗っかっていくことになります。「らしさ」はそれ自体で価値を生みませんが、「ブランドＸは、こんな言い方をしていたよ」「ブランドＸといえば、あんな感じ」といった印象が、記憶の効率を上げてくれます。

シンボルは、人に語るときのきっかけであり、わざわざ思い出さなくても、結果的に評判や絆の強化になっていきます。

① 情報＆体験シンボル化方針

ブランド・ワールドから、テーマを決めます。先行して記述した評判設計で考えている情報コンテンツ、絆設計で考えている絆ネットワークに活かすことがイメージできるテーマにします。

② シンボル要素開発

方針に沿った具体的な展開案です。シンボル設計のフレームワークの主目的です。

③ 第一再生記憶（TOM）計測

最終的にブランドが頭の中のシード権を高くとっているかどうかを参照できる指標が第一再生記憶（Top of Mind、32ページ参照）です。新規獲得コスト（CPA）、生涯累積体験（LTV）は、それぞれ「評判」と「絆」に重点が置かれていましたが、第一再生記憶（TOM）の指標の位置づけはやや異なります。シンボル設計だけでなく、ブランディング実務全体をくくる参照指標という位置づけになります。これをどうやって類推するかの仮説も設定しておきます。

4-11 〈フェーズⅢ：シンボル設計〉シンボル設計の領域

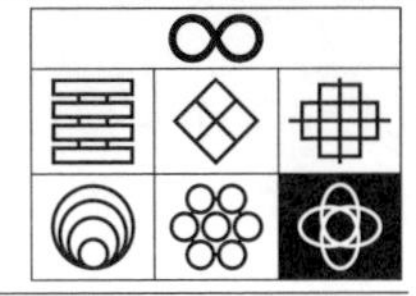

一次元から多次元まで、4つに分けて考える

■シンボル設定のレベル分け

正直なところ、シンボル設計は、ややクリエイティブな能力が問われるワークです。参加メンバーによっては得手不得手もあるでしょう。そのため、ブランドのシンボルを規定しやすいように、領域ごとに分けて行うと、スムーズな進行が可能になります。

本書では、ブランド・ワールドを反映させるシンボル群を、ワークしやすいように、「**シンボリック・ワード**」（一次元のシンボル）、「**シンボリック・モチーフ**」（二次元のシンボル）、「**シンボリック・テクニック**」（三次

■図表4−11−1　シンボル設計の領域■

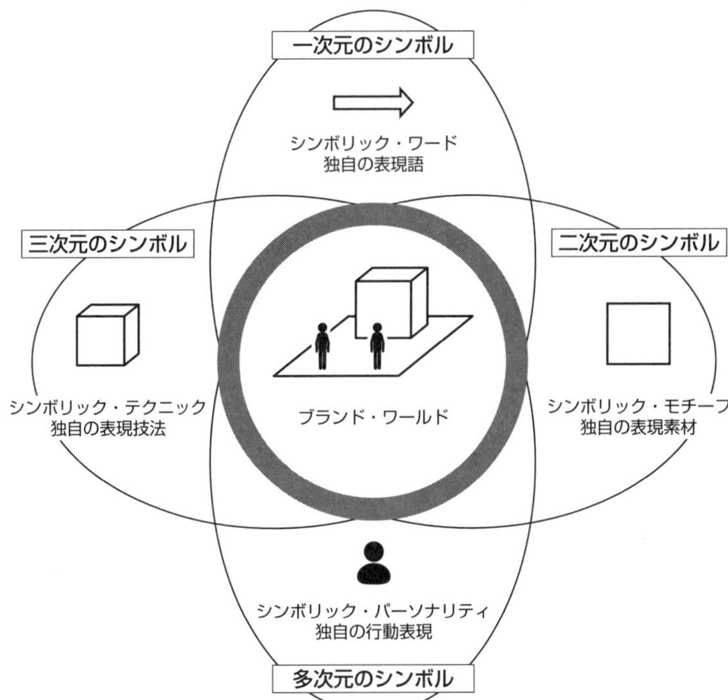

元のシンボル)、「**シンボリック・パーソナリティ**」(多次元のシンボル)という、大まかに4つの領域に分けています。実務では、領域ごとにかかわるクリエイティブ系の外部スタッフが異なる(同じデザイナーでもグラフィック系、ムービー系、サイト系など多岐にわたります)ことにも対応できます。

■「シンボリック・ワード」(一次元のシンボル)

シンボリック・ワードのワークは、ブランド独自の表現語の開発です。文字ですから、横組みであれば左から右へ読んでいきますし、音声でも最初から発音されて語尾までいきますので、直線的に並ぶ記号です。そこで「**一次元のシンボル**」としています。ブランド独自の表現語は、すべてのブランド・ワールド伝達場面で使えるシンボルです。

ここでは自ブランドを説明する独特の単語やフレーズを設定します。「ブランド・パートナーが他者にブランドを語るときに使う」ぐらいの場面を想定したものです。「専門用語を持ってくる」「単語を組み合わせて造語をつくる」などがあります。

商品ブランドである森永乳業のアイスクリーム「パルム」では、触感のシンボリック・ワードとして、「はむっと」が使われています。また、サービス・ブランドである星野リゾートの温泉旅館「界」では、独自のサービス内容を名詞化して「ご当地部屋」「ご当地楽」日本旅会席」などが使われています。これら単語類はブランド・ワールドをつくる要素になっています。自ブランドの情報発信場面ではシンボリック・ワードを積極的に使って、対象者の頭の中への定着を図り、ブランド・ワールドをつくっていきます。

シンボリック・ワードの開発はアイデア次第です。ただし、アイデア次第というのはあまりにも茫洋(ほうよう)としていますから、グループワークなどで活用できる、「**リフレーミング**」による方法を紹介します。

リフレーミングは、実用性の高いシンボリック・ワードに行きつく方法の1つです。**リフレーミングは、自ブランドが所属すると思われるカテゴリーを再編集して、名称を与えていく**ものです。自ブランドの所属区分の名称がシンボリック・ワードになるように考えていきます。以下のような手法が挙げられます。

① 強豪並列化

商品・サービスを強豪と同等に見立てるシンボリック・ワード開発は、自ブランドの商品やサービスがカテゴリー内の新セグメントを創造しているケースで使えます。メジャーなセグメント名と自ブランドの提唱するセグメント名をセットで並列する手法です。

たとえば、エクササイズ・プログラムにおいて、「三大ボディワークエクササイズ＝ヨガ、ピラティス、自社商品（新セグメント名）」という見立てにして、シンボリック・ワードとして常用します。

② 異質組合せ

所属するカテゴリーを変更することで、提示する言葉がシンボリックなものに変わります。

たとえば、スキンケア・クリームのカテゴリーを２つに分けて、「スロースキンケア・クリーム」（＝自社ブランドＸがこの新カテゴリーになります）、「ファストスキンケア・クリーム」（＝大手化粧品会社に代表される有名スキンケア・クリーム群）というワードでシンボリックなものにします。

③ 未来取り込み

新しさを時間的に序列化してシンボリック・ワードをつくることもできます。特に、技術革新が速い業種や業界では、カテゴリー自体が流動的なので、名称の具体的設定がむずかしい場合が多々あります。このとき、時間的な視点からの区分を提案することもできます。

家庭用太陽光発電システムで考えてみましょう。新しい自社商品を「第三世代仕様」という設定で説明できれば、それ以前の直接的な競合品は「第二世代仕様」、今も売られている昨年以前の形式は「第一世代仕様」などとして、時間軸を有利に取り込めます。

④ 消費者像の細分化

ユーザー像を区分けしていくこともできます。

「ナチュラルエイジング・マダム」（＝自社ブランドＸの顧客）と、「アンチエイジング・マダム」（＝大手化粧品会社に代表される有名スキンケア・クリーム群の顧客）といった対比で、ニックネームがシンボリック・ワードになります。

⑤利用場面の細分化

当たり前と思っているものでも使う場面を細分化し、初めて聞くようなユニークなものにする方法もあります。成熟市場でのシンボリック・ワードになり得ます。

使用場面での栄養度ドリンクの違いを、「週明け緊張時」「週中倦怠時」「週末疲労時」などのように、栄養ドリンクの区分けを前面に出すやり方です。

■図表4−11−2　リフレーミングの例■

発掘方法	リフレーミングによるシンボリック・ワードの開発手法	たとえば……
①強豪並列化	商品・サービスを強豪と同等にして	エクササイズ・プログラム→三大ボディワークエクササイズ：ヨガ、ピラティス、自社商品（新セグメント名）
②異質組合せ	他の分野でのフレームを取り込んで	スキンケア・クリーム→ファストスキンケア（大手の化粧品）、スロースキンケア（自社商品）
③未来取り込み	新しさを序列化して	家庭用太陽光発電システム→第一世代、第二世代、第三世代EV（自社商品）
④消費者像の細分化	ユーザー像を細分化して	基礎化粧品→アンチエイジング・マダムとナチュラルエイジング・マダム（自社商品が対象）
⑤利用場面の細分化	使う場面を細分化して	栄養ドリンク→週明け緊張時、週中倦怠峙、終末疲労時の栄養ドリンク

■「シンボリック・モチーフ」（二次元のシンボル）

シンボリック・モチーフの作業は、ブランドの独自さを表現するための素材の規定です。ブランドをビジュアルで伝える場面も多岐にあります。印刷物、Webを問わず、写真・イラストなどで表現されます。ここでは、画像素材として何をシンボルとするかを選定し、規定しておきます。平面で扱うシンボルなので、「**二次元のシンボル**」としています。

まず、画面上で「らしさ」を出していくための表現素材を規定しておきます。画面全体（通常はモニターや紙面なので長方形）では、主役が商品でありサービスである一方、背景も必然的に入ってきます。それらは見る人が心地良ければなんでもいいわけではありません。背景も大切な情報だからです。

キーカラーも、モチーフです。通常は、キーカラーは、コア・シンボルであるパッケージデザインが決定した時点で決まるものです。チョコレートの「ガーナ」ブランドのキーカラーは赤、明治のチョコレートは焦げ茶などです。ブランドが提供するビジュアルの背景の基調はキーカラーが引き立つようにすると、周囲の色使い方針も定まります。

シンボリック・モチーフの作業の例として、アコースティック・ギターのブランドが、自ブランドが提供する規模の小さい手づくり感・職人の技を、大きな規模のブランドと対比させたいケースで考えてみましょう。「製造現場をアトリエと見立てて、近隣の里山や林を取り込む」「ブランド説明での商品写真・動画を撮るのであれば、なかなか見ることにない職人の手元や、特別な道具を背景として入れる」などが大まかな方針として考えられます。ビジュアルを作成する人が、ブランドの意図に沿った風景・場・小物・人の選択をできるという、緩いルールです。

シンボリック・モチーフは主役に対する脇役です。主役が誰であるかによって、その選定基準は変わります。大まかに3方向で説明しますが、自分たちの商品やサービス特性（極端に大きい・見えにくいなど）に合わせて再適用させてください。

① 対象商品やサービスがモノに代表される

主に飲料、食品、日用品、家電など、はっきりと見える商品ブランドでは、周囲の空間やそこに登場する人物像（人選・衣装・表情など）でシンボリック・モチーフを設定できます。

② 対象商品やサービスがヒトに代表される

コンサルタント、保険サービスなど、サービスそのものが見えにくいため、それを伝達する人物がサービス・ブランドになるような場合です。周囲の事物（独自の専門性を裏づける）や空間（独自の場所を感じさせる）

■図表4−11−3　シンボリック・モチーフの例■

①対象商品やサービスがモノに代表される
・飲料、食品、日用品、家電など

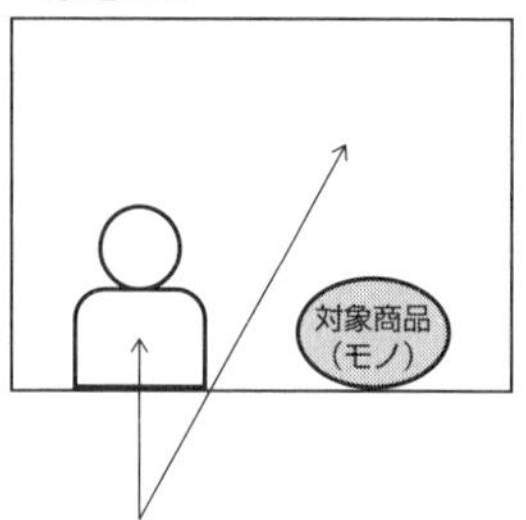

背景や人物をブランド・ワールドに近づける…

周囲に存在する
背景や人物像の独自性

②対象商品やサービスがヒトに代表される
・コンサルタント、保険サービスなど

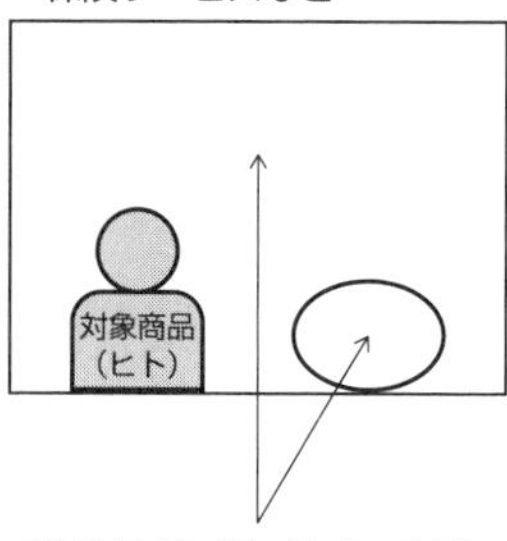

背景やモノをブランド・ワールドに近づける…

周囲に存在する
背景や事物の独自性

③対象商品やサービスが空間に代表される
・カフェ、旅館など

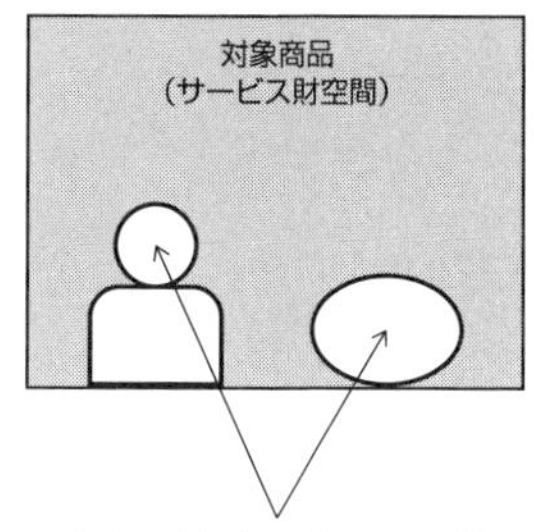

ヒトやモノをブランド・ワールドに近づける…

周囲に存在する
人物像や事物の独自性

によって、何が表現素材となるかを検討します。

③ 対象商品やサービスが空間に代表される

カフェ、旅館など、場が主役となって画面ができる場合です。周囲に存在する人物像やその中にある事物の独自性で、シンボリック・モチーフを設定します。ただし、人物の比重が高いのであれば、シンボリック・パーソナリティ（多次元のシンボル）の項目が反映されます。

■「シンボリック・テクニック」（三次元のシンボル）

シンボリック・テクニックは、ブランド独自の表現技法です。動画や空間の演出が該当します。表現の仕方をパターン化することで、ブランド独自のニュアンスを伝えることができます。画像に時間が加わったのが動画なので、空間と同様に「**三次元のシンボル**」としています。

この際に重要なのは、動画・空間での個性に関する演出ルールです。ブランディングだけでなく、商品説明などのマーケティング活動や、一般の人への会社説明などの場面でも、動画は使われます。

利用場面が多いということは、動画を作成する場面の数だけでなく、動画を作成する人も多くなっていることを意味しています。このときに、どういう演出が望ましいかを規定しておくと、作成時の個人差を最小限にできます。つまり、「らしさ」のブレが少なくなるのです。無印商品の店舗は、装飾がミニマムなのがルールになることで、「この店の感じは無印」をつくっています。

たとえば、フィットネスクラブであれば、掲示物やお知らせ動画などはスタッフが必ずどこかに登場するようにし、「常に身近な人が話しかけている形を優先する」設定にしておくことで、「なんとなく、このクラブっぽいね」といった印象を、利用者の頭の中に醸成していきます。

また、施設空間は表現の要素が多いので、シンボリック・テクニックの規定も緩やかに定めておきます。温泉旅館の「界」ブランドが「柔らかいモノトーン」くらいの規定（著者の類推です）だとするなら、場ごとに違う建物の構造や景観に合わせられる自由度を保ちながら、「らしさ」維持のルールと両立できます。

厳格なルールは「これでなければいけない」といった対応になりがちです。でも、「この範囲内で選んでいけば良い」というよう緩く定めておけば、選択の自由が増して、実務現場での多岐にわたるシンボル設計の扱いが楽になります。

■「シンボリック・パーソナリティ」（多次元のシンボル）

シンボリック・パーソナリティは、「提供者自身が対象者にどう対話するのか？」といった、行動表現の独自でのスタイルを定めたものです。

商品であれ、サービスであれ、ブランディングで最も対象者に強い印象を与えるのは提供者自身です。提供者こそが、ブランド代表者と認識されます。特に、サービス・ブランドであれば接遇は必ずあるので、誰であっても共通したふるまいはブランドの独自性に通じます。ふるまいは物理的な次元を超えた存在ですから、ここでは「**多次元のシンボル**」としています。

サービス、特に接客業と呼ばれるカテゴリーでは接客マニュアルのような方式で人を通じてサービスの価値を提供します。「どうやると顧客満足が上がる接客ができるか？」の視点がベースなので、ここまではマーケティング実務の範囲です。シンボリック・パーソナリティは、ブランドの「らしさ」を補完します。たとえば、ザ・リッツ・カールトンの接客はシンボリック・パーソナリティだといえます。

ここでは、漢方薬局での相談時のコミュニケーション原則にシンボリック・パーソナリティをルール化して、日々の業務に足してみる場合を考えてみましょう。より地元に密着したブランドづくりを反映したいのであれば、「相手の切実さに応える親密な態度って何かな？」がポイントになります。

相談者への説明の際に、必ず生薬のサンプルを提示して、効果効用の説明とセットで、直に触ってもらい（触感）、嗅いでもらって（嗅覚）、まずは感覚的な感想を求めていく。また、好き嫌いの反応も日々の習慣には大切なので、可能な限り好き嫌いを処方に反映させるスタイルを持つなど、一連の行動で、シンボリック・パーソナリティを設定することもできます。

また、リアルな人物ではなく、バーチャルな形式でのシンボリック・パーソナリティも可能です。利用対象者の絶対数が多い商品カテゴリーでのブランディングでは「らしさ」の代理人として、「人格化されたシンボリック・パーソナリティ」を設定することもできます。

この人格化されたシンボリック・パーソナリティと役割が異なるのが、「**ブランド・キャラクター**」です。ブランド・キャラクターは、商品やサービスを差別化することを目的にした擬人化された存在であり、コア・コンセプト（商品・サービスの提供価値）の一部です。不二家のペコちゃん、赤城乳業のガリガリ君などが該当します。これらは初期設定されたものであり、ブランドのコア・シンボルにもなっています。

一方、人格化されたシンボリック・パーソナリティは、「らしさ」をブランドに継続的に付け加えるために、世間との対話が可能な設定になっています。伊藤ハムが提唱するソーセージやハムの飾り切りを案内する「ハム係長」や、店員の一員の視点からのメッセージを提供する「ローソンクルー♪あきこちゃん」も、継続的にブランドからの情報を「らしさ」を織り込みながら伝達していますので、役割としてはシンボリック・パーソナリティを体現しているといえます。

また、着ぐるみマスコットも、単なるキャラクターとして存在するのか、中の人のふるまい方や声優の喋り方で独自の「らしさ」を継続的にブランドにもたらしていくのかで、意味合いが異なります。中日ドラゴンズの「ドアラ」、熊本県PRマスコットの「くまモン」など、一貫した世界観を伝えられる役割を担うような設定までいけば、キャラクターが人格化されたシンボリック・パーソナリティに進化したことになります。

■図表4−11−4　ブランド・キャラクターとシンボル・パーソナリティ■

	マーケティング要素の強い初期設定されたコア・シンボルとしてのブランド・キャラクター	ブランドに継続的な貢献をする人格化されたシンボリック・パーソナリティ
意味	商品・サービスのコア・シンボルとして初期設定されたもの。商品価値の一部として存在	ブランディング活動で設定するもの。「らしさ」を継続的につくる要素として存在
典型的な例	・ペコちゃん（不二家） ・ガリガリ君（赤木乳業） ・激落ちくん（レック） ・ミライトワ(東京オリンピック)	・ハム係長（伊藤ハム） ・あきこちゃん（ローソン） ・ドアラ（中日ドラゴンズ） ・くまモン（熊本県PR）

■図表4−11−5　シンボル群のレベル違い■

シンボル群のレベル違い	レベル違いの意味	レベルごとの期待役割	コア・シンボルの主な要素や、ブランディング活動での例示など
コア・シンボル	商品・サービスが存在するための必須シンボル	交換活動のための「らしさ」マーケティング活動	ネーミング、ロゴデザイン、パッケージデザイン（商品）、マークデザイン（サービス） ケースごとに異なるもの 商品：スローガンなど、サービス：設備・内装・衣装デザインなど
一次元でのシンボル	シンボリック・ワード 独自の表現語	営業での「らしさ」ブランディング活動	たとえば、リフレーミングでの新セグメント名称 化粧品：オーガニック・スキンケア・クリーム スロースキンケア（自社商品セグメント）を提唱するファスト・スキンケア（大手企業ブランドなど）に対峙
二次元でのシンボル	シンボリック・モチーフ 独自の表現素材	画像素材での「らしさ」ブランディング活動	たとえば、製造現場からのモチーフ選定 楽器：アコースティック・ギター 近隣の里山や林を取り込む 室内であれば職人の手元・道具を借景として入れる
三次元でのシンボル	シンボリック・テクニック 独自の表現技法	動画・空間演出での「らしさ」ブランディング活動	たとえば、施設内の空間掲示物、配信動画の基準 スポーツクラブ：フィットネスクラブ 掲示物、お知らせ動画などは、スタッフが必ずどこかに登場し、常に身近な人が話しかけている形を優先する
多次元でのシンボル	シンボリック・パーソナリティ 独自の行動表現	ふるまいでの「らしさ」ブランディング活動	たとえば、相談時のコミュニケーション原則 漢方薬：漢方処方薬局 相談者への説明の際に、生薬のサンプルを触ってもらい（触感）、嗅いでもらって（嗅覚）、感想を処方に反映させる

■シンボル設計における参照指標

シンボル設計単体での参照指標はありません。ブランディング全体の活動から、シンボルが貢献した反響行動の部分だけを抜き出して計測・評価することと自体がむずかしいのです。

単位での評価ができないので、ブランド全体での評価からシンボル設計への参照指標を、逆算して考えるのがお勧めです。ブランディング活動の全体評価として、**第一再生記憶（TOM）**を参照指標として〈図表4—11—6〉に入れています。

これらの指標を用いて、最終的にブランドが頭の中のシード権を高く取っているかどうかを参照します。

■第一再生記憶（TOM）の計測の仕方

第一再生記憶（TOM）は、原理はシンプルなのですが、計測となると実務上はやっかいな指標です。理想は、ブランド認知のリサーチを実施して、スコアを取ればいいわけです。「カテゴリーXで、あなたの知っているブランドをすべて挙げてください」という質問で、最初に回答した自ブランドの数である割合（%）をスコア化します。

しかし、メガブランドならマスサーベイ（大規模調査）で第一再生記憶のスコアは取れますが、ニッチなブランドや、小さな規模で運営している商品・サービスではスコアにまで現われにくく、メガブランドより多くの数のアンケートで母数を増やす必要があります。しかしこのような調査は現実的ではありません。そこで、どうやって第一再生記憶（TOM）を類推するかの仮説を設定しておきます。

検索エンジンでのブランド検索数は直接ではないですが、間接的に第一再生記憶（TOM）の強さを類推できます。しかし、イベント、キャンペーンがある場合の増減など、全活動の中でも短期的なものに影響を受けるので、ブレは多々あります。よって、定期的にスコアを拾って、平準化して見ていきます。

また、ブランド名とブランド・ストーリーの中の独自の単語（シンボリック・ワード）とのセットでの検索数も把握します。ブランド名だけの動きに比べて、理解が深いと思われるワードとのセットとなるからです。

また、ブランドのサイトへの流入がブランド名での検索からきている場合は、ブランドの記憶がより何かを知りたいという誘因を持っているので、流入全体の中での構成比（%）も、より第一再生記憶（TOM）に近いと類推でき、ブランディング活動全体の参照になります。

■図表4−11−6　各参照指標の活動の仕方の例■

区分	新規獲得コスト（CPA）の参照指標 フィードバックの対象が評判設計	生涯累積貢献（LTV）の参照指標 フィードバックの対象が絆設計	第一再生記憶（TOM）の参照指標 フィードバックの対象がブランド全体
■化粧品 オーガニックスキンケア・クリーム ・ネット通販	新規での限定アメニティ購入者数 コラボ・ページの閲覧率	・サイト参加頻度 ・サイトへの記入内容評価 ・ブランド利用回数の相関関係	ブランド名での検索数を時系列で参照する （ⅰ）シンボリック・ワードとブランド名のセットの検索数 （ⅱ）カテゴリー名称とブランド名称のセットの検索数 （ⅲ）ブランド名でのサイト流入数と構成割合（%）
■楽器 アコースティック・ギター ・楽器販売店	新規サイト登録者 認知経路アンケートのスコア	・優先権への応募率 ・落札者らの感想	
■スポーツクラブ ・フィットネス ・FC店運営	新規会員申込者へのアンケートで認知率 動画配信接触数と新規申込数の相関	・稼働への貢献度 ・貸切利用のリピート率 ・貸切内容との相関関係	
■漢方薬 ・個別処方 煎じ薬タイプ ・直営店舗	事例ごとのハッシュタグへの検索数 新来店者アンケートでの事例紹介の認知	・ツアー参加人数 ・参加者の満足度アンケート	

4-12 〈フェーズⅢ：シンボル設計〉設計上の留意点

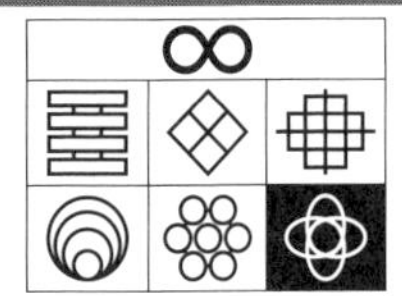

実務で迷いがちな点について解説

■どこまで規定するか？

シンボル設計は、どこまで規定するのが望ましいか迷うところです。一律に規定はありませんが、迷ったら、「**最初は全次元押さえるが、それぞれは少ないシンボルの規定数でスタートする**」のが手堅いといえます。

すでにでき上がっているブランドであれば、実際に、新たなシンボルと規定したものを現状を追加して伝える活動ができるかどうかはわかりません。ビジネス規模が大きいなら、現場への徹底を考えると、たくさんのシンボルを規定しても実装まではむずかしいでしょう。ですから、全次元のシンボルで１規定程度あればよいぐらいです。

新規のブランドの場合は、コア・シンボルの完成度次第です。マーケティング活動において「つくり込んでおく」「決めておく」シンボル群が多いのであれば、ブランディング活動は控えめにいきます。この逆であれば、ブランディング活動のシンボル設計で積極的に補完していきます。

同じカテゴリーでの他の既存ブランドのレベルまで、シンボル群を規定します。まずは、市場で対象者側からの比較する視点に耐えられるようにするためです。良い意味でのマーケティング業務への越境です。

■コア・シンボル策定と設計タイミングは一致できるか？

新規のブランド立ち上げの作業で、マーケティングにおいて必須のコア・シンボル（ネーミングやパッケージデザインなど）と、ブランディングでのシンボル設計は同時にするのが理想です。一貫性を保てるだけでなく、実務効率もいいからです。

しかし、マーケティングのコア・シンボルと、ブランディングのシンボル群の役割は、そもそも違います。その視点が混乱して、ブランディングにおいても競合視点が強めのシンボル群を選びたくなります。「カテゴリーで最もポピュラーなブランドに対して、自ブランドのシンボル群はこれでいこう」となって、競争から抜け出ようとする独自性ではなく、比較での優位性で独自性を追求してしまう現象です。

このような現象を防ぎ、「売れる」かどうかからいったん離れて、「売れ続ける」に思考を集中させるためには、別作業として単独でのシンボル設計を行うほうがいいでしょう。

■図表4−12−1　コア・シンボルとシンボル群の違い■

	統合されたシンボル設計	単独のシンボル設計
マーケティングのコア・シンボル	理想だが、準備の負荷が大きい	立ち上がりが早い、競合視点が強い
ブランディングのシンボル群		浸透は遅い、ブランド・ワールドの伝道力は高い

■どうやってワークの成果物をチェックするか？

シンボル設計のむずかしさは、感性を扱う部分が多分にある点です。主観的な要素が多くなれば、テストしてスコアの良し悪しで判断するような合理的な判断がむずかしくなります。

むしろ、メンバーの「これでブランドを推していきたい！」という提供者側の意志によって決断するほうが、個性が出たりします。とはいえ、「これは避けたほうが良さそうだ」というネガティブ・チェックはできます。以下は３点は、その典型的なものです。

①　規定内容が、他のブランドと差し変わっても成立してしまう。つまり、独自性の解像度が甘い

②　再現性にコストがかかる。実装するときに費用が嵩みそう

③　決め込みすぎて、バリエーションが少ない。具体的すぎて、長期的にはマンネリ感が出てしまい、ブランドの長期的な「らしさ」が生き生きしたものにならない

■シンボル設計と外部クリエイターの活用

絆設計・評判設計に比べると、シンボル設計はクリエイティブ度合いが高いため、文学的な語彙力、美的センス、ユーモア、デザインの知識など、

理性的な才能とは異なる能力が要求される部分があります。

とはいえ、あくまでもブランディングは企画と実装の仕事です。周囲を巻き込む、長期的にブレないようにマネジメントすることが仕事の根幹ですから、思考や論理を中心に組み立てます。このように、水と油を混ぜ合わせるようなスキルが求められるため、ワーク実施のメンバーとして、最初から外部クリエイターに参画してもらうことをお願いするという手もあります。

通常、コピーライターやデザイナーなどが行うクリイエイティブな仕事は、実装部分の具体的な成果物、商品・サービスのネーミング、広告のキャッチ・コピー、パッケージやサイト画面のデザインなどで、発注と納品で関係ができています。

それとは別に企画段階（ここではフレームワークを完成させるための討議参画の段階）で協働をお願いすることも考えましょう。これはこれで、協力してもらうと時給換算などで費用は発生しますが、シンボル設計などの討議が深まることは確かです。また、その後も同じ人物を起用する前提であれば、成果物へのオリエンテーションが自動的になされるという副次的なメリットもあります。

4-13 〈フェーズⅢ：シンボル設計〉シンボル設計の参照事例

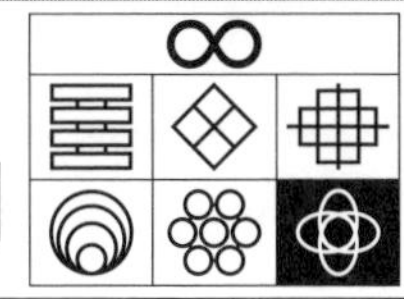

具体的な商品やサービスで考えてみる

■参照事例１：商品のシンボル設計

それでは、シンボル設計の参照事例を見ていきましょう。

ここでは、アイスクリーム「パルム」で、シンボル設計のワークを当てはめてみました。あくまでも「ブランディング・ファシリテーターである著者からの視点ではこう書く」という参照事例です。

アイスクリーム：「パルム」のシンボル設計

情報と体験シンボル化方針

派手さはないが、深みのあるシンプルさで「らしさ」を演出する

シンボル要素開発

キーワード：食感の言い回し

＝「はむっと」した感じ

第一再生記憶（TOM）の参照指標

子ども（10歳以上）のいるパルムを冷蔵庫に常備している家庭内で、「これからも買い続けたいアイスは？」の１番目の回答数と理由

■参照事例２：サービスのシンボル設計

次に、温泉旅館「界」で、シンボル設計のワークを当てはめてみたものです。

こちらも内容も著者視点で記入したもので、ワーク実施時の参照用です。大きな規模のブランドですから第一再生記憶（TOM）は直接リサーチできます。

温泉リゾート：「界」のシンボル設計

情報と体験シンボル化方針

地元でしかわからない情報の発信、常に飽きない伝統の体験

シンボル要素開発

キーワード：ご当地部屋、ご当地楽、日本旅会席

キーモチーフ：柔らかいモノトーン

キーテクニック：現代的な表現で演出された日本の伝統空間

第一再生記憶（TOM）の参照指標

温泉旅館連泊意向者全体での「界」ブランドの第一想起率

4-14 「差別化」と「差積化」の違い

ブランディングを長期的に考えるポイント

■差積化の原理

ここまで、ブランディング実務を「商品・サービス」に焦点を当ててフレームワークで解説しました。ここまでの大前提は、ブランディングは長期的な活動だという点です。

一般的に、商品やサービスは新たに登場する時点で、明らかな差別化ポイントを訴求します。価格訴求も、「あの商品とほぼ同じものが、この価格で」と違いを魅力としている点で、広義の差別化といえます。

差別化では、時間軸で考えると、競合の参入によって（「類似するフォロワー」「差別化を消しにかかってくるチャレンジャー」といった形で）、自ブランドの特徴が弱っていきます。この現象とは反対に、時間軸に沿って「真似されにくさ」が積み上がっていくように強まる動きが「**差積化**（させきか）」です。**差積化は差別化の対になる概念です。**

差別化と差積化は、どちらが優れているかどうかではなく、場に応じて優劣が変わるものです。「まずは、商品・サービスが市場で存在する」た

■図表4−14−1　「差別化」と「差積化」■

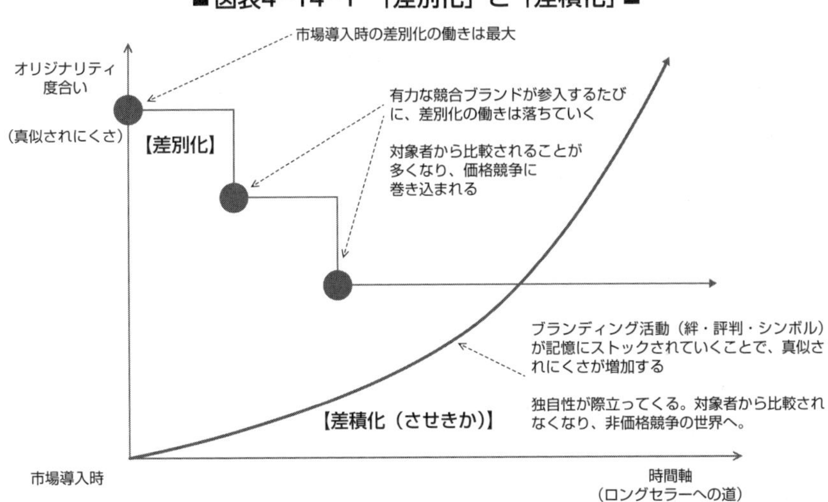

めには差別化が必要で、「商品・サービスが生き長らえる」ためには差積化していくほうがよいといえます。

「オリジナリティをロング・セラーに転換する方法」の1つが、ブランディング業務での差積化なのです。

■継続によって生まれる差積化

では、差積化について、商品が初期設定した競合との差別化という概念と対比させながら説明していきましょう。

差別化は、商品やサービスの他ブランドとの違いを強調して設計しておく考え方です。市場導入の準備段階で考えます。したがって、商品・サービスの市場導入時に、ブランドのオリジナリティの頂点があります。

その後、有力な競合ブランドが参入するたびに、商品・サービスは一般化します。対象者が感じる独自性は弱くなっていくので、他ブランドとの比較が増しますから「似たようなものだったら安いほうがいい」といったように、価格競争に巻き込まれていきます。

一方で、差積化は小さな活動だったものが継続することで、競合ブランドからの模倣がむずかしくなっていく過程を意味します。「真似されにくさ」

■図表4−14−2 「差積化」と「差別化」の違い一覧■

	差積化（させきか）	差別化（さべつか）
概念	徐々に競合と異なる部分が明確になって、競争から距離を置けるようになっていくこと	スタート時に競合と異なる競争優位な部分を明確にすること
ブランディング絆設計との親和性	既存の対象者との関係が増加していくことで、ますます新たな関係性を生む。差積化の親和性は高い	潜在的な対象者との関係を最初から設計に組み込むことがむずかしいので、差別化との親和性は低い
ブランディング評判設計との親和性	毎回、刺激の高いコンテンツを出す場合は親和性がない、しかし、ストック性が高いコンテンツは差積化に向いている	初期は、こちらが先手で新しい情報を打ち出せるので差別化しやすいが、コンテンツの鮮度は落ちていく
ブランディングシンボル設計との親和性	小さな規模で展開する場合は、鮮度を変えながらも一貫性が保てるので向いている	大きな規模で展開する場合は、初期伝達が重要なので、明確さがメディア効率を上げてくれる

というのは、競争関係から距離を置けることです。非価格競争につながるためのキーポイントです。また、投下するリソース（金と労力）が限られていても継続可能なので、小さなブランドに向いているといえます。

■差積化の３条件

差積化していくための条件として、以下の３つを挙げることができます。

①労力が減っていくこと

→活動すればするほど、社内の仕事が減る（簡単になる）か？

活気のあるコミュニティ・サイトなどは参加者自身が活力を与え、新たな参加者を生み出してくれるため、社員からの働きかけの仕事は減っていきます。ブランド・パートナーも、常連として居座るのではなく、コミュニティ・サイト運営をサポートしてくれる仲間になってくれたりします。

また、業務をルーティン化できることを目指しましょう。「既存利用者を先行して限定品の予約を受け付ける」などは、初期にプラットフォームができれば自動化が進み、定期的に限定品を準備すれば、どの社員でもできるようになります。

②競合が真似しにくくなること

→活動すればするほど、競合は模倣をあきらめるか？

ある一定人数を超えたコミュニティ・サイトなどは、参加者数の増加によって存在感がより高まることになり、ゼロからスタートする競合ブランドが模倣をあきらめてしまいます。

利用者からの新たな商品の利用法を公開する場を長く運用していくと、競合ブランドは、あえて同じものをつくるのは得策でないと判断し、真似しにくさが高まっていきます。

③鮮度が変わらないこと：

→活動を長く続けても、いつも新しさがキープできるか？

たとえば、コミュニティ・サイトの会員向けのアンケートの設問がユニークだと、読んで回答してみたいと思う会員が増えます。サイト内の体験談のコーナーでも、読み応えのあるものを書ける人に、新たなブランドにまつわる話を提供してもらうようにします。新たな人が新たなコンテンツを運んでくれるサイクルが鮮度を保ちます。

また、自社サイトでカテゴリーが持つ歴史や、基本的な商品スペックに関するちょっとアカデミックな原理解説などを入れてみましょう。10年後も誰かが必要とするテーマになっているものなら、いつも初めて見る人が存在し、有用なストック内容になるはずです。

「うち（当社）は差積化ができないな」と思ってしまうのは、マーケティング志向とブランディング志向の棲み分けができてない組織文化が存在しているからです。そもそも「売れる」ことに固執するのは悪いことではありません。それと同時に「売れ続けること」に意識を向けられる風土があるかどうかが、最も影響が大きいのです。

第5章

「企業」ブランディングへの拡張の仕方

5-1 「企業」ブランディングの前提

「B2B」「B2C」2つのブランディングの違い

■「企業」ブランディングの区分と扱い方

この章では、「企業」ブランディングでの実務をフレームワークに沿って解説します。前章までの「商品・サービス」ブランディングの原理とフレームワークを踏襲しながら、「企業」を対象に、ブランディングの拡張をしていきます。企業ブランドの扱いは大きく2方向あります。「市場環境の中で行う企業ブランディング」と、「社会環境の中で行う企業ブランディング」です。

前者の「市場環境の中のブランディング」は、市場の中で自ブランドである企業を想定して「売れ続ける」仕組みを考えることになります。ここでは、「企業」ブランドを「商品・サービス」ブランドと同じように扱います。代表的なものはB2B企業のブランディングです。B2B（Business to Business）は企業同士で取引を行うことを意味します。

後者の「社会環境の中のブランディング」は、社会活動の1つとして「企

■図表5−1−1 「企業」ブランディングの位置づけ■

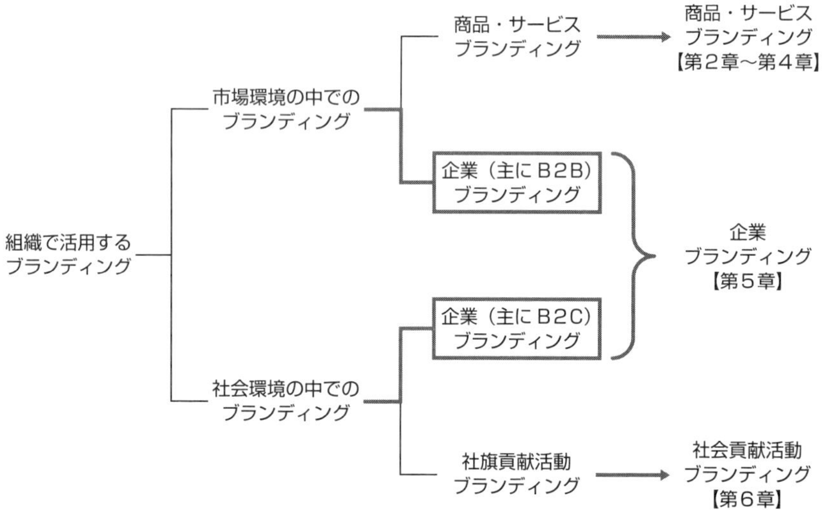

業」ブランドを扱います。このような企業ブランドは一般的には「**コーポレート・ブランド**」と呼ばれて、商品やサービスのブランドを束ねる上位概念になります。また、社会環境の中でのブランディングなので、利用者だけでなく、従業員、株主、協力会社などステークホルダー（利害関係者）もブランディング活動の対象となります。

B2C（Business to Customer）は企業と消費者の間の取引を意味します。企業は主に、商品やサービスで消費者と結びついていますので、B2Cのブランディングは、「商品・サービス」ブランディングが前提にあって、そこに社会環境の中での「企業」ブランディングが足されていく構造です。

■「B2B企業」ブランディングの枠組み

本書では、B2B企業を「企業」ブランディングの代表として解説します。

B2Bは、対象者が企業単位なので「誰が対象者か？」が実名・実録で特定でき、その分、利用対象の企業との関係（交換前の情報交換、交換後のサポートなど）がB2Cに比べて濃密なところがあります。また、活動範囲が多岐にわたっているのも特徴です。工場の備品も、社員食堂も、企業保険も、コンサルティングもB2Bです。**B2B企業は扱っている商品やサービスと企業存在が一体になっています。**

「B2B企業」ブランディングでは、「企業」と「商品・サービス」それぞれのブランドが重なった部分を、ブランディングの枠とするのが効率的です。これはブランド・パートナー企業が「新たな商品やサービスの調達を、優先的に自社から行うようになる」という視点でB2B企業ブランディングをするという意味です。

また、ブランディングの受け手である対象層に、利用企業（**フロント・ステージ**）だけでなく、提供側（自社）の**バック・ステージ**にいる協力企業が入ってくることにも注意が必要です。

B2Bビジネスでの新規の利用会社の流入は、B2Cのようにプロモーションによって獲得していくのはほんの一部です。多くはすでに利用している企業や、自社をよく知る協力関係にある会社からの紹介なのです。つまり、**自社の実態を知っている組織の推奨が、最も効率の良い新規顧客開拓**です。よって、利用企業層からも協力企業層からも情報拡散を想定できるブランディングが求められます。

同時に、B2B企業は、企業同士の長い付き合いがあれば、利用企業から新たな相談をされたり、協力企業から先端の技術やノウハウを先行して活用できる信頼関係がもたらされます。このような体験累積がビジネスに機会をもたらします。「B2B企業」ブランディングはそのための基盤づくりです。

■「B2C企業」ブランディングの枠組み

B2Cの企業ブランドは「商品・サービス」ブランディングを補完する関係にあります。利用者は、まずは「商品・サービス」の価値を選択するかどうかから入ります。ですから、あくまでも「商品・サービス」ブランディングが主体です。

ところが、**商品やサービスのブランドが確立すればするほど、引き上げられるようにして今度は企業ブランドが社会的な存在感を増やしていきます**。徐々にですが、「この商品をつくっている会社はどんな会社か？」「こういったサービスをしている企業は他にもこんなことをしてるんだ」といった接点を持つようになります。

■図表5-1-2 「商品・サービス」ブランディングと「企業」ブランディングの違い■

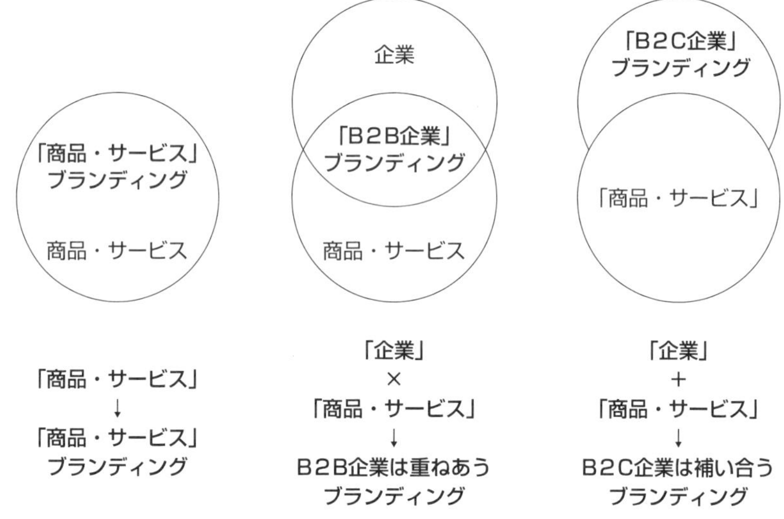

また、「商品・サービス」のブランディングとは異なり、「B2C企業ブランディング」は、ステークホルダーに特化したブランディングを行うものです。そのため、より経営理念に寄ったブランド・ストーリーになっていく特徴があります。

5-2 「B2B企業」ブランディングの特徴と留意点

対象が企業であるゆえに意識すべきこと

■「商品・サービス」ブランディングとの違い

「B2B企業」ブランディングのフレームワークでの項目は前章まで解説した「商品・サービス」と同じですが、内容的な違いもあります。①対象が企業になっている点、②反響行動を360度で想定する点、③実名で対象企業を考えていく点、④利用行動と分離度合いが大きい点——この4点が異なります。

① 対象が企業になっている

「対象が企業になる」ということは、ブランド選択を決定するのが相手先組織の中の複数の人物ということになります。ブランドが複数人の頭の中に存在するわけですから、自ブランド（B2B企業）への理解レベル、感情的態度、感性イメージはバラバラです。

もちろん、ブランド選択の意思決定者は決まっているのが普通でしょう。経営者かもしれませんし、担当責任者かもしれません。所属するカテゴリー特性（専門性がないとわからない、経営への影響が大きい、などの違い）や、金額の多寡もかかわってきます。共通していえるのは、**B2B企業ブランド選択の行動主体は単体で企業単位、理性・感情・感性の主体は複数で個人単位、となっている**ことです。

意思決定までの経緯を考えると、相手先自体が自社の経営視点で社内合意まで進むわけですから、**商品・サービス全般と比べると企業ブランドの選択には「理性的な影響」が優先します**。この部分はマーケティング活動の根幹です。相手先企業の中で、「Aを利用すると、我が社はこういうふうに変わっていきます。これを金額換算すると○○円の収益額に相当します」といった話の組み立て、メリットをスコア化する（詳しくは拙著『新版　マーケティングの基本』参照）などして、理性的な判断を促す要素を強化します。B2B企業の選択の行動、「試験的な利用（＝トライアル）」から「複数回の利用（＝リピート）」へ、そして、「単独での継続利用（＝ロイヤリティ）」に至る動きと、理性的な変化（認知——理解——納得）が強くつながっています。

では、マーケティングを補完する視点で考えると、B2B企業ブランディングはどのような活動を担うのが望ましいでしょうか？

具体的には、B2B企業の活動にも感情的変化（共感→愛着→信頼、90ページ参照）、感性的な変化（ユニーク→個性的→らしさ、98ページ参照）の要素を持ち込むことを検討します。「あのB2B企業と付き合うと良い情報が入ってくる感じがする」（自分たちの情報収集とブランド側の情報拡散が一致する納得感）、「あのB2B企業の主催するセミナーに行ってきた。あの会社って面白いね」（個人の体験累積が組織への「らしさ」共有となり、継続の裏づけを残す）などなど。マーケティングが「売れる」ことに焦点を当てているのとは別の次元で、B2B企業ブランディングでは、「売れ続ける」ための活動に焦点を当てます。

■図表5−2−1　B2B企業のマーケティングとブランディング■

区分	主な期待する変化	中心になるもの
B2B企業 マーケティング活動	理性的変化	メリットのスコア化によるブランド選択行動へのビジネス視点での働きかけ
B2B企業 ブランディング活動	感情的変化 感性的変化	経営理念視点での“志（こころざし）”への共感

② 反響行動を360度で想定する

B2B企業の提供する商品・サービスを利用する企業だけがB2Bブランディングの対象者ではありません。**自社を取り巻くすべての関係のある企業・組織・人に、ブランディングでの反響行動が期待できます**。自社に備品類を納品している会社からの新たなクライアントの紹介、自社が関係する最先端技術の公開研究サークルのメンバーからの紹介が発生する——これらは意図的かどうかにかかわらず、新規獲得コスト（CPA）の低下に貢献しています。また、長い付き合いのある協力会社から新しい技術を組み込んだB2B商品の開発依頼がくる、地域貢献の活動が目に止まって他の地域の行政担当者から活動とのセットで工場誘致の声がかかる、などは実売以外の形になる、生涯累積貢献（LTV）の向上です。

自社の商品やサービスを利用する組織に働きかけるフロント・ステージ側だけでなく、直接は利用していなくても協働関係があるバック・ステージ側に対しても、ブランディングの活動範囲になります。「360度」の意味は、B2B企業では自社を取り巻くすべてに対して、ブランディングを通じた反響行動があり得るということなのです。

③ 実名で対象企業を考えていく

ブランディングのワークを進めるとき、B2Bだと相手先の企業名がほとんど特定できます。これはB2Cでの実務ではできないアドバンテージです。お客さんの名前、企業プロファイル、自社ブランド利用の行動履歴などの情報が一元的に取れているということです（リサーチでは「**シングルパネル・データ**」と呼ばれるものです)。したがって、ワークを「ここには○○企業（実名）が当てはまるね」「もし○○企業（実名）が情報拡散してくれるとしたら、ウチは何を評判設計に入れるのかな？」など、「ウィズ・ネーム（with name)」で課題を討議できます。

ブランディング活動を考えるとき、特にブランド・パートナーのワークなどではリアリティが格段に高まりますし、同時に「新規の契約のうち、紹介があった件数は○件です」「○○企業（実名）は体験累積のためのイベントに参加してくれたから、感想を聞きに行こう！」など、ブランディングで参照指標になりうるリサーチ（実績）やサーチ（探求）も、現場と直結で具体的な動きができます。

④ 利用行動とブランディング活動の分離度合いが大きい

B2B企業では、利用企業との接触時間は長めです。事前の相談や、途中での調整、事後のフォローなども「商品・サービス」の中の一部になっていることが多いので、自社の窓口担当とは頻繁に、さまざまな情報交換のためにコンタクトを取ります。そうなると、あえて自社商品やサービスの利用場面の際のみにブランディング活動をしなくてもよくなります。**マーケティング活動とブランディング活動を分離させやすい状況**なのです。ブランディング活動のために独立したコミュニケーションや独自のコミュニティを持つことが可能です。これはブランディング活動を単独で評価レビューできることを意味します。効果に関しては、B2B企業ブランディングは、実績（新規獲得コストや生涯累積貢献）が把握しやすい特徴があります。

■「B2B企業」ブランディング・フレームワークの参照事例

「B2B企業」ブランディングの参照事例として、本書では「石坂産業」

を取り上げます。資源再生・産廃処理を主な活動としているB2B会社です。B2Cのような消費財を扱う企業に比べ、ややなじみが薄いので解説を加えますと、石坂産業は「ごみから資源を」を提唱し、企業などからの産業廃棄物をリサイクルへ、そして、リサイクルから環境再生へつなげる活動をしている、埼玉県に本拠地のある会社です。「ゼロ・ウェイスト・デザイン」(Zero Waste Design) を理念に掲げており、エコロジー志向の時流も含めてブランディングの参照に相応しいという考えから選定しました。

参照事例を見るときの留意点となりますが、繰り返しになりますが、このフレームワークに記入したものは企業が公開しているホームページなどを参考に著者が記入したものです。

■図表5−2−2　石坂産業のブランディング・フレームワーク例■

中心点	①コア・コンセプト	事業活動から発生する、さまざまな産業廃棄物を再資源化しながら、循環型社会をつくる	
観点	②価値観 〈ブランド・ストーリー〉 ・あらゆるごみを資源として循環させ、「ごみ」という概念そのものをなくす ・事業活動から発生する、様々な産業廃棄物処理のニーズへの対応だけでなく、循環型社会をつくるためのコンサルティングや製品販売までを行う ・減量化・再資源化率98%という、業界トップクラス水準の技術 ・廃棄物処理のあり方を変えて、全ての廃棄物を資源として捉えていく	③成長観 〈ブランド・パートナー〉 ・環境問題についての取組みに自社の方針を持っていて、具体的な活動を行なっている企業 ・経営方針に沿って、資源再利用の高度化を検討している企業に、石坂産業の産業廃棄物処理サービスを、紹介してくれる ・石坂産業の目指す「ごみという概念をなくす」に共創活動をしてくれる	④世界観 〈ブランド・ワールド〉 ・真剣さと優しさが両立 ・自然と美しく生きる、次の暮らしをつくる
設計	⑤評判設計 **情報拡散の方針** コラボレーションによる新たな情報発信の機会創出 **評判コンテンツ開発** 産官学連携やクリエイターとのコラボレーションにより「循環」をコンセプトにした、新しいライフスタイルを創造 **新規獲得コスト(CPA)の参照指標** ・産業廃棄物処理サービスの新規利用が新規利用企業が資源再利用活動の普及に興味があるとアンケートに回答した数	⑥絆設計 **体験累積の方針** 環境教育による啓蒙活動で体験累積を増やす **絆ネットワーク開発** ・リサイクル現場からの環境教育 ・里山再生からの環境教育 **生涯累積貢献(LTV)の参照指標** ・石坂産業の環境教育を組織教育の一環として、定期的に利用する企業数	⑦シンボル設計 **情報と体験シンボル化方針** 循環をデザインする **シンボル要素開発** ・シンボリック・ワード 「ゼロ・ウェイスト・デザイン」 ・シンボリック・モチーフ 里山、オーガニック・ファーム 環境教育フィールド **第一再生記憶 (TOM) の参照指標** スローガン「ゼロ・ウエイスト・デザイン(Zero Waste Design」の検索数

※ホームページなど公開資料を元に著者の類推にて策定

5-3 「B2B企業」ブランディング〈フェーズⅠ〉中心点

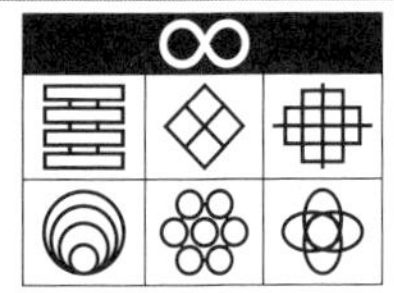

コア・コンセプトの設定

■コア・コンセプトのワーク

「B2B企業」ブランディングのフェーズⅠです。ワークのスタートであり、中心点になります。

B2B企業でもコア・コンセプトの設定からスタートします。ブランディングは、事業の主力ビジネスを言語化するところから始まります。ここは「商品・サービス」と共通で変わりがありません。

コア・コンセプトの言語化は、企業が提供するB2B商品・サービスの前提にある矛盾解決を明文化していくことです。何気なく当たり前と思っていることも、言葉に置き換えることで、ブランドの中心が見えてきます。原理は、２―３のもの（57ページ参照）を再掲します。

・Ａという選択→Ａから得られる満足→Ａが引き起こす不満
・Ｂという選択→Ｂから得られる満足→Ｂが引き起こす不満
・Ａという選択＝Ｂが引き起こす不満の解消
・Ｂという選択＝Ａが引き起こす不満の解消
・コア・コンセプト＝ＡとＢの両方が引き起こす不満を同時に解消する独自のB2B企業活動

■B2B企業活動のコア・コンセプトの策定事例

参照事例の「石坂産業」で当てはめてコア・コンセプトを作成してみましょう（図表５―３―１を参照）。

・事業活動のスケールが大きくなると、廃棄物も多く出る
→事業活動に支障が出ないように処理していく
→事業規模が大きくなると、よりサステナビリティへの貢献を世間から求められるようになる

・もし、廃棄物を再資源化できればサステナビリティにつながる

→再資源化には高度な廃棄物の処理の専門性が必要になる
→再資源化を自社で行うには投資がかかるので、事業自体の収益をもっと上げる必要が出てくる

・再資源化を自社で行うには投資がかかるので、事業自体の収益をもっと上げる必要が出てくる
→もっと事業活動のスケールをアップさせる

・事業規模が大きくなると、よりサステナビリティに貢献することを世間から求められる
→廃棄物を再資源化できればサステナビリティにつながる

「石坂産業」ブランドのコア・コンセプトの例

事業活動から発生する、さまざまな産業廃棄物を再資源化しながら、循環型社会をつくる

■図表5-3-1 「石坂産業」のコア・コンセプト設定のワークの例■

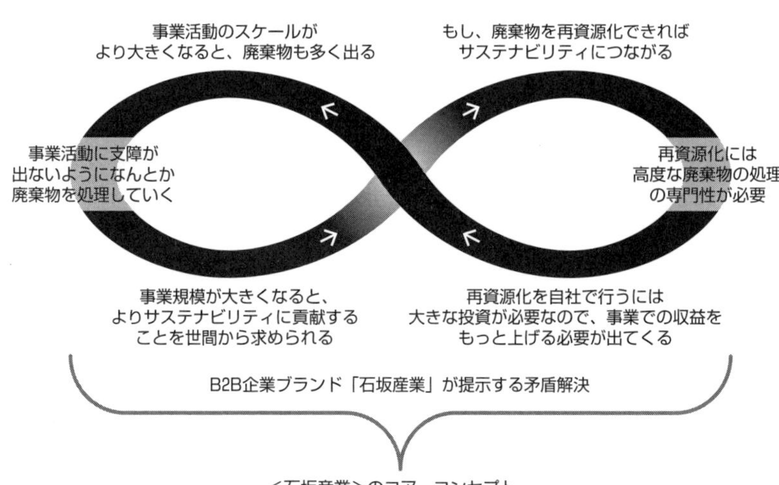

このようにコア・コンセプトを策定してみると、石坂産業が「クライアント企業からの廃棄物を資源再生をつなげる仕組みを提供するB2Bビジネスを提供している」ことが明瞭になります。廃棄物を再資源化する循環社会のメリットが、相手の企業にもわかるようになっています。

5-4 「B2B企業」ブランディング〈フェーズⅡ〉価値観

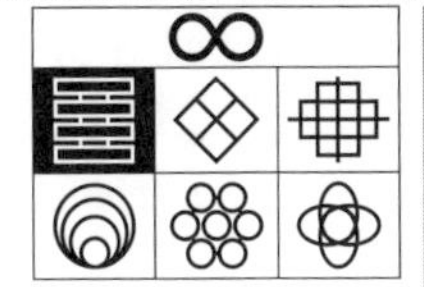

ブランド・ストーリーの設定

■B2B企業でのブランド・ストーリーの概要

B2B企業ブランディングのフェーズⅡです。価値観——成長観——世界観の順でワークの解説をします。

まずは価値観を設定します。〈フェーズⅠ〉で明文化されたコア・コンセプトを土台にブランド・ストーリーのフレームワークを行います。**言語化された「価値」を、物語化された「価値観」に変換する作業**です。

ワークの構造は「商品・サービス」ブランディングと同じ4ボックス（67ページ参照）ですが、「対象者」→「対象企業」、「生活」→「社会環境」に差し変わります。作業順は「提供企業の志」→「提供企業のシーズ」→「対象企業のニーズ」→「対象企業の社会環境」が書きやすいでしょう。

■図表5−4−1　「B2B企業」のブランド・ストーリーのワーク■

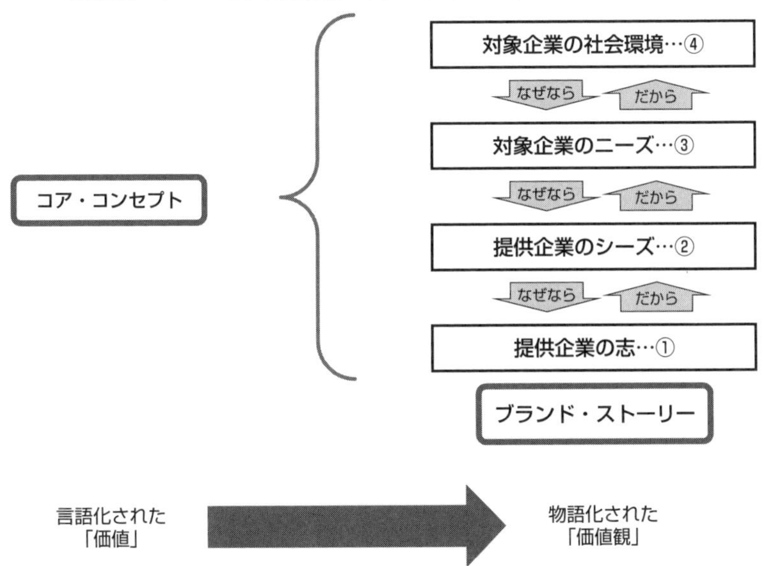

① 提供企業の志

自社のコア・コンセプトには「世に出す！」というパワーがこもっています。まさに、自社の存在する意図がそこにあります。これが“志”に該当します。このように少し観念的なところがありますので、書くのに困ったら、コア・コンセプトで書いた文章をそのまま入れて、最後に「○○という志」というワンフレーズで結んでください。

参照事例の「石坂産業」であれば、ブランド・ストーリーにおける提供企業の志は「廃棄物処理のあり方を変えて、すべての廃棄物を資源として捉えていく『ゼロ・ウェイスト・デザイン（Zero Waste Design)』という志」になります。

② 提供企業のシーズ

企業が提供している商品やサービスには独自の技術、ノウハウ、原料、設備、文化が使われています。これらがシーズ（種）です。ブランド・ストーリーでは、より具体的でより納得感のある形でシーズを語ります。

正確に書こうとするとむずかしさが出てきます。提供者しか知らない単語が多く登場するからです。かといって、わかりやすくすると曖昧な言い回しになって納得感が伝わりません。まずは複数案を仮置きして、ワークの最後に、全体のストーリーで見た納得感でどの案を選ぶかを考えるのが早道です。また、自社シーズは経年によって変化します。「5年前は独自といえたけど、今はどうかな？」といったケースもありますから、都度見直す必要があります。

参照事例の「石坂産業」の場合、ブランド・ストーリーにおける提供企業シーズの項目は「減量化・再資源化率98％という、業界トップクラス水準の技術」としています。数字や業界トップクラスという言葉を用いることで専門性の高そうな用語を避けながら、シーズの説明ができます。

③ 対象企業のニーズ

利用する側の企業のニーズの満たし方を膨らませます。提供企業のシーズと対象企業のニーズがセットになって商品・サービスができていますから、主力の商品・サービスを端的に相手企業に説明するフレーズが入ります。

参照事例の「石坂産業」の場合、ブランド・ストーリーにおける対象企業のニーズとして、「事業活動から発生する、さまざまな産業廃棄物のニーズへの対応だけでなく、循環型社会をつくるためのコンサルティングや製品販売までを行います」という文章にしています。

④ 対象企業の社会環境

自社が提供する商品やサービスは、相手企業の未来像にも影響します。それは最終的に社会環境を変えることになります。変化の大小にかかわりなく、相手企業・自社企業も含めた実現したい新しい社会です。ここには、「それが普段の世界になったらどうなるのか？」という未来の「像」が入ります。

参照事例の「石坂産業」におけるブランド・ストーリーの場合、「あらゆるごみを資源として循環させ、『ごみ』という概念そのものをなくす」というのが該当するでしょう。ちなみに、この「『ごみ』という概念をなくす」は端的で、独自性のある理想の社会環境を、誰にも伝わる形で表しています。

■図表5−4−2　B2B企業のブランド・ストーリーのワークの例■

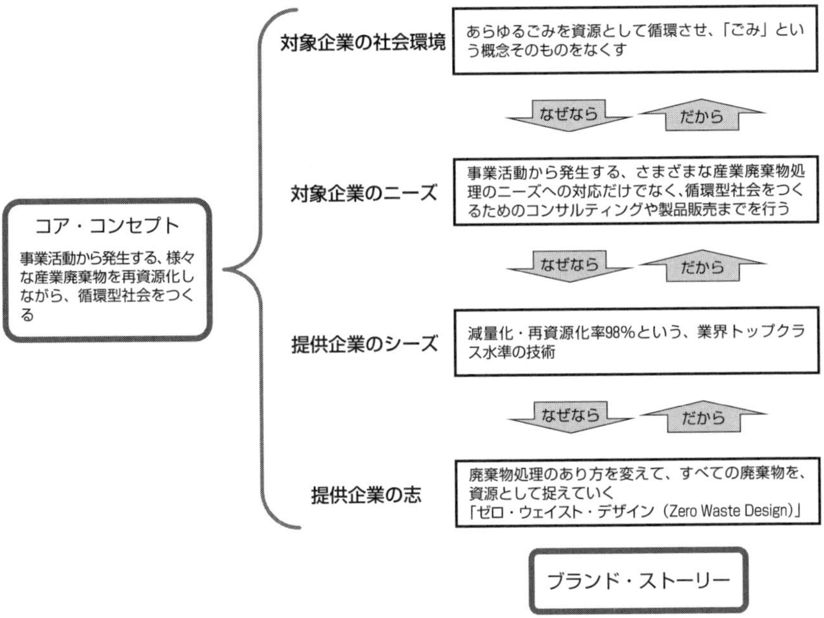

コア・コンセプト
事業活動から発生する、様々な産業廃棄物を再資源化しながら、循環型社会をつくる

対象企業の社会環境	あらゆるごみを資源として循環させ、「ごみ」という概念そのものをなくす
	なぜなら↓　だから↑
対象企業のニーズ	事業活動から発生する、さまざまな産業廃棄物処理のニーズへの対応だけでなく、循環型社会をつくるためのコンサルティングや製品販売までを行う
	なぜなら↓　だから↑
提供企業のシーズ	減量化・再資源化率98%という、業界トップクラス水準の技術
	なぜなら↓　だから↑
提供企業の志	廃棄物処理のあり方を変えて、すべての廃棄物を、資源として捉えていく 「ゼロ・ウェイスト・デザイン（Zero Waste Design）」

ブランド・ストーリー

■ブランド・ストーリーを1つにまとめる

4ボックスを並べて、1つの物語を組み立てます。接頭語や語尾を調整してみると、人に語れる、聞かせたくなる話になります

B2B資源再生：石坂産業のブランド・ストーリーの例

廃棄物処理のあり方を変えて、すべての廃棄物を、資源として捉えていく「ゼロ・ウェイスト・デザイン（Zero Waste Design）を提唱します。そのために、減量化・再資源化率98％という、業界トップクラス水準の技術を実現させているのです。ですから、事業活動から発生する、さまざまな産業廃棄物処理のニーズへの対応だけでなく、循環型社会をつくるためのコンサルティングや製品販売までを行うことができるのです。そして、あらゆるごみを資源として循環させ、「ごみ」という概念そのものをなくすことを理想としています。

■ワークの進め方

大まかには「商品・サービス」でのワーク進行（76ページ参照）と同じです。ここでは、「商品・サービス」でのワークと異なる部分を中心に解説します。

①「案」：コア・コンセプトを起点に、メンバーの案を出すステップ

コア・コンセプトから「提供者の志」を起点にして、各メンバーが残りの3つのボックスに案を数多く出します。「企業」ブランディングの場合は、"志"が経営理念に書かれているケースが多いので、そこから流用するのがいいでしょう。最近では、組織経営におけるパーパス（Purpose）という表現（249ページ参照）で、"志"が言語化されてきています。

②「線」：つながっているように見えるものに線を引くステップ

つながっているように見えるものに線を引くステップです。全体を眺めて「これとこれはつながっていくことで、うまく説明できそう」という感覚から線を引きます。最終的には1つに収束させるので、何本あっても問題ありません。

③「本線」：最も納得感のある線を絞り込むステップ

ブランド・ストーリーの本線を選びます。必ず**4ボックスを1カ所で通過している**のが条件になります。「誰かに伝えたくなる（情報拡散の可能性）」「もっと聞きたくなる（体験累積の可能性）」を基準にします。

④「試打」：本線の案をブラッシュアップさせるステップ

本線案を既存のクライアントに聞いてもらいます。「商品・サービス」ブランディングのワークにはない項目です。B2B企業であることの特徴を最大限に生かしましょう。**現時点での優良クライアント（ブランド・パートナー候補企業）と思っている企業にヒアリングに行きます。**「ちょっと、自社のブランディングのワークをしていて、ストーリー候補をつくってみましたので、よろしければ感想を聞かせてもらえませんか？」などと、業務の合間に自社担当者が相手企業の担当者（ブランド選択の決定権のある人ほど望ましい）に立ち話や雑談で尋ねます。意外な反応や表現の過不足などへの気づきが得られるでしょう。そのような情報を元に、案をブラッシュアップさせます。

■図表5−4−3　B2B企業のブランド・ストーリーの絞り方■

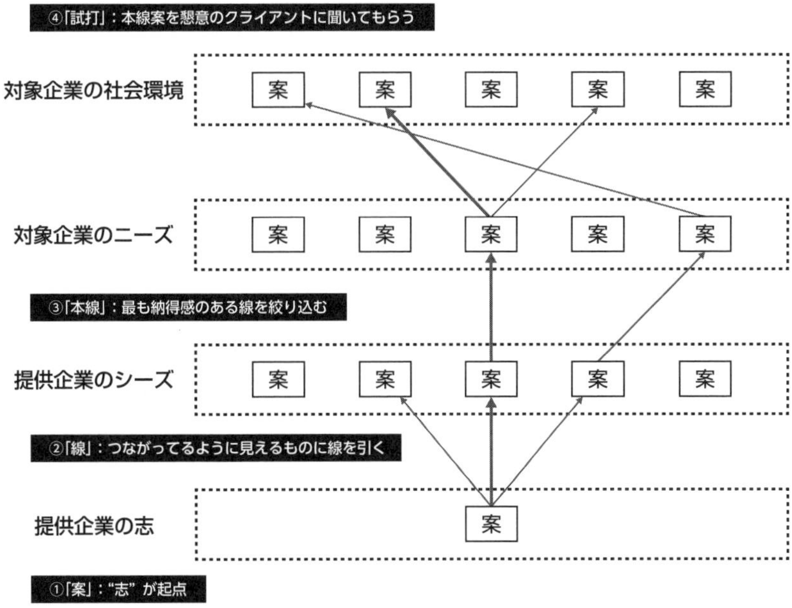

5-5 「B2B企業」ブランディング〈フェーズⅡ〉成長観

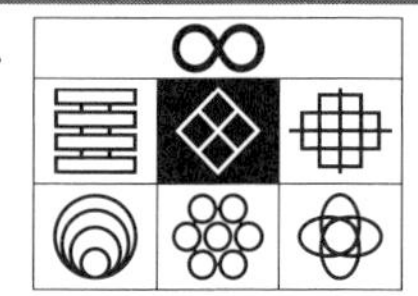

ブランド・パートナーの設定

■ブランド・パートナーのワーク概要

成長観を策定するため、ブランド・パートナーのフレームワークを作成します。ここでも第３章の「商品・サービス」ブランディングでのブランド・パートナーのフレームワーク（３—４、80ページ参照）と異なる部分を中心に説明します。B2B企業の特質を反映したいのは以下の項目です。

360度の視点でパートナー企業を考える

パートナー企業は、**利用企業だけでなく協力企業や関係のある学術団体、自治体、非営利活動組織まで広げて考えます**。なぜなら、すべてが反響行動先となって紹介が起きて新規獲得コスト（CPA）が下がったり、長いお付き合いが生まれて生涯累積貢献（LTV）が上がったりしていくからです。そのため、ブランド・パートナーを規定するときは、多様な組織形態に対して、意味が通じるようにしておきます。本書では、自社の商品やサービスを利用する側にいる対象をフロント・ステージ側の企業、自社の商品やサービスを提供するのに協力する側をバック・ステージ側の企業（外部組織全般を含む）と区分けします。

実名で想定してパートナー企業を考える

利用している企業に関してはプロファイルがわかっているので、**ペルソナ（94ページ参照）の代わりに実名企業でイメージ共有できるようになります**。ブランド・パートナーのボックス（81ページ、図表３—４—１参照）すべてにモデル企業を設定します。「たとえばX社がここに該当する」という参照情報になります。ただし、あまりに具体的であってもリアルすぎるので、モデル企業は各ボックスに２社以上入れるのがお勧めです。対象企業数にもよりますが、継続利用をしている全取引先をボックスごとにグルーピングすることもできます。

■図表5-5-1 「B2B企業」のブランド・パートナーのワークの留意点■

	ブランド・パートナーのフレームワークでの意味	ワーク上の留意点
対象企業が360度	利用企業だけでなく協力企業や関係のある学術団体、自治体、非営利活動組織、すべてが反響行動先となる	ブランド・パートナーをフロント・バックの両ステージごとに設定する
対象企業を実名で想定	利用企業に関してはプロファイルがわかっているので、ペルソナの代わりに実名企業でイメージ共有できるようにする	フレームワークのボックスすべてにモデル企業を設定する。「たとえばX社がここに該当する」といった照情報として使う

■B2Bブランド・パートナーのワークの参照事例

「石坂産業」で、ブランドパートナーのワークを当てはめてみましょう。すでに前項でブランド・ストーリーに沿ったブランディング活動が行いましたので、それを前提にしています。

① ブランド存在貢献行動（＝量的なエントリー条件）

・**フロントステージ側**……石坂産業の産業廃棄物処理サービスを複数年利用している企業（または組織）
・**バック・ステージ側**……石坂産業との業務協力の関係が複数年ある企業（または組織）

② ブランド・リテラシー（＝質的なエントリー条件）

環境問題についての取組みに方針を持っていて、具体的な活動を公開している企業（または組織）

③ ブランド評判貢献行動（＝新規獲得コストにつながる反響行動）

経営方針に環境問題への取組みを掲げており、その実活動として資源再利用活動を検討している企業に、石坂産業の産業廃棄物処理サービスを紹介してくれる企業（または組織）

④ ブランド絆貢献行動（＝生涯累積貢献につながる反響行動）

石坂産業の目指す「ごみという概念をなくす」に、なんらかの形で一緒

■図表5−5−2　「石坂産業」のブランド・パートナー像の例■

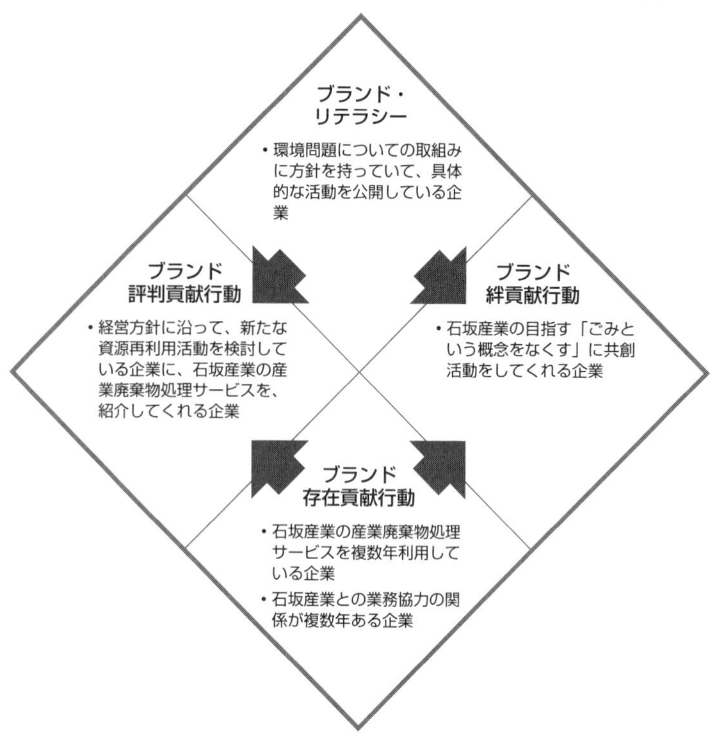

に共創活動をしてくれる企業（または組織）

■ワークの進め方

B2B企業のブランド・パートナーのB2Bブランディングにおける、ブランド・パートナー策定のワークの概要は以下のようになります。

①ブランド存在貢献行動を設定する

すでにあるB2Bブランドであれば、フロント・ステージ側とバック・ステージ側の両方から、存在貢献してくれているといえそうな企業や組織の実名リストを作成します。

まずは、量的な基準です。自社との年間の取引頻度、年間取引額の高さ、取引継続年数などが考えられます。共通の「ブランド・パートナーと呼べるための取引最低基準」を、利用企業群（フロント・ステージ側）と協力関係企業群（バック・ステージ側）それぞれに設定します。

②ブランド・リテラシーを設定する

企業単位でのブランド・リテラシーはどう設定すればいいでしょうか？大きくは2つの条件をクリアしている企業や組織ということになります。

• 業界での専門性に関するブランド・リテラシー

自社の商品やサービスに関して、利用側にもかかわらず高度な専門知識や理解があるかどうかです。簡単にいうと「目利きの力」のある組織です。こちらの業界への知見が高いのは、自社の商品・サービスのカテゴリーや、ブランド選択の的確な説明力高いだろう、という見立てです。

• 対象企業の“志”に関するブランド・リテラシー

もう1つ重要になるのは、お互いの“志”に共感し合える企業や組織なのかです。ここでは立場が逆転します。提供企業でありながら「相手企業の“志”に共感できそうか？」を基準にするのです。つまり、こちらも相手にとって共感できるブランド・パートナーになる可能性があるということです。そのためには相手企業も自分たちの“志”を表明する必要があり、相手企業の視点からのブランド・リテラシーが問われます。相手企業が表明している“志”に対して、「自社は相手先のブランド・パートナーとなって、その企業や組織の評判貢献・絆貢献にかかわっていきたいか？」といった質問を考えます。

③ブランド評判貢献行動を設定する

B2B企業で評判貢献行動を設定する際には、「理想の紹介のされ方」を考えます。最も理想的な評判に関する反響行動は、自ブランドの推奨です。ただ、自発的にお勧めすることは稀ですから、むしろ、周囲の関係のある企業や組織からの「○○についてなのだけど、もし良いB2B商品・サービスがあったら教えてくれませんか？」という問い合わせがある背景と、そこでの紹介内容が「○○なら、△△という理由で、我が社でも使っているX（＝自ブランド）がいいと思いますよ」となるような流れが起きる背景を考えます。

④ ブランド絆貢献行動を設定する

長いお付き合いはビジネスにおいてはどの相手でも歓迎すべきですが、ブランド・パートナーとなるとちょっと視点が変わります。ブランディング業務の経験上、B2Bブランディングのブランド・パートナーにおいて、最も要（かなめ）になるのは相手企業自体が掲げている“志”であり、その本気度です。

ここでも立場を逆転させて考えて、提供企業（自社）でありながら「相手企業（利用先）の“志”に共感できそうか？」を基準にするのです。相手企業のブランディング（意図してるかどうかは別にして）に対して、「自社は相手先のブランド・パートナーとなって、その企業や組織の評判貢献・絆貢献にかかわっていきたいか？」を、具体的な実名の企業で考えると、長く付き合える関係を定義しやすくなります。

「この会社との関係を考えてみると、お互いの“志”を元にした新しい共同プロジェクトができるかな？」「自社のホームページで語ってもらえるような関係を目指したいな」などリアルな状況を想定すると、新しい関係づくりの方向性が見えてきます。

⑤ ペルソナの扱い方

可能であれば、企業内でのイメージ共有のために、モデル企業名・団体名をフロント・ステージ側、バック・ステージ側ともに、複数社を実名で設定します。

複数にするのは、視点をより一般化できることにより、「この会社＝ブランド・パートナー」と１つに設定した場合の決め込み感をできるだけ避けて、「こんな感じの会社」という、やや抽象化した意味合いにするためです。「商品・サービス」ブランディングで行うペルソナの代替です（むしろ、ペルソナが実名モデルの代替ともいえます）。

5-6 「B2B企業」ブランディング〈フェーズⅡ〉世界観

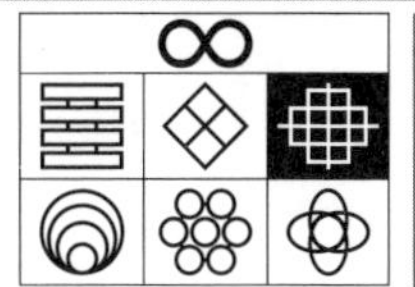

ブランド・ワールドの設定

■B2B企業ブランドの世界観を組み立てる

企業ブランドの世界観を策定します。B2B企業はB2C企業に比べると、ブランディングの世界観の策定が最も苦手な部分でしょう。「らしさ」によってブランド想起を高めるビジネスになってない企業が多いからです。

B2B企業ブランディングでの実務を進める上での特徴は、マーケティング活動とブランディング活動を分離した活動にできる点です。そのためブランディング活動の目的である、評判設計による情報拡散の機会と、絆設計による体験累積の機会を、それぞれ（ときには一体で）オンライン・オフラインで持つことができます。実はブランディング活動の場をコントロールしやすいのがB2B企業なのです。

ブランディング活動は短期の活動ではなく、長期的で継続していくことが前提ですから、活動すればするほど自動的に「らしさ」が生まれます。事前に、相手企業の人の頭の中では「私たちはどんな立ち姿の企業なのか？」を想定してみることが大切です。ブランド・ワールドはそのための手法です。

■ワークの原理と参照事例

B2B企業のブランド・ワールドのワークの原理を解説します。基本となる手法は「商品・サービス」ブランディングの箇所（3—8～3—11）を参照してください。コラージュ手法なども十分適用できます。

ここでは経験上、ブランディングに不慣れなB2B企業でも「まずは、やってみること」に焦点を当てて、可能な限り少ないワーク量で行うための手法を紹介します。ワークの大きな流れは2つ。まず①可視化して、次に②言語化していきます。

■図表5−6−1　自社を世界観マップに位置づける■

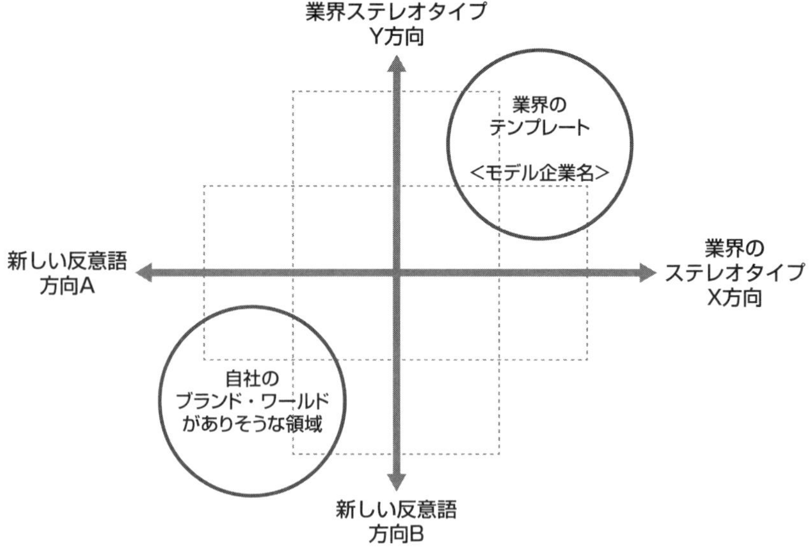

① 可視化：業界と自社のブランド・ワールド

一般の人にとって、B2B企業のイメージは、属する業界のイメージと強く結びついています。つまり、企業のことを実はよく知らないで、勝手に「こうだろう」と、業界のイメージを元に決めてしまっているのです。そのため、その業界の中のB2B企業は、一般の人が持つ業界のイメージに関するステレオタイプを考え、その上で、「世間的に定着してしまっているよくないイメージを消そうとする」傾向があります。

参照事例として、石坂産業の所属する資源再生・産業廃棄処理の業界で世界観マップを描いてみます。資源再生のベースは廃棄物処理です。B2B企業群ではどのカテゴリーも専門性を強調するので、必然的に理性的なニュアンスでの情報発信になっていきます。そうなると、この反対には情緒的な姿を「らしさ」にできそうな空きスペースがあります。

また、B2B系のサービスは、取引前提の関心で接触（サイトへの訪問、営業への問い合わせ、資料の請求など）するのが主体なので、これも自動的に業界側からのビジネス解説が中心となります。

その分、資源再生や産業廃棄物処理が人々の生活にどう影響があるのかという視点は弱まりますから、生活寄りの世界で「らしさ」が伝わるなら、

■図表5-6-2 石坂産業の世界観マップの例■

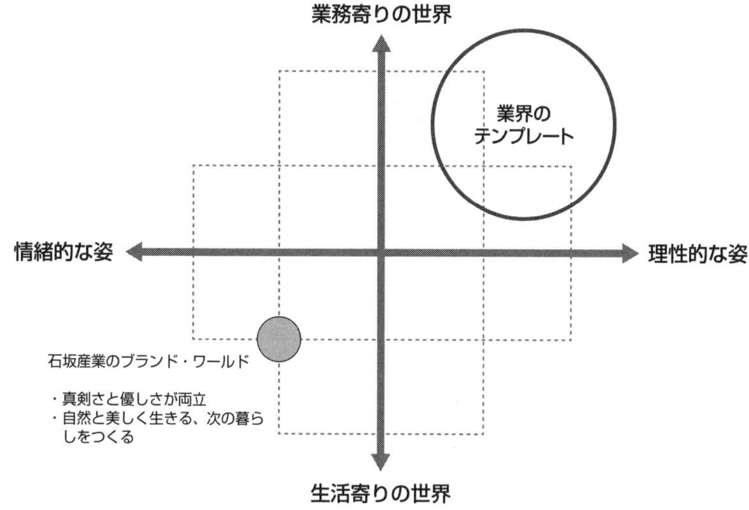

これも相対的に新鮮に見えます。

② 言語化：自社のブランド・ワールドを言葉で絞り込む

次に、提示されたスタンダードに対する、オルタナティブ（代替可能）な要素を考えます。ここではアイデアが必要です。

参考事例でプロットすると、生活寄りの世界で情緒的な姿が伝わるような世界観でブランド・ワールドを組み立てる、という設定になるでしょう。ここでは「真剣さと優しさが両立」と「自然と美しく生きる、次の暮らしをつくる」としています。

多くのB2B企業はブランド・ワールド策定の実績もなく、根拠も弱いのが普通です。ワークメンバーだけでブランド・ワールドを「これだ！」と決めていくのも不安ですし、言葉づかいの限界もあります。ブランド・ワールドの表現に迷ったときは、次のように自問をするのも有効です。

「私が、ホームページのトップページに載せる１枚の写真を選ぶなら、どんな感じだろう？」「私が、動画で企業紹介するなら、どんな場面で撮影するだろうか？」

このように、主語を私（自分）にして、「このブランド・ワールドに従ったら……」と仮定して、具体的な展開をイメージしてみるのです。その上で、「なんでそう思ったのかな？」と考え直して、言葉を紡ぎ出してみるやり方です。

「石坂産業」のブランド・ワールドの例

真剣さと優しさが両立した世界
自然と美しく生きる、次の暮らしをつくる

※参照用に公開情報から著者が類推したもの

5-7 「B2B企業」ブランディング〈フェーズⅢ〉評判設計

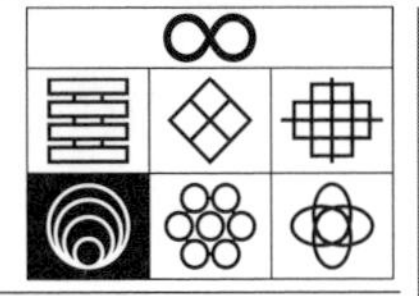

反響行動は360度に存在する

■評判設計の見取り図

「B2B企業」ブランディングの設計についても、評判設計——絆設計——シンボル設計の順に解説します。まずは評判設計からです。

B2B企業評の判設計の手法は「商品・サービス」ブランディングと同じですが、B2Bでは反響企業が360度に存在する点が最も大きな違いになります。**周囲の企業はすべて自社の評判を伝えてくれる存在だと考えます。**評判設計で考える情報拡散は、ビジネス利用の対象企業側（フロント・ステージ側）だけでなく、ビジネスを成り立たせてくれている協力企業側（バック・ステージ側）も視野に入れて検討しましょう。

フロント・ステージ側の情報拡散

自社から対象企業（すでに自社を利用している会社）を経由して、評判が新規の対象企業に伝わっていきます。その結果として、新規獲得コスト（CPA）の低減に貢献してくれる流れです。

バック・ステージ側の情報拡散

自社とすでに協力関係にある企業や組織も存在します。仕入れ先企業、メンテナンスを担う企業、研究開発をサポートしてくれる組織、などです。これらの企業などから、自ブランドの評判が情報拡散することも期待できます。その結果として、新規獲得コスト（CPA）の低減に貢献してくれる流れです。

B2B企業の評判設計のむずかしさは、「商品・サービス」ブランディングのように小回りが効かない点にあります。小さい情報でもユニークなものであればバズっていくようなことは、まず起きません。そもそも世間の誰も、B2B企業というあまりなじみのない存在からユニークな情報が発信されるとも思っていません。多くの商品やサービスから多様な情報発信がされている中に巻き込まれるような情報コンテンツは、B2B企業の場合は

■図表5−7−1　B2B企業の評判設計の見取り図■

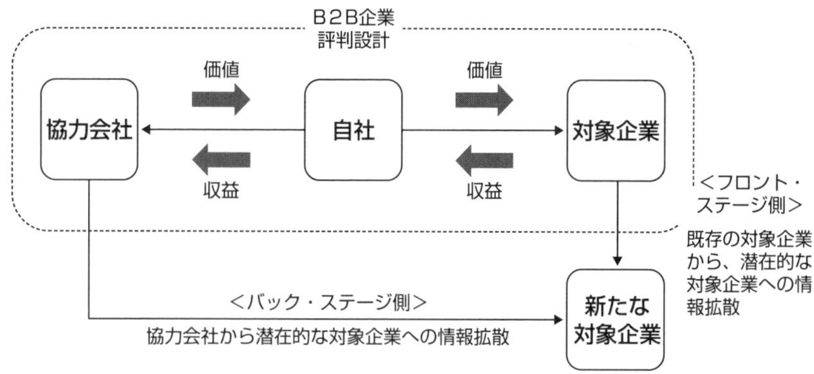

拡散しにくいでしょう。

したがって、ここで焦点を当てたいのは、**情報コンテンツを長く評判につなげるような視点**です。評判設計自体が1つの情報発信のプラットフォームをつくるプロジェクトになっているのが理想です。反響行動に時間的なばらつきがあっても、また新規対象者の関心にばらつきがあっても、吸収できるような形式です。

「A社は、こんな活動をしているらしいですね。詳しく聞きたいです」「ええ、大丈夫です、今もやっていますから、ぜひ話を聞きにきてください」ぐらいの、自然に対話場面がセッティングできるような評判コンテンツの開発を目指します。当然ながら、手間がかかります。これは経営のリソースを長く投下（可能な限り少ない予算だとしても）する必要があるので、ブランド・ストーリーとの整合性は必須です。

■評判設計の要素

評判設計のフレームワークの3要素です。内容は「商品・サービス」ブランディング（121ページ参照）と同じですが、企業単位なので実名が特定でき、かつ、参照指標のためのヒアリングが実施しやすい点が特徴です。

① 情報拡散の方針

ブランド・ストーリーから、テーマを決めます。

② 評判コンテンツの開発

具体的な展開案です。ブランディングのフレームワークの主目的です。

③ 新規獲得コスト（CPA）の参照指標

「B2B企業」ブランディングでは、対象となる企業と直接コンタクトを取れるので、「どこで弊社を知りましたか？」という認知経路を聞き出すくことができます。もし可能なら、認知経路が紹介からの場合と、そうでない場合で、商談成立までの行程数（打ち合わせなどのやり取りのステップ数）がどう違うかをチェックしておきましょう。評判貢献行動における新規獲得コスト（CPA）がどのくらいの費用換算かという参照数字を出す際の根拠にもなります。

■評判設計のテーマ

ワークのための入口となるように、主要なテーマを紹介します。繰り返しますが、企業ごとに独自の評判の原石があります。すでに書籍やWebに書かれたような先行事例のコピーでは、誰もわざわざ情報拡散してくれません。あくまでも、ワーク用としてわかりやすさ優先で解説しています

■図表5−7−2　B2B企業のブランド・ストーリーのボックス■

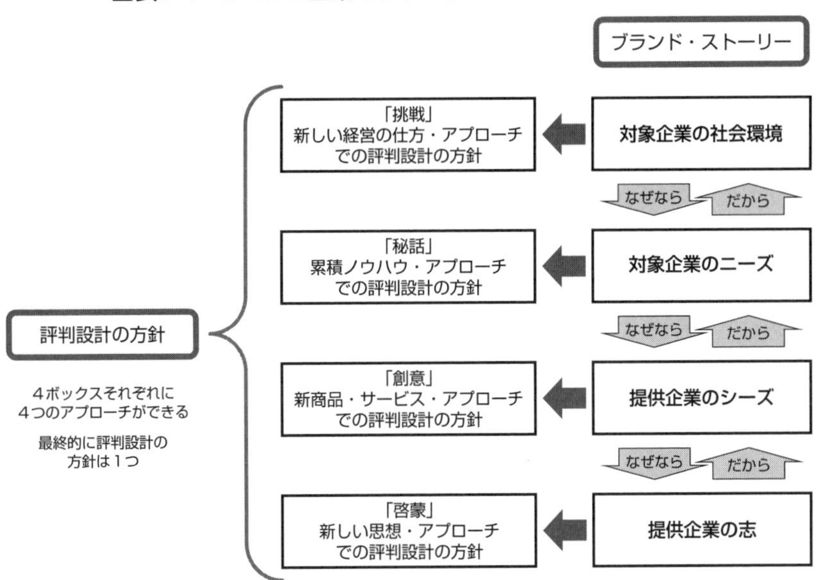

ので、本番ではブランド・ストーリーに沿った原石を見つけて、情報拡散したくなるように研磨することです。ただし、ブランド・ストーリーと紐付きになっていることが設計の原則です。ストーリーの４ボックスごとに代表的なテーマがありますが、ここでは、**「挑戦」「秘話」「創意」「啓蒙」**として取り上げます。各テーマについて、見ていきましょう。

「挑戦」アプローチ

企業単位でブランディングをすると、相手企業の関心と自社の関心とかぶることは多々あります。その１つが企業の経営手法自体です。「○○社の経営ではこういう管理を取り入れて、うまくいっているらしい」「DXで進んでいる○○社から話を聞きたい」など、取引以外にある関心領域でブランディングの評判設計を行うのが「挑戦」です。

「挑戦」とは、カテゴリーを超えて多くの会社が聞きたいと思うような経営手法の先行導入です。先行事例がないので、自社が第一人者になることで、社会環境をより良くすることにチャレンジする全国区の企業になれます。

たとえば、社食・学食などの受託型サービス業の企業なら、通常のサービス活動において最先端の事例に取り組む姿を公開することで「挑戦」を評判設計にできます。食材の廃棄ゼロを掲げて、共感してくれるクライアント、有志の協力企業と一緒に社員・学生によるスマホを使った食堂利用の予約、持ち帰り弁当の事前申込、在庫の半製品を原価で購入できる仕組みを公開実験するなど、飲食ビジネスの持つ課題に新しい経営アイデアで取り組むことは、成功・不成功にかかわらず評判を生みます。もちろん、**成功したときは、次期ビジネス・モデルで業界のトップランナーになっているわけです。**

新規獲得コスト（CPA）の参照指標は、たとえば実験公開のサイトをつくり、そのサイトへのアクセス数が反響行動と相関があると仮定できます。同時に、次の実験の参加企業募集を行う際の申込数や、新規の対象企業から「どこで弊社を知りましたか？」という認知経路の質問への回答件数を参照指標とすることができます（ただし、申込理由は評判設計活動以外の多くの要素があるので、評判活動だけが認知の理由とはいえず、あくまでも参照指標です）。

■福利厚生：社員・学生食堂受託サービス企業

■「挑戦」アプローチ

情報拡散の方針
廃棄ゼロを目指す新しい経営方法を先行して実施する

評判コンテンツ開発
社員・学生がスマホで食堂利用、持ち帰り弁当、在庫の半製品の購入予約ができる仕組みの公開実験

新規獲得コストCPA）の参照指標
・実験公開ページのアクセス数
・次の実験への参加企業募集での申込数

「秘話」アプローチ

ほとんどの相手先企業は、なんとかビジネスで成功したいと思っています。失敗したいと思っている企業はありません。特に、新規参入系の企業は業界の知見があまりないので、自社（相手から見ると協力会社）が伝える成功する企業のパターンや、失敗する企業のつまずきやすい部分の情報はありがたいのです。こういった自社で蓄積したノウハウは「秘話」として情報拡散に役立ちます。

たとえば、化粧品のOEM（Original Equipment Manufacturer：他社ブランド製造）では、現場感満載の「化粧品業界へ新規参入するときの失敗パターン」を、多くのケースから伝えることができます。多くの場合、新規参入企業はすでに参入済みの似たようなビジネス・モデルの会社の経営者からビジネス情報を入手しようとしています。このとき、OEM会社発の失敗パターンの秘話は「教えてあげたくなる情報」です。すでにいるクライアント企業の周辺から新規獲得できる可能性を上げてくれます。

このときの新規獲得コスト（CPA）の参照指標は、自社サイトからの問い合わせ企業数や、事例勉強会を開催した際の申込企業へのヒアリング

などが該当します。

■OEM供給会社：化粧品OEM

■「秘話」アプローチ

情報拡散の方針
化粧品市場参入にはどんな商品がいいかについて、過去の実績からアドバイスする

評判コンテンツ開発
新規参入の典型的な失敗パターンと、それを避ける方法をサイトに公開

新規獲得コストCPA）の参照指標
・サイトからの問い合わせ企業数
・事例勉強会の申込数

「創意」アプローチ

自分たちの「専門性をユニークな形で誰もがわかる状況にする」をテーマにします。B2B企業は専門家集団です。逆の見方をすると、専門家以外の人々は基本的にはその専門領域のことをよくわかっていません。利用している企業から見ると、仕事を外部に任せるのは「自分たちは詳しくなくても大丈夫」と考えているからです。

ですから、**専門性をわかりやすい形でデモンストレーションされると、その時点で関心は高くなります**。大規模に行う必要はありません。人が面白がってくれれば、自動的に情報拡散は起こるのです。**「創意」は自分たちの持っている技術やノウハウを「ちょっと変わった形」で自分たちのために使う、いわば「まかないネタ」です**。

たとえば、精密機械のメンテナンス設備を受託生産する会社であれば、精密機械をエアー洗浄するノウハウを用いて、自社工場勤務の従業員が通勤で使う自転車をキレイにしてあげる「まかない」型の装置をつくったり

することなども、案としてあり得ます。その光景に見応えがあれば動画が評判になり、ビフォーアフターがはっきりすれば「腕を見せる」ことになります。

このときの新規獲得コスト（CPA）の参照指標は、情報拡散の入り口となる利用光景の動画再生数、出口となるのは新規に相談希望のあった企業の認知経路です。たとえば、「どこで弊社を知りましたか？」というアンケートに対する「動画を見た」という項目の出現具合などが該当します。

■設備開発会社：精密工場メンテナンス設備

■「創意」アプローチ

情報拡散の方針

既存技術を使ったユニークな使い方

評判コンテンツ開発

エアー洗浄のノウハウを生かした、水を使わない自転車エアー洗浄機を、自社工場に通勤する従業員向けに実装

新規獲得コストCPA）の参照指標

・実際の利用光景の動画再生数

・新規企業の認知経路アンケート

「啓蒙」アプローチ

企業の志をビジネス活動とは別に世に問うのも、評判設計のテーマになります。「こういう“志”で会社が存在します」→「こういう世界になるように貢献します」は、セットです。通常は企業活動であるビジネスを通して志を世に問うわけですが、**「啓蒙」の評判設計は、“志”をダイレクトに問うことで情報拡散をしてもらおうという設計です。**

たとえば、自社が提案する“志”に共感してもらうために、その内容を１冊の書籍にしてみます。紙でもデジタルでも構いません。とにかく、ブランド・ストーリー上はワンフレーズだった提供企業の“志”を、具体的

な活動の思想となるように体系化して世に問うのです。

また、人事組織開発のコンサルティング会社であれば、クライアントの課題解決とは別に、自社独自で先行して実装した新しい人事制度やシステムを公開することも考えられます。マーケティングでは「**フィジカル・エビデンス**」と呼ばれる、見えないサービスを見えるようにする行為です。ブランディングでは見えない志を見えるようにする行為として、「啓蒙」活動に応用します。

このときの新規獲得コスト（CPA）の参照指標は、新規対象企業へのアンケートで書籍を事前に認知していた件数です。ただし、件数だけだと出現率が低いので、書籍の解説を動画で配信して、接触数とそこからの新規相談（Q&A）件数などで確認することができます。

■経営コンサルティング：人事組織開発コンサルティング

■「啓蒙」アプローチ

情報拡散の方針

独自の人事制度の仕組みを先行して自社導入し、公開していく

評判コンテンツ開発

研究機関と共同で開発した独自の人事制度とその社員用アプリを、既存の利用企業や協力組織・団体が無償利用できるようにする

新規獲得コストCPA）の参照指標

- 新規対象企業へのアンケートでの認知率
- 解説の動画配信を行い、接触数とそこからの新規相談数の相関を見る

■図表5−7−3 B2B企業の評判設計アプローチの例■

	情報拡散の方針	評判コンテンツ開発	新規獲得コスト（CPA）の参照指標
■福利厚生 社員・学生食堂サービス	■「挑戦」アプローチ 廃棄ゼロを目指す新しい経営の方法を先行して実施する	・社員・学生がスマホで食堂利用、持ち替り弁当、在庫の半製品の購入予約ができる仕組みの公開実験	・実験公開ページのアクセス数 ・次の実験への参加企業募集での申込数
■OEM供給会社 ・化粧品OEM	■「秘話」アプローチ 化粧品市場参入にはどんな商品が良いかを過去の実績からアドバイスする	・新規参入の典型的な失敗パターンと、それを避ける方法をサイトに公開	・サイトからの問い合わせ企業数 ・事例勉強会の申込数
■設備開発会社 ・精密工場メンテナンス設備	■「創意」アプローチ 既存技術を使ったユニークな使い方	・エアー洗浄のノウハウを生かした水を使わない自転車エアー洗浄機を、自社工場に通勤する従業員向けに実装	・実際の利用光景の動画再生数 ・新規企業の認知経路アンケート
■経営コンサルティング ・人事組織開発コンサルティング	■「啓蒙」アプローチ 独自の人事制度の仕組みとシステムの原理を公開する	・研究機関と共同で開発した独自の人事制度とその社員用アプリを無償で利用してもらう	・新規会員申込者へのアンケートで認知率 ・解説の動画配信を行い、接触数と新規申込数の相関

■参照事例：B2B資源再生「石坂産業」の場合

石坂産業は、「ゼロ・ウェイスト・デザイン」に共感する企業や団体とのコラボレーションによる情報発信を行っていると設計できます。「啓蒙」をテーマとしたコンテンツ開発が、活動の柱に該当します。

B2B資源再生企業：「石坂産業」の評判設計の例

情報拡散の方針

コラボレーションによる新たな情報発信の機会創出

評判コンテンツ開発
産官学連携やクリエイターとのコラボレーションによる「循環」をコンセプトにした、新しいライフスタイルを創造

新規獲得コスト（CPA）の参照指標
石坂産業の産業廃棄物処理サービスの新規利用企業が資源再利用活動の普及に興味があるとアンケートに回答した数、など

※参照用に公開情報から著者が類推したもの

5-8 「B2B企業」ブランディング〈フェーズⅢ〉絆設計

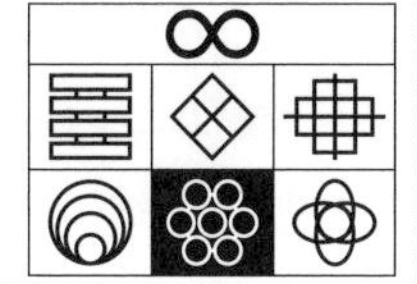

安定期ほど「絆」はもろくなりやすい

■B2B企業の絆設計の見取り図

「B2B企業」ブランディングでの絆設計は評判設計と重なる部分が多いです。そもそも企業取引の関係が長めであり、一回ごとの取引にかける情報交換の時間も長めです。いったん関係ができると、ブランディングがなくても情報拡散と体験累積は自然発生しやすい傾向にあります。

周囲からも、「どうですか、あのA社って？」「お付き合いするとA社のユニークさがよくわかります」など、目新しければ存在そのものがブランディング機能を果たします。ですから、B2B企業の起業時から何年かは、ブランディングを意識しなくても大丈夫です（無論、丁寧なマーケティング活動は必要です）。

安定期ほど絆設計がもろくなりやすい

むしろ課題は、いつもの関係でいつもの仕事をしがちな経営の安定期に起きがちです。このような時期は、ブランドへの反響行動が小さくなっていく傾向が出てきます。わざわざ推奨することもなく、また今度もお願いすると言葉にしないで継続するような関係成熟期です。「A社？　いい会社ですよ」という評判は、「Aさんはいい人ですよ」と同様、記憶のエッジが丸まってきているのです。絆は太いけれど脆（もろ）くなっています。企業間の関係性の劣化が始まっている可能性が大なのです。

B2B企業の対象企業との関係はスタートも大変な分、継続する期間が長いのが一般的です。「うちのことをよく知っている」という関係は、もう一回ゼロから自社について説明する手間もなく、徐々に課題解決の勘所がわかって効率も高まっていきます。

しかし一方で、**鮮度感が下がると、新しい別の企業との取引を検討したくなるもの**です。対象企業で新たな案件が生じて相談しようとするとき、自社選択の優先順位が下がり、一度でも関係が切れると、復活することは稀です（コンペの関係なら別ですが、これはこれで労力負荷が高い関係になります）。

協力会社との絆の変化にも留意する

利用企業だけでなく、B2B企業の協力会社との関係も似ています。協力会社から見ると、自社は外部の専門家集団なわけですが、その専門性の発揮の仕方は相手先のビジネス上の魅力度によって変わります。

最先端の技術やノウハウの率先した提供、ビジネスでのリスクを一緒に取ろうとする態度には差が出ます。「この技術の提供はX社から先行していく」「Y社のプロジェクト推進は優先順位の高い仕事」と協力会社が判断するのはケース・バイ・ケースです。協力会社の生涯累積貢献（LTV）は、売上ではなく、自社が欲しいリソースの外部からの獲得を意味します。業務とは別にお互いの共感を生み出していく絆設計の活動を通じて、協力企業の頭の中にある自社ブランドの優先順位、シード権を上げてもらうわけです。

B2B企業のブランディングでの絆関係は、いい意味で適度な緊張感を生むことを目指します。企業間（利用対象企業も協力関係企業も）に常に新しい緊張感を流し込むことで、関係がリフレッシュして、「まだまだ、お互いが必要とされる関係である」ことを再認できます。

■図表5−8−1　B2B企業の絆設計の見取り図■

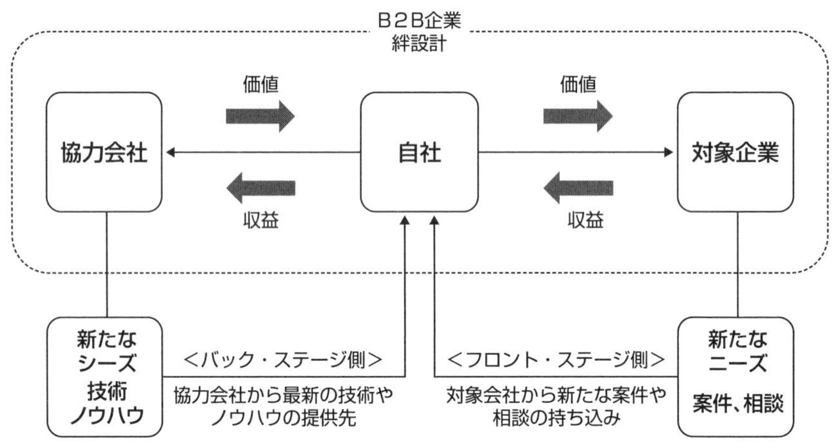

■設計の構成要素

B2B企業における絆設計の構成要素は以下のとおりです。

① 体験累積の方針

ブランド・ストーリーから、体験累積のテーマを決めます。

② 絆ネットワーク開発

具体的な展開案です。前項の評判コンテンツ開発で記入したものが既存の対象企業、既存の協力会社との体験累積（絆ネットワーク）をつくっていく場所に適用するケースもあるでしょう。先に述べたように、B2B企業ブランディングは、そのための独立したプラットフォームを用意することが多いからです。絆ネットワークのプラットフォームとは、端的にいうと「一緒に何かを行う場」です。ビジネス関係以外でお互いが会う延べ時間（頻度×対話）が自然と増え、継続的に存在する場づくりを目指します。独自プラットフォームが、外に向かっては情報拡散によって新規獲得コスト（CPA）を下げ、内に向かっては体験累積になって生涯累積貢献（LTV）を上げてくれることを期待して設計します。

③ 生涯累積貢献（LTV）の参照指標

B2B企業では対象企業の利用状況を個別に確認できます。生涯累積貢献（LTV）を取引実績でチェックすることは比較的容易だからです。ただ、新規の相談案件なども該当しますし、メンテナンスのような業務頻度もあるでしょう。また、協力企業の場合も同様なので、これら多様なケースをまとめて「**取引関連スコアのポジティブな変化**」と表現しておきます。自社の状況に合わせて具体的に設定してください。

■絆設計のテーマ

ワークのための入口となる主なテーマを紹介します。評判設計との一体度合いを高めやすいので、先にでき上がった評判設計を絆設計に流用して考えるのもいいかもしれません。また、ブランド・ストーリーからのつながりがあれば、ここに掲載されているテーマと異なっていても大丈夫です。

ここで紹介するテーマは「**娯楽**」「**趣味**」「**探求**」「**貢献**」です。それぞれについて、見ていきましょう。

■図表5-8-2　B2B企業の絆設計のテーマ■

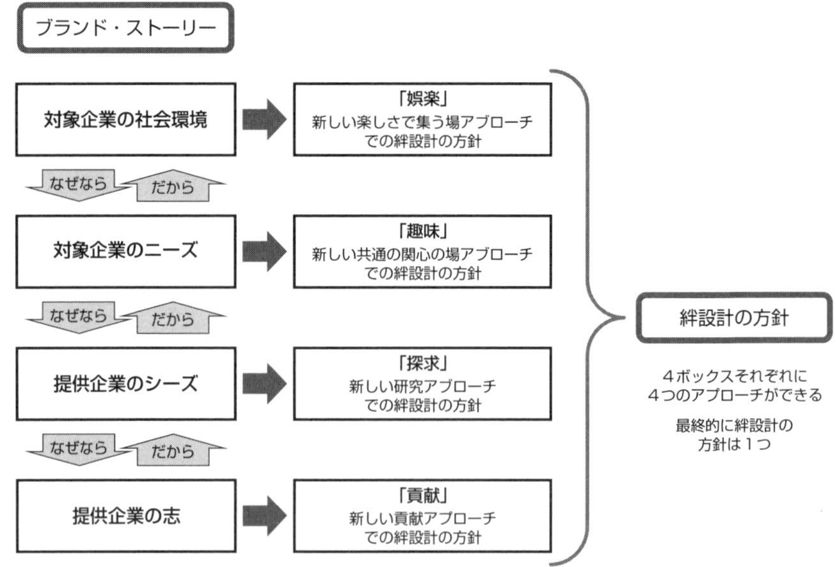

「娯楽」アプローチ

対象企業を取り巻く社会環境までを取り込んだ「楽しさ」で絆設計ができないかを考えます。対象企業の中で働く人々を、新しく楽しい活動に巻き込むことで、意識がB2B企業側に向くことを期待するものです。**「娯楽」は、ビジネス・ライクな関係と並走するように、遊び心のある関係を持ち込む絆設計です**。単なるB2B企業と対象企業としての付き合い以外に、絆の場を設ける発想です。

たとえば、福利厚生B2Bで、社員・学生食堂サービス企業で考えてみると、ご当地メニューと同じ視点で、ご当社メニュー、ご当学メニューを定期的に募集・投票・配食するイベントの主催など、遊び心がある体験を累積してもらう試みです。

クライアントに縁のある食材を使ったメニューアイデアを集めます。そして、複数の候補に投票してもらい、最終的に期間限定で配食すると、社食・学食に新たな体験が生まれます。もちろん、その過程が対象企業の意思決定者（経営トップや担当取締役）に伝われば、自社への関心が高まって生涯累積貢献につながる可能性が上がります。

このときに参照する生涯累積貢献（LTV）の指標になるのは、活動ごとの参加者数であり、結果としての取引関連スコアのポジティブな変化です。ポジティブな変化とは、ここではキーマンへのヒアリングや利用者アンケートからの「次回も楽しみ」「他の事業所でもやってほしい」などの反響数です。

「趣味」アプローチ

B2B企業は、対象企業のニーズに応える商品・サービスを提供しています。この延長線上に「なくてもいいけど、あったらもっといい」活動で応えていきます。**「趣味」は、ニーズへの関心がある人々を集めて、絆をつくっていく方向のテーマです。**

たとえば、化粧品のOEM企業の場合、ビジネスの対象企業・協力企業を横断した化粧品の試し買いサークルの立ち上げが、絆ネットワークになります。化粧品に関心が高い人による、最近購入した新しい化粧品への感想・意見交換会をリアルやネットで実施します。

集まること自体が楽しいので継続した参加が見込めるのと、メンバー全員が独自の専門的、マニアックな視点からお互いの知見を高めてくれるので、サークルに参加するメリットも感じてもらえます。対象企業・協力企業のメンバーの体験累積が自ブランドや自社メンバーと直接的な関係性はなくても、間接的にはサークルが自ブランドへの関心を維持してくれます。

このときに参照する生涯累積貢献（LTV）の指標になるのは、活動参加企業・組織数であり、延べ参加回数です。そして、活動に参加した対象企業と不参加の対象企業の実績比較になります。

「探求」アプローチ

周囲の企業とともに、多くの会社が興味を持つ最先端の技術やノウハウについて勉強する場を開くパターンです。自社・対象企業・協力企業を横断するテーマは結構あります。１社単独で学びの場をつくるより、**共同で学びの場を運営していくほうが効率がいいと判断すれば、「探求」での絆ネットワークをつくることができます。**

たとえば、設備開発事業の精密機械のメンテナンス企業であれば、DXやAIについて業務への実装の基礎知識を学ぶ勉強会を定期開催すれば、関心を持っている企業は参加してくれるでしょう。最先端の知識であれば学びのスタートレベルは同じですし、インプットするための勉強会ですから、個々の企業の機密情報が漏れる心配もありません。それでいて、近い将来の現場実装につながる可能性があるのであれば、良い意味での切実さもあります。

このときに参照する生涯累積貢献（LTV）の指標になるのは、参加率と再利用意向の相関であり、活動に参加した企業と不参加企業の、自ブランド利用実績を比較することになります。探求テーマが起点となり、新たな共同での実務プロジェクトも期待できます。

「貢献」アプローチ

ブランディングの活動は利己的に見えるようですが、絆設計そのものは利他的です。絆が先にあっての体験累積であり、体験累積あっての生涯累積貢献（LTV）です。かといって、無償の活動にも無理があります。そもそも、営利企業はボランティア（無償）の活動が中心ではないし、労力傾注も時間的に限界があるからです。

絆設計は、活動すれば活動するほど、双方のメリットになることを考える必要があります。**「貢献」は相手企業にメリットのある活動をすることで、自社にも違う形でメリットが返ってくる絆ネットワークの設定です。**

たとえば、人事組織開発コンサルティング会社の場合を想定してみましょう。自社開発の「独自の人事制度の仕組みとシステム」を、志の共感がある企業に無償で実装するようなケースです。相手は費用リスクが少ないにもかかわらず、ユニークな人事制度を導入できるメリットがあります。自社にとっては、実装で得る新たなケーススタディがメリットになります。実装した企業数は“1”（つまり、相手が1社）なのですが、これが次の評判設計の中に組み込まれ、既存・新規を問わず対象企業へのリアルなサンプルとして紹介できます。

このときに参照する指標は、実装後の取引実績の変化ぐらいしかありませんが、次の評判設計のとき、情報拡散で貢献するのであれば、新規獲得コスト（CPA）として新規の相談件数と、その認知経路で参照できます。

■図表5−8−3　B2B企業の絆設計アプローチの例■

	体験累積の方針	絆ネットワーク開発	生涯累積貢献（LTV）の参照指標
■福利厚生 社員・学生食堂サービス	■「娯楽」アプローチ メニューを関係者全員で提案し投票し合う会を主催する	・ご当地メニューと同じ視点で、「ご当社メニュー」「ご当学メニュー」を定期的に募集・投票・配食する	・参加頻度 ・取引関連スコアのポジティブな変化
■OEM供給会社 OEM化粧品	■「趣味」アプローチ 企業横断で化粧品試し買いサークルを立ち上げる	・化粧品に関心の高い人が最近購入した化粧品の感想・意見をネットで交換する	・参加企業・組織数 ・取引関連スコアのポジティブな変化
■設備開発会社 精密工場メンテナンス設備	■「探求」アプローチ 業界を超えた先端技術・ノウハウの勉強会を主催する	・DXやAIについての業務知識を学ぶ勉強会を定期開催する	・参加延べ人数 ・参加率と再利用意向の相関 ・取引関連スコアのポジティブな変化
■経営コンサルティング 人事組織開発コンサルティング	■「貢献」アプローチ 独自の人事制度の仕組みとシステムの無償での実装	・独自の人事制度とそのシステム化を志の共感がある企業に無償で実装して、お互いの知見を高める学びの場にする	・実装後の再利用意向率 ・次期の評判設計へ組み込まれ、新規獲得コストへ影響

■参照事例：B2B資源再生「石坂産業」の場合

石坂産業の場合は、事業とは独立した活動に里山再生を行っていて、多くの人々が体験累積できる環境（絆設計ネットワークのプラットフォーム）を提供しています。環境教育の拠点にもなる「探求」テーマの活動です。

B2B資源再生企業：「石坂産業」の絆設計の例

体験累積の方針

環境教育による啓蒙活動で体験累積を増やす

絆ネットワーク開発

・リサイクル現場からの環境教育

・里山再生からの環境教育

生涯累積貢献（LTV）の参照指標

・石坂産業の環境教育を組織教育の一環として、定期的に利用する企業数

※参照用に公開情報から著者が類推したもの

5-9 「B2B企業」ブランディング〈フェーズⅢ〉シンボル設計

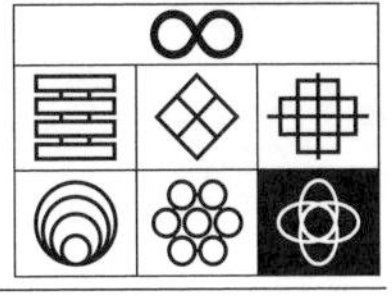

企業の「らしさ」を考える

■シンボル設計の見取り図

シンボル設計は、「B2B企業」ブランディングの３設計「評判」「絆」「シンボル」の中では最も重要度が低いといえます。そもそもB2B企業は対象企業や協力企業との間でのビジネス上のかかわり合いが密なので、うっすらとしたブランドの「らしさ」は、第一再生記憶（TOM、32ページ参照）にあまり影響を与えてくれません。

しかし、評判設計や絆設計で想定したそれぞれの活動には、ブランド・ワールドを反映させておくのがお勧めです。せっかくの活動の求心力を高めるために、「主催する会にシンボリック・モチーフを入れる」「自社独自の人事制度を解説をする本の題名は、シンボリック・ワードにする」「運営する環境教育のセミナーでは、来場者にシンボリック・パーソナリティに沿った応援をしていく」など、設定できそうなものを考えておきます。

B2B企業においては、最初は評判活動も絆活動も具体的ではありません。おおまかに枠だけを提示しておいて、まずは現場で考えていく方向で進むのが一般的です。

この延長で考えていくと、**活動が具体化すればするほどシンボル群も具体的に設定されていきます**。社内での「これ、しっくりくるね」といったシンボル（告知のためのキャッチ・フレーズ、活動のためのユニフォームのデザインなど）ができあがった時点から、利用が拡散していきます。

つまり、使っていた用語がシンボリック・ワードになり、活動紹介のサイト画面の写真がシンボリック・モチーフになったり、活動拠点の内装がシンボリック・テクニックとして標準化されたりします。シンボル設定が後からついていく形です。

企業ブランドの「らしさ」は、狙って積み上がっていくものではないことを考えると、シンボル群が自然発生するのは理想的かもしれません。

活動しているうちに、結果として「らしさ」になっていくのも、B2B企業ブランディングの特色といえます。

■ B2B企業のコア・シンボル

B2B企業のコア・シンボル（166ページ参照）についても触れておきます。通常は、マーケティング業務で必要なコア・シンボルは先行して作成されているはずです。自社サービスの名称、紹介ツールの基本デザイン、自社のマークなどは企業のVI（ビジュアル・アイデンティティ）に該当します。「商品・サービス」ブランディングと同様に、原則としていったん設定したらあまり変えないもの、これらがコア・シンボルになります。

それに対して、**「B2B企業」ブランディングの評判設計・絆設計で行う活動は、時間の経過とともに内容のバージョンアップをして、常に情報拡散・体験累積を促進させることができます**。相手の頭の中にある自社ブランドの記憶を深掘りするわけです。そのためにブランド・ワールドの規定は守りながら、シンボル群で、「らしさ」の記憶の枠を太くすることを考えます。

もちろん、すべてのコア・シンボルとブランディングでのブランド設計が一体になるので変更することもあります。企業が事業構成を変えたり、大きく経営方針が変わるときなどは、コア・シンボルも含めて、CI（コ

■図表5−9−1　B2B企業のシンボル設計の見取り図■

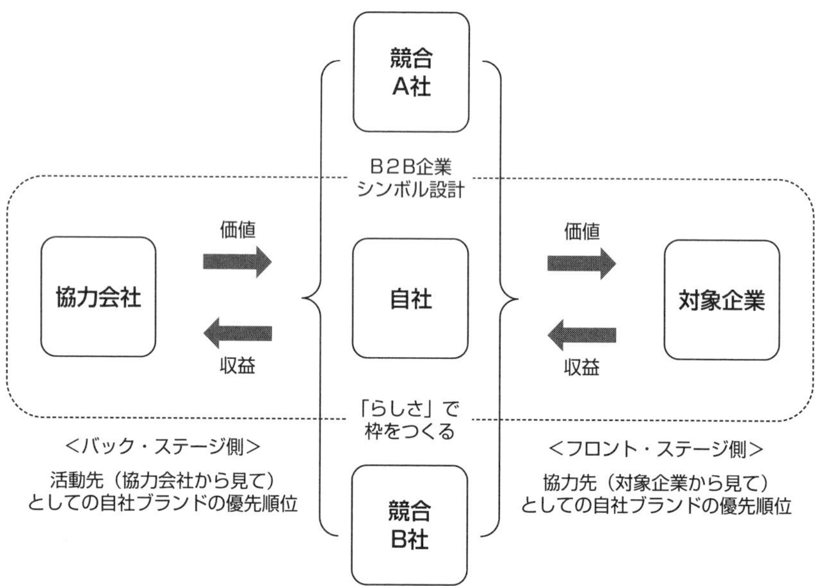

ーポレート・アイデンティティ）で変更させたりします。

CIは、「企業がリスタートを宣言する」「社内の人心を一新する」といった動きを、「見える化」していく目的での変更です。

■図表5−9−2　B2B企業のシンボル群のレベル違い■

<table>
<tr><th>シンボル群のレベル違い</th><th>レベル違いの意味</th><th>レベルごとの期待役割</th><th>コア・シンボルの要素と、「B2B企業」ブランディング活動での要素</th></tr>
<tr><td>コア・シンボル</td><td>商品・サービスが存在するための必須シンボル</td><td>交換活動のための「らしさ」マーケティング活動</td><td>■企業のVI（ビジュアル・アイデンティティ）類
・企業名、商品・サービス名、ロゴ、マーク、スローガン
・企業案内サイト、印刷物の基本デザイン、など</td></tr>
<tr><td>一次元でのシンボル</td><td>シンボリック・ワード
独自の表現語</td><td>営業での「らしさ」ブランディング活動</td><td rowspan="4">■独立した活動自体にブランド・ワールドの「らしさ」をつくる

・情報コンテンツの「らしさ」
・絆ネットワークの「らしさ」
・活動のネーミングのユニークさ
・活動サイトに載る写真選択の基準がユニーク
・活動の手づくりの告知がユニーク
・活動の会のスタート時に行うアイスブレイクがユニーク
など</td></tr>
<tr><td>二次元でのシンボル</td><td>シンボリック・モチーフ
独自の表現素材</td><td>画像素材での「らしさ」ブランディング活動</td></tr>
<tr><td>三次元でのシンボル</td><td>シンボリック・テクニック
独自の表現技法</td><td>動画・空間演出での「らしさ」ブランディング活動</td></tr>
<tr><td>多次元でのシンボル</td><td>シンボリック・パーソナリティ
独自の行動表現</td><td>ふるまいでの「らしさ」ブランディング活動</td></tr>
</table>

■設計の構成要素

シンボル設計のフレームワーク３要素です。手法は「商品・サービス」と同じ（167ページ参照）ですが、③第一再生記憶（TOM）の部分が大きく異なります。

① 情報＆体験シンボル化方針

ブランド・ワールドから、テーマを決めます。

② シンボル要素開発

具体的な展開案です。ブランディングのフレームワークの主目的です。

③ 第一再生記憶（TOM）計測

最終的にブランドが頭の中のシード権を高くとっているかどうかを参照できる指標が、第一再生記憶（TOM）です。ただし、企業ブランディングの参照指標の計測では、以下で紹介する大きく２つの課題があります。

■企業ブランディングにおける指標の課題

第一再生記憶（TOM）における２つの課題について、詳しく見ていきましょう。

１つ目の課題：誰の頭の中を参照すべきか？

ブランドが対象者（個人）の頭の中にあるとしたら、組織単位（集団）で記憶しているわけではない対象企業側の記憶は、どう扱うのがいいのでしょうか？　「第一再生記憶（TOM）が上がる＝選択シード権が上位」というのは、誰の頭の中を参照すればいいのか？――つまり集団と個人のギャップが難題です。意思決定者は相手企業の規模によっても違うでしょうし、複数の人の合意でなされていたなら全員を特定するのが理想ですが、できるのでしょうか？

２つ目の課題：参照指標をどう眺めるか？

今まで見てきたように、「B2B企業」ブランディングの活動は、比較的本業のビジネスと独立して距離を置いたものが多いので、単体で扱えます。しかし、ブランディングでの活動は、マーケティングでの活動と一体となって、自ブランドの第一再生記憶（TOM）につながっていますから、参照指標をどう眺めるかに迷いが生じやすいのです。

さて、このブランディング活動はもっと規模を大きくすればいいのでしょうか？ それともこのまま維持すればいいのでしょうか？ はたまた、縮小すればいいのでしょうか？ つまり、単体活動の最適な規模感を知る術（すべ）はあるのでしょうか？

■第一再生記憶（TOM）に代わるブランディング活動の類推方法

ここで挙げた計測に関する２つの課題を直接解決する方法はありません。できるかもしれませんが、時間や費用や労力を考えると、現実的ではないのです。このあたりが、企業ブランディング業務の弱点です。そこで「B2B企業」ブランディングの業務では、獲得への時間・費用・労力の少ない間接的な情報を用いて、第一再生記憶（TOM）の代わりとして、ブランディング活動の健全さを類推します。以下で紹介するような方法です。

定量的な類推

定量的な類推は、左記の「１つ目の課題」を和らげる方法です。B2B企業ブランディングにおいては、頭の中にある意識のデータは取りにくいので、行動データで類推します。ベースとなるのはデジタル解析です。①検索ワードとしての自社ブランド、②自社サイトでのブランディング関連ページへのアクセス解析で類推します。

①の自社ブランド名称での検索件数は、第一かどうかは不明ですが、再生記憶として文字を打ち込んで検索した結果なので、記憶には入っているという解釈をします。ただし、誰の頭の中かは不明です。

②の自社サイトのブランディング・ページのアクセス解析は、スコアでの時系列比較で類推します。時系列以外の比較（通常は、競合比較、ユーザータイプ比較があります）がむずかしいためです。ブランディングにおいては「関連するスコアが時間軸で上がり気味かどうか＝活動の累積が効いていそうかどうか」で類推していきます。

具体的には、シンボリック・ワードと企業名のセットでの検索で、ブランド理解が高いかどうかの可能性を探ります。そして、自社サイトへ「カテゴリー名称検索で入った件数」「企業名で入った件数」の数と構成比の時系列的な変化によって、カテゴリーの中の代表としての自社ブランドが記憶されている（第一かどうかは不明でも）傾向にあるかどうかを類推します。

定性的な類推

定性的な類推は、前述した「２つ目の課題」を和らげる方法です。これはアナログなヒアリングによって行います。つまり、利用対象企業のキーマンとの対話です。定量的類推の真逆で、数字ではなく言葉の意味から類推します。B2Bは企業名が特定できますから、ブランド・パートナーと設定した企業への面談（オンラインだとしても）は必須です。パートナーと設定している企業と、それ以外の利用企業に区分される企業の２グループに分けて類推するのも１つの手です。ブランディング活動への認知（「知ってます？」）、理解（「どんな内容です？」）、好意（「共感できます？」など）を比較でき、そこから違いを類推できます。

よりパートナーに近い企業と、遠い企業では、自社ブランドの利用理由の内容は異なるはずです。サンプル数は少ないですが、納得感は高くなります。また、ビジネスに直結した視点でも類推はできます。

なお、業種業態によるのですが、**第一再生記憶（TOM）の参照指標の代替になるのは、受託のための「企業コンペ」と「単独指名」の推移です**。当然ながら、コンペに呼ばれるというのは、シード権が上位にありますが、まだ理想な状況ではないでしょう。**単独指名での受託は限りなく第一候補という仮説を立てることができます**。「最近は単独の指名での案件が増えたな」という感触は、第一再生記憶が高まっている証拠と考えられます。

ただしこれも、定量的な類推と同じく、マーケティング活動の貢献が先にあるはずなので、ブランディング活動においては間接的な参照情報です。

■図表5−9−3 「B2B企業」ブランディングの参照指標の例■

	新規獲得コスト(CPA)の参照指標 フィードバックの対象が評判設計	生涯累積貢献(LTV)の参照指標 フィードバックの対象が絆設計	第一再生記憶(TOM)の参照指標 フィードバックの対象がブランド全体
■福利厚生 社員・学生食堂サービス	実験公開ページのアクセス数 次の実験への参加企業募集での申込数	・参加頻度 ・既存企業、団体からのサービス拡大の案件数	・定量 （アクセス解析） 企業名での検索、時系列比較がベース ①シンボリック・ワード、企業名のセットでの検索数、②カテゴリー名称検索・企業名検索での自社サイト流入数＆構成比、など ・定性 （リアル対話） 直接面談したヒアリングの内容がベース パートナー企業群と、それ以外との比較
■OEM供給会社 OEM化粧品	サイトからの問い合わせ企業数 事例勉強会の申込数	・参加企業・組織数 ・既存企業からの新規案件の相談数	
■設備開発会社 ・精密工場メンテナンス設備	実際の利用光景の動画再生数 新規企業の認知経路アンケート	・参加延人数 ・参加率と再利用意向の相関 ・既存の企業（対象・協力）からの新たな相談案件数	
■経営コンサルティング ・人事組織開発コンサルティング	新規会員申込者へのアンケートによる認知率 解説の動画配信への接触数と新規申込数の相関	・実装後の再利用意向率 ・次期の評判設計へ組み込まれ、新規獲得コストへ影響する案件数	

■参照事例

「石坂産業」のケースを類推して、シンボル設計を考えてみました。「これであれば社内で運用できそう」という視点で著者が策定したものです。

先に述べたように、参照事例はすでに稼働している活動がベースになっています。特に「シンボル要素開発」は、ブランディング活動を何度も試行錯誤しているうちに「これは継続していこう！」と判断したものが残っていくものだと思ってください。企業のコア・シンボルのように初期設定したら変えないものと区分けすると、使い方・変え方の混乱が少なくて済みます。

B2B資源再生企業：「石坂産業」のシンボル設計

情報と体験シンボル化方針

・循環をデザインする

シンボル要素開発

・シンボリック・ワード：「ゼロ・ウェイスト・デザイン」

・シンボリック・モチーフ：里山、オーガニック・ファーム

第一再生記憶（TOM）の参照指標

・スローガン「ゼロ・ウェイスト・デザイン（Zero Waste Design）」と企業名のセットでの検索数

・「単体検索数が徐々にセットになっていく＝共感を伴った第一再生記憶」と考える

※参照用に公開情報から著者が類推したもの

5-10 「B2C企業ブランディング」の特徴と留意点

社会環境の中で行う企業ブランディング

■B2C企業とB2B企業のブランディングの違い

ここまで、主にB2B企業のブランディングについて述べてきましたが、B2C企業のブランディングについても見ていきましょう。B2B企業のブランディングは、市場環境の中でのブランドを意識した代表パターンでした。B2Cの場合は、社会環境の中でのブランディング（よくいわれるのが**「コーポレート・ブランディング」**）です（190ページ、図表5―1―1参照）。

ブランディングをB2C企業に適用する場合、「商品・サービス」ブランディングとの二重構造になります。B2Cでの企業ブランディングで実施するワークの特徴と、実務での留意点について解説します。

■社会を生活者に置き換えて考える

「商品・サービス」ブランディングと「B2C企業」ブランディングでは、ブランディングでカバーする「人の頭の中」が異なるので、どうカバーしていくかを事前に設定しておく必要があります。本書では、**「商品・サービス」ブランディングでカバーするのが「市場＝対象者」、「B2C企業」ブランディングでカバーするのが「社会＝生活者」**で区分けしています（次ページ、図表5―10―1）。

「市場」は、自ブランドの利用者だけでなく、今は利用していないけど利用する可能性のある人である潜在利用者、以前は利用していたけど今は別のものを利用している元利用者も含んでいます。「自ブランドにとっての市場全体」＝「自ブランドにとっての対象者全体」の構造です。

一方、**B2Cブランディングでカバーする「社会」は、「生活者」が範囲になります。生活者は企業活動している範囲にいるすべての人です。生活者＞対象者＞利用者、の順に入れ子状態になっています。**

■図表5−10−1 「B2C企業」ブランディングの構造■

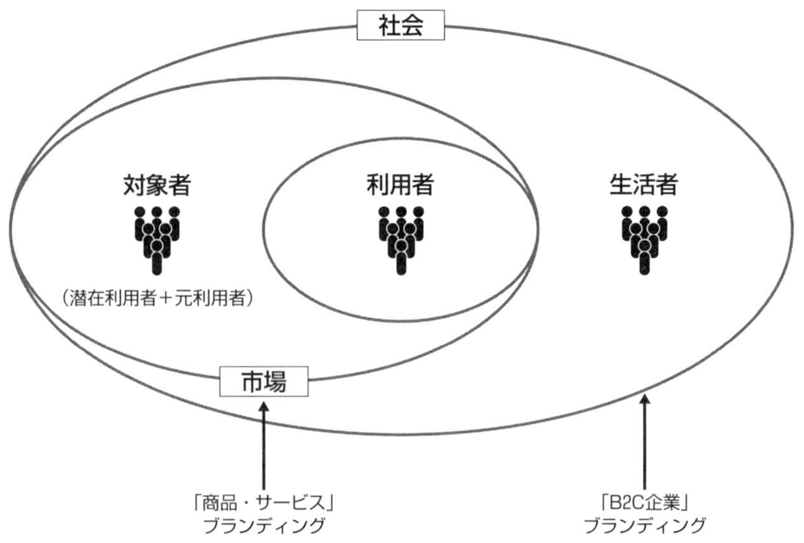

■生活者の中にステークホルダー候補を見る

「企業」ブランディングは、**生活者が自社ブランド・ストーリーへの共感や納得によって、いつかは自社のステークホルダーなる**ことを、期待して行うものです。ここでのステークホルダーとは、企業経営への関係層すべてです。従業員になって雇用関係になるかもしれないし、協力会社先で自社の窓口になっているかもしれません。また、行政の仕事で自社と関係を持つこともありますし、個人の株主として投資でかかわる関係もあり得ます。どれも自社と利害をともなう関係がありますから、自ブランドへの共感や納得は姿や形は異なっても、何らかのリターンをもたらす可能性が出てきます。

「企業」ブランディングでは、ステークホルダーごとに期待するリターンを、新規獲得コスト（CPA）、生涯累積貢献（LTV）の形で設定します。そして、活動の結果として、商品やサービスを交換するビジネス本体とは別に、「企業」ブランディングによって収益を上げて長期的な貢献をするとを目指します。ただし、意味合いはステークホルダーごとに異なりますから、**事前に「何が企業ブランディングで期待される反響行動なのか？」「ステークホルダーが、どうなると好ましいリターンをもたらしてくれるの**

か？」について考え、期待される反響行動や好ましいリターンを規定しておくことが大切です。

そうでないと、なんとなく気分とファッションで企業ブランディング活動を進めることになってしまい、予算に余裕があるときだけの一種の道楽に見えてしまう恐れがあります。「『企業』ブランディングが必要である」というしっかりした理由は、リターンの規定つまり、期待される反響行動にかかっています。たとえば、次のような定め方ができます。

従業員

「企業ブランドの評判が情報拡散し、リクルーティングコストを下げる」——つまり、「あの会社で働きたい！」と思ってもらえれば、採用までの面接回数・時間は削減できます。経営資源がセーブされたことになります。

また、「企業ブランドの絆が体験累積となって、従業員の業務エンゲージメントを上げる」ことも考えられます。自社商品やサービスへの満足度が高い利用者と会って直に話す機会があると、俄然、働く意欲が湧いてきます。自分が世間に役立っている実感は、「この会社でもっと魅力的な活動で利用者を喜ばせたい」という意欲に昇華します。これは従業員のアウトプットのクオリティが高まる可能性につながっていますから、経営リソースが増えていることと同義になります。

協力者（会社）

基本はB2Bブランディングで説明したものと同じです。「企業ブランドの評判が情報拡散し、新技術・ノウハウを持つ企業・個人の選択順位を高める」ことができるならば、協力者とともに、より高度で優位な商品やサービスを市場に先行して投入できる確率が上がります。

「企業ブランドの絆が体験累積となって、共創プロジェクトを推進するきっかけをつくる」のも同様です。長期的な活動が安定的にできることで、プロジェクトメンバーを選定する時間や、お互いが理解する時間を減らしていけますから、経営リソースの活用効率は上がります。

行政

企業ブランドの評判が情報拡散することで、行政関与のプロジェクト参画や地元の工場誘致での声をかける順位が高まることが考えられます。行政側に立ってみたとき、どの民間企業に声をかけるかは企業ブランドの強さに関係します。企画内容や場所の誘致が魅力的な経営リソースに転換するわけです。

行政は、自社にない生活者との絆を持っています。「企業ブランドの絆が体験累積となって、地域の人々の利用や協力関係を促してくれる」「どこか利用するなら地元と縁のあるX社がいいのでは？」といった推奨は、間接的にビジネスへのリターンとなります。

株主

「企業ブランドの評判が情報拡散し、他の投資家へ新規の株式保有を推奨する」のは、投資先のとしての企業だけではなく、応援したい一企業になろうという意味です。ブランド・ストーリーに沿った企業からの情報が拡散し、既存の株主から応援したい企業と認識してもらうことで、他の株

■図表5－10－2　「B2C企業」ブランディングの目的■

ステークホルダー	生活者（社会）全般への影響	「企業」ブランディングでの評判貢献行動（CPA）が低下する規定	「企業」ブランディングでの絆貢献行動（LTV）が向上する規定
従業員	企業のブランド・ストーリーへの共感を通じて、次期ステークホルダーを増やす	企業ブランドの評判が情報拡散し、リクルーティングコストを下げる	企業ブランドの絆が体験累積となって、従業員の業務エンゲージメントを上げる
協力者（会社）		企業ブランドの評判が情報拡散し、新技術・ノウハウを持つ企業・個人の選択順位を高める	企業ブランドの絆が体験累積となって、共創プロジェクトを推進するきっかけをつくる
行政		企業ブランドの評判が情報拡散し、行政関与のプロジェクト参画や地元の工場誘致での順位を高める	企業ブランドの絆が体験累積となって、地域の人々の利用や協力関係を推奨してくれる
株主		企業ブランドの評判が情報拡散し、他の投資家へ新規の株式保有を推奨する	企業ブランドの絆が体験累積となって、保有株式の維持での優先順位を高める
利用者		「商品・サービス」ブランディングで規定	「商品・サービス」ブランディングで規定

主候補にとっても、頭の中の自社のシード権が上がる可能性があります。

自社にとって理想の株主は多額の投資を行ってくれる人や組織かもしれません。しかし、「企業ブランドの絆が体験累積となって、保有株式を維持する」人が増えることによって、長期的な視点で経営が安定します。

もちろん、これらはスコア化がむずかしいものです。なので、間接的でも相関関係が確認できるように、反響行動があったステークホルダーにその理由を尋ねるような仕組みや習慣をつくります。参照指標の設定はB2B企業ブランディングでの箇所（239ページ、図表5—9—3）を参照してください。

■「商品・サービス」ブランディングとの棲み分け

B2C企業においては、「企業」ブランディングと「商品・サービス」ブランディングという、異なるワークが存在しますが、企業経営に対してステークホルダーからの「何らかの」反響行動とそこからのリターンを期待している点では、構造的には同じです。

しかし、当然のことながら、利用者から眺めるとブランド全体の価値は、「企業」ブランド＋「商品・サービス」ブランドになっています。「トヨタのカローラ」であり「花王のビオレ」だということです。また、生活者から見ると、自動車には興味はなくても「トヨタ」という会社はそれなりのブランドとして記憶している人々がいますし、ビオレを一度も使ったことがなくても「花王」という会社を知っている人々はたくさんいます。

次ページの〈図表5—10—3〉に沿って、2つのブランディングの流れを比較説明しましょう。

「企業」ブランディング側の流れ

企業経営からスタートします。企業経営は、「企業」ブランディングのプロジェクトが稼働する始点です。①経営理念がブランド・ストーリーの基盤になって「企業」ブランディングが組み立てられ、ブランディング活動によって、②自社ブランドへの共感と納得を社会（生活者）に働きかけることになります。社会（生活者）からの、③ステークホルダーとして良好な関係がつくる反響行動が、企業経営にプラスとなる、④リターンとなって返ってくることを期待できます。

■図表5−10−3 「B2C企業」ブランディングの流れ■

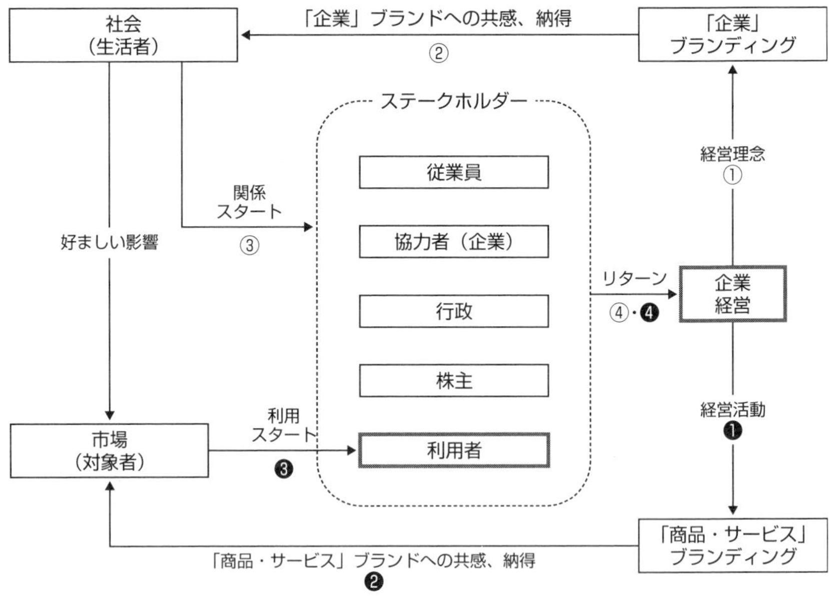

「商品・サービス」ブランディング側の流れ

同じように企業経営から始まりますが、❶経営活動としては、「商品・サービス」ブランドの強化です。よって、通常のルーティン業務であり、業務担当者は商品やサービスのブランドごとに決まっているのが一般的です。ブランディング活動が、❷「商品・サービス」ブランドへの共感をともなった納得を市場（対象者）に働きかけます。新たな利用者や、休眠していた利用者の復活などによって、ステークホルダーである、❸利用者になっていきます。そして、ブランド・ストーリーからの反響行動では、情報発信による新規獲得コスト（CPA）低下や体験累積からの生涯累積貢献（LTV）の向上が、❹企業経営へのリターンにつながるわけです。

■B2C企業ブランディングの参照事例

ここでは、アウトドア総合メーカーの「スノーピーク」を参照事例として、「企業」ブランディングと「商品・サービス」ブランディングについて、上記の図表に当てはめて考えてみましょう。〈図表５—10—４〉を参照してください（企業が公開しているホームページなどを参考に著者が記入し

■図表5−10−4　スノーピークの「B2C企業」ブランディングの例■

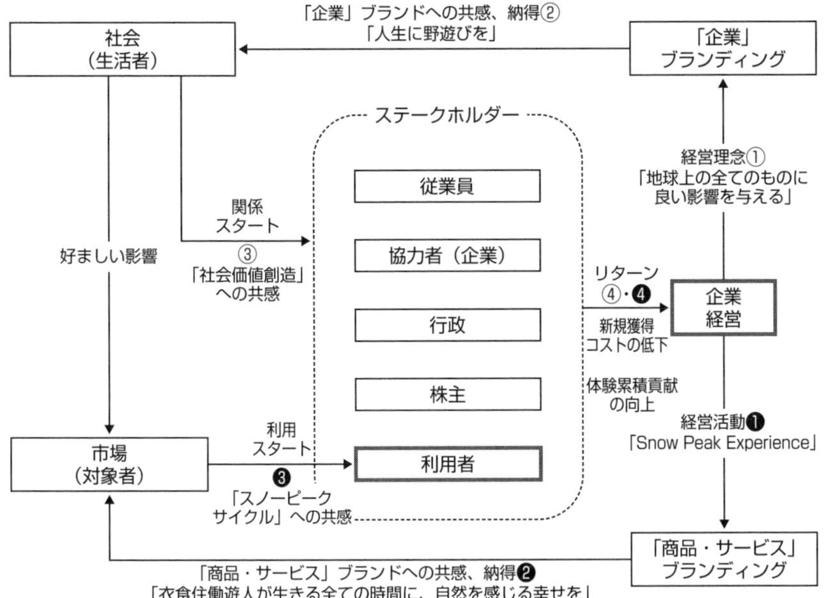

たものです）。

「スノーピーク」は、キャンプ用品を中心にしたB2C企業です。キャンプ用品だけでなくアウトドア系の幅広い商品やキャンプ場運営サポートなど、自然をテーマに幅広く展開しています。また、商品群はハイスペックで頑丈なつくりにはなっていますが、その分、比較的高価格帯で展開をしているのも特徴です。

企業の名前と商品・サービスのブランド名は同じ「スノーピーク」ですが、ブランディング活動は両方に補完し合う関係を維持しながら、それぞれ組み立てています。

「企業」ブランディングのサイクル

企業経営からスタートし、①経営理念「地球上全てのものに良い影響を与える」をベースに「企業」ブランディング活動をしています。このとき経営理念は企業のコア・コンセプトに該当します。

ここから、②「人生に野遊びを」を生活者向けのテーマにして、企業ブランディング活動を行って、その活動の接点から、③スノーピークが提案する「社会価値創造」の姿に共感して、納得した人や企業が現れることを期待しています。スノーピークの望ましいステークホルダー〔スノーピークの従業員・協力者（会社）・行政（関係者）・株主、利用者など〕です。

新たなステークホルダーが向こうからアプローチしてくれるなら、新規獲得コストが下がったことを意味しますし、既存のステークホルダーが新たなサポートを自社に優先的に行なってくれるのなら生涯累積貢献（LTV）が高まります。

ステークホルダーからのリターンの仕方は多種多様ですが、④次の企業経営を充実させるためのリソースになって返ってくる構図になっています。

「商品・サービス」ブランディングのサイクル

ここも企業経営からスタートします。そこから経営活動としての商品やサービスがあり、そのコア・コンセプトである、❶「Snow Peak Experience」から「商品・サービス」ブランディングが組み立てられています。

❷商品やサービスの展開は「衣食住働遊、人が生きるすべての時間に、自然を感じる幸せ」で共感や納得のための価値を設定する態度表明をしています。具体的には、❸「スノーピークサイクル」で、ハイスペックで高価格な商品でも使い込むことで長く愛着が湧くなら、実質のコストパフォーマンスは良い商品であることを押し出しています。

「長く使い込める商品を選ぶことがサステナブルな生活だよね」という、❹利用者への共感を伴った納得は周囲へのスノーピークの評判や推奨を生みますし、自ら使い続けることでブランドとの接点は継続し続けます。ここまでくると、既存の利用者へのブランドの存在をもう一度思い出してもらうためのリマインド広告は不要です。

■経営理念をブランド・ストーリーに転写する

企業には、ブランディングに先行して経営理念があります。そもそも、ブランディングは企業経営の一部でしかありませんから、ブランディングは、企業の中心軸にあたる経営理念を反映したものになるのが自然です。これに沿って、**すでにある自社の経営理念を「企業」ブランディングでのブランド・ストーリーに転写することができます。**

ただし、これは企業の経営理念の解像度にもよるので、そのまま利用できるかどうかは経営理念の具体的な表記次第になります。ワークの中で企業理念を再解釈して、新たな言語化が必要なケースもありますので、留意してください。

スノーピークの例でいえば、経営理念は「地球上全てのものに良い影響を与える」です。経営理念をブランド・ストーリーに転写する場合には、これだけでなく、複数の視点で経営理念を人に伝わるようにしています。

経営理念をブランド・ストーリーとして人に伝わるようにする手法としては、大きく4要素が掲げられています。「**パーパス**」「**バリュー**」「**ミッション**」「**ビジョン**」です。これらの要素は視点の違いを示しています。おおまかですが、ケン・ウィルバーの提唱する4象限〔『インテグラル理論』(2019年）を参照〕で整理してみましょう。この「インテグラル理論の4象限」とは、部分的な視点を集めて全体像を考えるためのツールです。

インテグラル理論の構造ですが、「内面」と「外面」の視点および、「個体」と「集合体」の視点によって、4区分を構成しています。内面は信念や意義など心に働きかける要素であり、外面は創造や理想など外界に働きかける要素になります。同時に、個体は「中心が自社」にあることを示し、集合体は「中心が社会や世間」にあることを意味します。

〈図表5―10―5〉が経営理念の要素整理したものです。ここでは、要素（＝4つの経営理念）を全体（＝1つの企業ブランド・ストーリー）にまとめるための補助線の役割として使っています。パーパス（内面――個体)、バリュー（外面――個体)、ミッション（内面――集合体)、ビジョン（外面――集合体）は、ブランド・ストーリー全体を一本につないでくれる要素として、経営理念に翻訳できます。

• パーパス（Purpose）

「存在を支える信念」です。「自社企業の存在に根拠を与える志」と言い換えることができます。ブランド・ストーリーの「提供者の志」に該当します。

• バリュー（Value）

「価値のつくり方」です。自社企業が世間の期待に応えるための経営で大切にしたいシーズ群で、単なる技術・ノウハウだけでなく、組織文化までも含みます。ブランド・ストーリーの「提供者のシーズ」に該当します。

• ミッション（Mission）

「貢献の意義」です。満たすべき世間のニーズ群を明確にすることで、自社の存在意義があることを示します。ブランド・ストーリーの「対象者のニーズ」に該当します。

• ビジョン（Vision）

「より良い世間の姿」です。企業活動を通じて実現したい理想の社会が該当します。自社企業と人々に共通の将来像があることを明示したものです。ブランド・ストーリーの「対象者の生活環境」に該当します。

■図表5−10−5　経営理念の要素整理■

	内面	外面
個体（中心が自社）	パーパス（Purpose） ↓ 存在を支える信念 ↓ 企業の存在に根拠を与える志	バリュー（Value） ↓ 価値のつくり方 ↓ 企業が世間の期待に応えるためのシーズ
集合体（中心が社会や世間）	ミッション（Mission） ↓ 貢献の意義 ↓ 企業が満たすべき世間のニーズ	ビジョン（Vision） ↓ より良い世間の姿 ↓ 企業活動を通して実現したい理想の社会

※「インテグラル理論」の４象限を元に著者作成

２つのブランド・ストーリーを並べてみる

「スノーピーク」の２つのブランド・ストーリー、「企業」と「商品」で並べてみると、共通する部分と、それぞれが描く部分とに分かれながら補完し合う部分がわかります（図表５—10—６）。共通の部分が、「対象者の生活環境」＝「企業ビジョン」、「提供者の志」＝「企業パーパス」となっています。どんな商品でも企業理念の縮小したストーリーがつめ込まれていますから、「企業」と「商品」でストーリーが同じでも意味が通じます。

一方で、「対象者のニーズ」と「提供者のシーズ」の項目は別になって、キャンプ用品ならではの具体的な物語を構成します。対峙する「企業ミッ

■図表5−10−6 「スノーピーク」の2つのブランド・ストーリー■

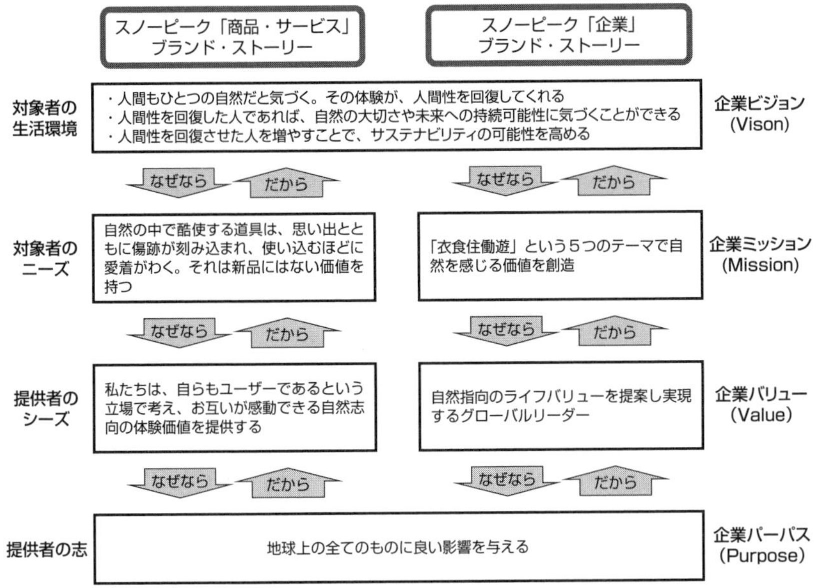

	スノーピーク「商品・サービス」ブランド・ストーリー	スノーピーク「企業」ブランド・ストーリー	
対象者の生活環境	・人間もひとつの自然だと気づく。その体験が、人間性を回復してくれる ・人間性を回復した人であれば、自然の大切さや未来への持続可能性に気づくことができる ・人間性を回復させた人を増やすことで、サステナビリティの可能性を高める		企業ビジョン (Vison)
	なぜなら ↓ だから ↑	なぜなら ↓ だから ↑	
対象者のニーズ	自然の中で酷使する道具は、思い出とともに傷跡が刻み込まれ、使い込むほどに愛着がわく。それは新品にはない価値を持つ	「衣食住働遊」という５つのテーマで自然を感じる価値を創造	企業ミッション (Mission)
	なぜなら ↓ だから ↑	なぜなら ↓ だから ↑	
提供者のシーズ	私たちは、自らもユーザーであるという立場で考え、お互いが感動できる自然志向の体験価値を提供する	自然指向のライフバリューを提案し実現するグローバルリーダー	企業バリュー (Value)
	なぜなら ↓ だから ↑	なぜなら ↓ だから ↑	
提供者の志	地球上の全てのものに良い影響を与える		企業パーパス (Purpose)

※HPなど公開情報から著者による編集

ション」と「企業バリュー」は、より抽象的で多くの商品群を含むことのできる規定になっています。

一貫性があれば、接頭語や語尾を調整するだけで、一本の話にまとめることができます。筋が破綻することはありません。むしろ、１つの物語にしたときに違和感がある場合、経営理念の再解釈（広げてみたり、具体的にしてみたりなど）が必要となります。

「スノーピーク」企業ブランド・ストーリーの例

「スノーピーク」は、地球上の全てのものに良い影響を与えていきます。そのために、自然指向のライフバリューを提案し実現するグローバルリーダーを目指します。これを、「衣食住働遊」という５つのテーマで自然を感じる価値を提供することで実現していきます。その結果として、多くの人が、人間も１つの自然だと気づき、その体験が人間性を回復してくれます。自然の大切さや未来への持続可能性に気

づくことができることで、サステナビリティの可能性を高めると信じています

「スノーピーク」商品ブランド・ストーリーの例

「スノーピーク」の商品は、地球上の全てのものに良い影響を与えるためにつくられています。そのために私たちは、自らもユーザーであるという立場で考え、お互いが感動できる自然志向の体験価値を提供しています。自然の中で酷使する道具には、思い出とともに傷跡が刻み込まれ、使い込むほどに愛着がわきます。それは新品にはない価値を持つのではないでしょうか。そして、その体験が人間性の回復につながります。人間性の回復が、自然の大切さや未来への持続可能性に気づき、サステナビリティの可能性を高めると信じています。

※参照用に公開情報から著者が類推したもの

第6章

「社会貢献活動」ブランディングへの拡張の仕方

6-1 「社会貢献活動」ブランディングの特徴と留意点

「活動し続ける」ためのブランディング

■ブランディング全般の中での社会貢献活動

ブランディング・ファシリテーターの業務を長く続けていると、社会貢献活動をブランディングでサポートする案件も出てきて、その数は徐々に増えています。役割どころは、**プロボノ**（Pro bono）としての参加です。プロボノは、社会貢献をより的確に、効率良く行うために、各分野の専門家が知識やスキルを、本業とは別に無償提供する人です。ブランディングの視点で、ブランディングとは縁のない活動する人たちをサポート（限られた貢献ではありますが）してきたわけです。

前章までは「売れる」ことと「売れ続けること」の区分けでブランディングを解説してきましたが、本章では**「活動する」ことと「活動し続ける」こと**に置き換えます。著者がプロボノとして社会貢献活動に参加して学ばせてもらったのは、**「活動し続ける」ことは社会貢献活動では非常に重要な意味を持つ**ということです。著者自身、まさかブランディングと社会貢

■図表6-1-1 「社会貢献活動」ブランディングの位置づけ■

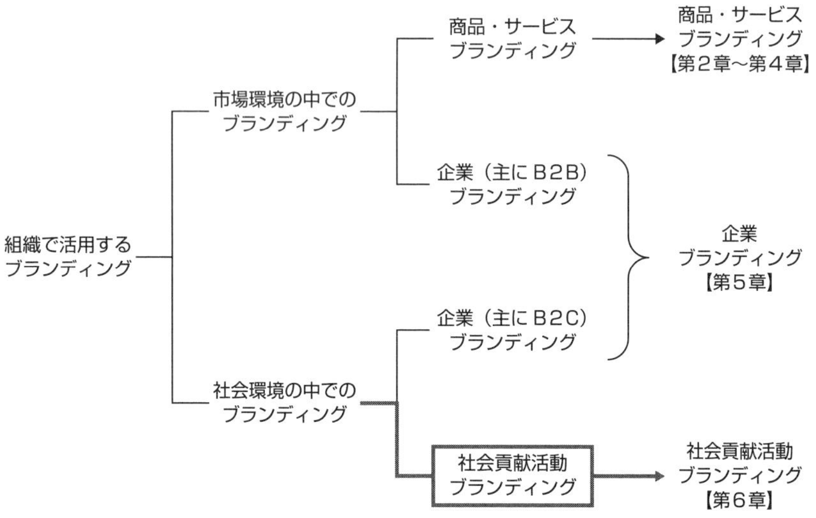

献活動に重なるところがあるとは思いませんでしたが、社会的貢献活動は社会的な課題を世間に提示することです。そして、提示した課題が「多くの人に心の底から解決すべき課題だと理解してもらう」ためには時間がかかるのです。

アフガニスタンで活動をしていた医師の中村哲さんは「(社会貢献活動は)長い目でコツコツと活動する以外にない」(『わたしは「セロ弾きのゴーシュ」』2021年)とも語っています。「活動し続ける」ことは、なかなか目立ちませんが社会貢献活動の中心テーマではないでしょうか。

ここでの社会貢献活動は、「**社会的な課題の解決に貢献することを第一目的に、運営のための活動費用の調達をしながら行う組織活動**」としています。組織形態としては、NPO法人や一般社団法人などの非営利法人が代表的なものです。

少し解説を加えましょう。このような組織は、組織の収益や活動員の収入を否定しているわけではありません。ただし経済的な活動はあくまでも活動を維持するためのもので、社会的な課題を解決することに貢献するのが最優先です。つまり、質的な目的が主体です。なお、営利法人であっても社会貢献活動はできますし、非営利法人であっても社会貢献活動とは異なる、特定分野の振興や資格発行を目的とするものもあります。やや区分が複雑ですので、本書では「社会貢献活動」で括っています。

■社会貢献活動における4つのステークホルダー

「商品・サービス」ブランディングが対象としていた活動は、提供側と利用側の価値交換(商品・サービスの価値と値札どおり支払われるお金の交換)のみで運営します。しかし、支援を含む社会貢献活動になると少し複雑な関係になります。

「企業」ブランディングと同様に、集団での社会貢献活動でも多数のステークホルダー(利害関係者)が存在します。大きくは**「提供者」「受益者」「支援者」「協力者」**の4者です。

提供者

活動を運営することで、社会的な課題を提起する人々。活動の存在そのもの。社会貢献活動ブランディングの中心。

受益者

社会的な課題を抱えており、活動によって課題が解決（軽減）される人々。

支援者

活動に必要な資金を拠出する人や組織金銭的なサポートをする人々。ファンドレイジング（非営利活動団体による資金調達の総称）の対象者。会員となっての費用負担、公共組織からの補助金、篤志からの寄付、クラウドファンディングでの資金調達などがある。活動自体の存在を支える。

協力者

受益者の関係者、活動基盤の提供者、専門知識での活動サポート者など。受益者の保護者や、施設類を貸与する人、プロボノ、ボランティアで、資金以外の部分で提供者を支える。支援者よりは受益者との接点が多いため、活動内容の質に影響を与える度合いが高い。

■社会貢献活動での交換の特殊性について

社会貢献活動では、価値の交換のみを運営の前提とせず、社会的な貢献を優先させて、足りないリソースを支援で補っていきます。そのため、**提供者側と受益者側の二者の間の価値交換だけに関しては非等価**といえます。つまり、そのままだと長続きしない交換の関係ですから、「市場環境」より広い「社会環境」の中で捉えていく視点が必要になります（極論すると、贈与も非等価な交換の１つといえます）

たとえば子ども食堂では、受益者負担を少なくするために食事代が安く（または無料）されています。食堂運営のための不足しているリソースは支援者によってサポートされます。また、障がい者の自立支援としての一環で受益者が商品をつくり、支援者が買うようなケースもあります。設定価格は高くなっても利用者が支援者となって購入する形式です。結果として、受益者の得るお金が増えますが、これも非等価な交換を支援支援によって等価な状態に戻す仕組みといえます。

いずれも、**提供者（非営利活動の主催）、受益者（得られなかったメリットを活動を通じて得る側）、支援者（活動が成立するための基盤をサポートする側）の三者の間で非等価な交換への合意ができている状態**です。

■図表6-1-2 「商品・サービス」と「社会貢献活動」の違い■

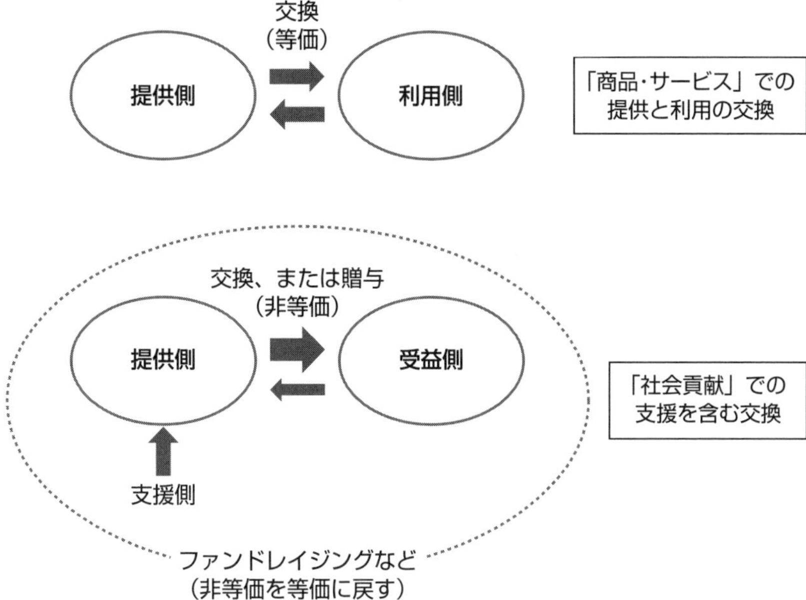

交換が生むお金の不足の埋め方も、さまざまです。ファンドレイジングによって資金を集める大きな支援から、受益者への寄付的な商品購入のような小さな支援まで、支援の仕方にばらつきはあっても、社会貢献活動には支援者が不可欠な点は共通しています。

本書のブランディングが対象とする社会的貢献活動を堅く規定すると、「**社会的な課題を解決するために、継続的な費用支援を必要とする組織的な非営利活動**」となります（すべての非営利活動が費用支援を必要としているわけではないためです）。

6-2 課題関心人口を増やす

次の支援者や協力者を流入させる仕組みをつくる

■社会貢献活動と課題関心人口

社会貢献活動のブランディングでは、他の領域（商品・サービス、企業）にはない重要な項目が含まれます。「**課題関心人口を増やす**」という項目です。

「活動する」を「活動し続ける」につなげていくためには、提供者、支援者、協力者の流入が必須です。子ども食堂の「今の運営」には、提供者による受益希望の子どものための食堂自体の運営、支援者となる自治体の補助金や人々の寄付、協力者のボランティアや物資・設備などのサポートで成立します。「活動し続ける」ということは「明日の運営」が準備できていることを意味します。

すると、これからの運営のために必要な提供者の維持、支援者の維持、協力者の維持を期待したいのですが、常にヒト・モノ・カネの流動に備えておかねばなりません。確かに、今の運営に携わる人々の課題への関心は非常に高いものがあります。「ぜひ、活動に参加させてください」「協力できそうなことは何でしょうか？」といった気持ちがある人々です。

しかし、このようなボランティアの人々は自分の生活を優先せざるを得ない状況になることもあり、そうすると活動の維持に影響します。また、社会貢献活動の幅を広げようと思っても、自治体がこれ以上の補助金は出せないとなれば、活動の動きは制約されます。

「課題関心人口」（課題に関心のある人数の多さ）は、直接は次の支援者、協力者を流入させる入り口の役割になります。「子ども食堂のことは名前だけしか知らなかったけど、手伝ってみようと思います」と考える協力的な人たちの絶対人数が増えれば、実際に当事者となってくれる人の数も増加します。また、間接的には、今の支援者や協力者を後ろから押してくれます。「子ども食堂の補助金を増やすことが望ましいのでは？」という自治体内部の声、「知人にボランティアしたいという人がいるけど、紹介したい」という協力の輪を広げてくれることは、やはり、「活動し続ける」

につながる動きといえます。

たとえば、昨今の日本の教育制度が古くなってきている状況を変えていこうとするのは、国の制度を変えることも視野に入れるような大きな社会的な課題です。一般社団法人Learn by Creation（ラーン・バイ・クリエイション）を主宰する竹村詠美さんは、在野の側から日本の教育を革新するために必要なものとして、教育関心人口を挙げています。解決のための動きと同時に、世間での課題への関心の規模を大きくすることが重要だと考えているからです。竹村さんは具体的に、組織や立場、年齢も越えて共に学び合う多様な場をつくり、学びへの課題関心人口を増やす活動をしています。

■課題の特徴から社会的貢献を見る

社会的な課題とその解決に向かう動きには大きく３つの特徴があると考えられます。課題関心人口を増やすときの留意点でもあります。

①社会的な課題はそもそも存在してないかのように見える面がある

社会的な課題は公共の問題なのですが、問題を抱える人数が少なかったり、目立たなかったりするためにスルーされて今に至っていることが多いのです。経済格差からの貧困だったり、地域が直面する山村の高齢者の生活問題だったりします。**活動以前は見えていなかったものが、先行して気づいた志ある人たちが声を上げて、手足を動かす覚悟をして活動になって、世に課題となって登場します**。

記憶にある方もいるかもしれませんが、2014年に「アイス・バケツ・チャレンジ」というキャンペーンがありました。筋萎縮性側索硬化症（ALS）の研究を支援するため、バケツに入った氷水を頭からかぶるか、またはアメリカALS協会（英語版）に寄付をするかを問う運動でした。課題の存在をアピールすることで、課題関心人口を一気に増やしました。

②社会的な課題は登場時が最も関心が高い

社会的課題の関心は時間とともに弱まっていくのが人の常です。このことは責められません。大きな自然災害や紛争による難民の発生など、社会的なインパクトが強いために大きく報道される問題は、社会の一時的な関心を高めます。ニュース性があるものは課題関心人口を増やすことになり、これらの課題に対して解決を試みている提供者への支援者・協力者も比例して増えます。ただし、アイス・バケツ・チャレンジと同様、ニュースが忘れ去られるとやはり関心も低下していきます。**課題関心人口は、人々の関心を喚起される出来事の量と、自然に忘却されていく力のバランスで決まります。**

③ 社会的な課題は、普段の生活で解消されることがゴール

社会貢献活動には独自の終わり方があります。商品やサービス、企業ではできるだけ長く「売れ続ける」——長く市場に存在することが望ましいわけですが、「活動し続ける」がブランディングの根幹である「社会貢献活動」ではやや様相が異なります。普段の生活で一般の人々が自然に課題を解消するふるまいになったらゴールであり、活動自体が不要になる世界が理想です。子ども食堂がなくても、すべての子どもが健全な生活を送れるようになる世界です。残念ながら、それまでは存続し続けることが必要です。逆説的ですけれど、**「活動し続ける」こととは、「活動がなくてもよい世界に近づくため」だということ**です。

■課題関心人口からの波及

「課題に関心がある人々」とは、潜在的なステークホルダー層です。本書は、その人数の多さを課題関心人口と名づけています。何かの機会があれば次のステークホルダーになる人々ですが、基本的には関心がほとんどない一般層として考えます。多くの人々は、課題の存在もそのための社会貢献活動の名称や大まかな内容（フェアトレードや、ホームレスの自立支援など）は知っているかもしれませんが、普段の生活では社会の問題としての影響を感じていません。

一般の人々が課題に関心を持つのは、この課題が人ごとではないと感じたときです。つまり、どこか自分の生活や生き方に影響がありそうだと、他人の話なのに行動の必要性を感じる場面です。簡単にいえば、人が川に落ちたら本能的に助けようと思うのと同じです。もっと卑近な話なら、人に道を聞かれたら教えてあげようと思う気持ちです。

人助けは人の本能なのですが、一般の人々は今の自分の生活で頭の中がいっぱいです。提供者が訴える社会的な課題は、多くの一般の人々にとっては優先順位が低い状態といえます。もっとたくさんの課題が渦巻いてい

て、「仕事はどうする？」「子どもの世話はどうする？」「親の介護はどうする？」など、優先順位の高い常連の課題で埋め尽くされています。そこからスタートして、徐々に「フェアトレードのための活動にボランティアで参加します」「ホームレスの自立支援の活動に寄付します」という行動への変化を期待するわけです。社会的課題は、多くの人々の頭の中で行動の優先順位、つまり、行動選択のシード権を上げる必要があるのです。

■図表6−2−1　課題関心人口からの波及の例■

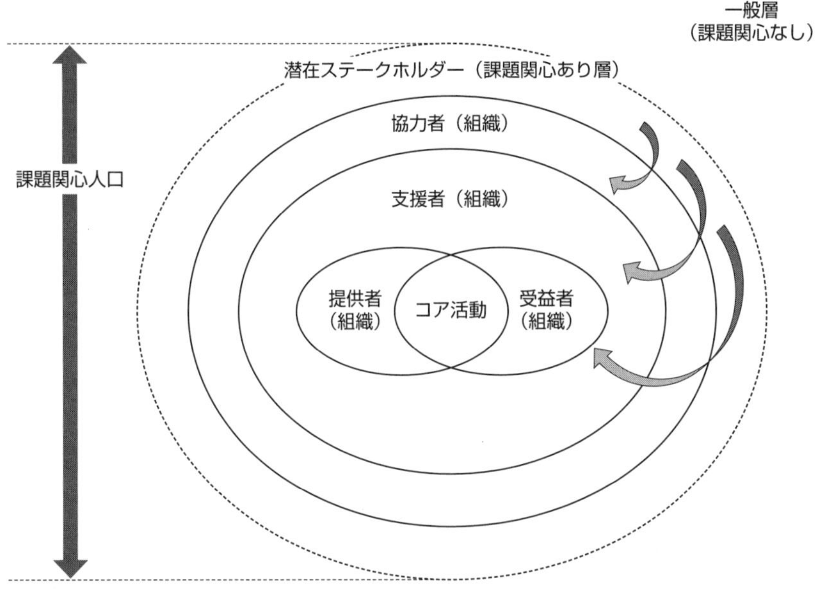

6-3 「社会貢献活動」ブランディングの質的指標と参照事例

各指標の活用の仕方を考える

■質的指標とは社会貢献活動の健全さ

社会貢献活動では、参照していく中心の指標は質的なものになります。

ここでは、3つの期待される質的なリターンを設定しています。「新規獲得コスト」(CPA)、「生涯累積貢献」(LTV)、「第一再生記憶」(TOM)の量的な参照指標が向上していく結果として、それぞれに対応する社会貢献活動ならではの質的なリターンがあります。質的な部分のどこにこだわるかは社会貢献活動の主宰者によって異なるでしょう。ここでは「量→質」の意味の転換方法の1つとして、質的なリターンを捉えてください。

「新規獲得コスト」(CPA)の量的指標と質的指標

社会貢献活動ではステークホルダーごとに、**新規獲得コスト(CPA)の低下が「活動し続ける」ことを支えてくれます**。まず、新たな受益者は社会貢献活動の対象となる人々です。子ども食堂であればサービスを提供する相手である地元の子どもたちであり、加工食品を通じた農産物のフェアトレードであれば、現地で農作物をつくる人々や食品に加工業務の従事者です。

そもそも社会貢献活動は受益者ありきで発足しています。そのため新規の受益者はほとんどの場合、すでにいます。むしろ、**支援者・協力者の新規獲得コスト(CPA)が下がっていくことが最も重要な指標**です。

今の支援者・協力者から派生して、次の支援者・協力者候補が続いてくれることが理想ですが、この流れにコストがかかりすぎては活動自体に支障が出ます。もし、今のステークホルダーから「あの活動はこんな活動で、この部分が意義深いと思って支援しているんだよね」というメッセージによって次のステークホルダーが登場してくれるなら、提供者側から支援や協力をお願いする回数が減ることになります。つまり、支援や協力の継続的な獲得コストが少なくなっていくことを意味します。ブランディング全体の流れに沿って言い換えると、新規獲得コスト(CPA)が下がっていく状況です。

ここまでが量的なリターンで、社会貢献活動を「活動し続ける」ための必要条件です。その先のあるのは、「多くの人への、直接体験を通じて課題を理解する機会の提供」であり、いろいろな人が活動に参画し、「そうか。社会的課題の取組み現場はこんな感じなんだ」といった社会的な課題が体感をともなって広がっていく、質的なリターンです。

生涯累積貢献（LTV）の量的指標と質的指標

既存の受益者が継続利用し、支援者、協力者が継続サポートするようになることで上昇するのが、生涯累積貢献（LTV）です。投下するリソース（提供者側の時間・費用・労力）が少なくて、量的なリターンを維持、または向上できるのが理想なのは、すべてのステークホルダーで共通です。

質的な視点で見るとどうでしょうか？「**それぞれの立場からの活動の幅と精度が上がる**」ということがいえます。ざまざまな人の視点やノウハウが、活動の内容をより良くしてくれるのです。

当初の社会貢献活動は手探りであり、決まった活動のやり方が定まっていません。また、テスト・マーケティングなどはせずにスタートするのが一般的です。活動しながら学び、良い運営アイデアを見つけては実装していく必要があります。受益者は提供者への活動内容のリクエスト、支援者はもっと効率の良い資金の集め方、協力者は受益者への新たなサポート手法などという形で、長く参画することで全体の活動の質を上げてくれます。**長く活動してもらうことが、生涯累積貢献（LTV）の質的なリターンとなって返ってくるのです**。

第一再生記憶（TOM）の量的指標と質的指標

第一再生記憶（TOM）は「○○といえば？」という質問に対するブランド想起の強さを示します。社会貢献活動でも「このエリアで子ども食堂といえば？」「この商品カテゴリーで、フェアトレードで売られているのは？」などの質問への回答が該当します。

ただ、そこまでの知名度を求めることは社会貢献活動では必要ありません。そもそも、「社会貢献活動」ブランディングは、活動が回り続ければいいのですから、参照指標としての第一再生記憶（TOM）の優先順位は低くなります。

しかし、第一再生記憶（TOM）が高まれば「活動し続ける」ことへの貢献にもなります。ブランドの認知度がアップするメリットの代表的なものは、**自分たちの活動の名前がより有名になって、メディアなどに取材される機会が増えていくことです**。活動への認知が高まると、提供者のメディア露出機会が増えます。「子どもの貧困問題について話を聞かせてくれませんか？」「フェアトレードの現状について取材させてくれませんか？」などと、社会課題をメディアで語る場面に呼ばれることが増えていきます。そうすると、新たなステークホルダーになる人が現れる確率が高まります。最終的には、課題人口の拡大にまでつながります。質的なリターンを通じて、もう一段大きな量的リターンを得ていくことができるわけです。

■図表6−3−1　「社会貢献活動」ブランディングのリターンの「量」と「質」■

「社会貢献活動」ブランディングで期待される量的なリターン （量的なリターンを求めるが、最終ゴールではない）	量→質 意味 転換	「社会貢献活動」ブランディングで期待される質的なリターン （活動の実感ゾーンが拡大するのが質的なリターン）
新規獲得コスト（CPA）の低下 新規の受益者、支援者、協力者がコストをかけないで増える	→	「多くの人の直接体験から得られた課題への理解する機会の提供」 色々な人が活動に参画し、社会的な課題を体感する
生涯累積貢献（LTV）の拡大 既存の受益者が継続利用し、支援者、協力者が継続サポートする	→	「活動の幅と精度が上がる」 さまざまな人の視点やノウハウが、活動の内容をより良くしてくれる
第一再生記憶（TOM）のアップ 活動名の認知度が高まる	→	「社会的な課題を世に訴える機会」 人と会う、人に伝える機会が増えて、課題関心人口が増えていく

■「社会貢献活動」ブランディング・フレームワークの参照事例

「社会貢献活動」ブランディングの参照事例として、本書では一般社団法人「ミチトナル」を取り上げます。「ミチトナル」は、最新の教育テクノロジー（Edu-tech：エデュテック）や学習コンセプト（探求学習など）を活用した学びの場（活動ブランド名称：STEAMラボ）を地域自治体の支援を受けつつ共同で立ち上げて、中高生が自らの視点で地域の活性化・

課題の探求をテーマにした、独自の作品をつくっていきます。

これによって、都市部が先行することの多い最新の学びを、エキスパートの協力を得ながら地方からスタートさせています。地元の中高生が最先端の学びに触れながら自分たちの視点で地元の魅力を紹介したり、地域の自治体も支援だけでなく、子どもたちの作成したコンテンツを地域活性化のための話題づくりとして、継続的に活用できるメリットもあります。たとえば、ドローンを使ってまだ誰も見たことのない地元の風景を観光の目玉として紹介する動画の作成、SFプロトタイピングの手法を使った地元の100年後の未来を語る小説の創作などです。

ちなみに、「STEAM」とは、技術革新が進み人工知能の影響で世の中が大きく変化する中でScience（科学）、Technology（技術）、Engineering（工学・ものづくり）、Art（芸術・リベラルアーツ）、Mathematics（数学）の５つの単語の頭文字を組み合わせた、横断的・探求中心的な学びの概念です。

「ミチトナル」は、従来の全方位・記憶中心の学びからの脱却を社会的な課題として掲げ、学びの変革を地方から興そうとしている一般社団法人です。受益者は中高生、支援者が地方自治体（自治体活性化を担う部門、教育を担う部門など複数）、協力者がSTEAM関連のエキスパート、中高生の保護者となっています。

本書では、組織代表の方からのヒアリングに基づいて、「社会貢献活動」ブランディングのフレームワークの参照事例にさせてもらっています。

■図表6−3−2 「ミチトナル」のブランディング・フレームワークの例■

中心点	①コア・コンセプト	エデュテック（Edu-Tech）を活用し、中高生が地域/社会とコラボレーションしながら自由に自分の可能性を探究できるSTEAMラボ	
観点	②価値観 〈ブランド・ストーリー〉 ・私たちが理想とするのは、誰もが100%の自分を生きることができる社会です ・「自分」を表現する機会を、多くの地域や多様な人を巻き込みながらつくる ・STEAM領域の最先端のスキルを学ぶ ・子どもが自分の長所や魅力に気づき「自己価値観」を高める	③成長観 〈ブランド・パートナー〉 ・受益者：地域で学ぶ子ども（中高生）、探究学習ならではの作品をつくれる人 ・支援者：地域課題を教育で解決したい自治体の中で、探求学習の意義を地元の目線から語れる人（行政担当） ・自発的な情報発信をしてくれる ・ステークホルダーの境界線を自発的に越えていく	④世界観 〈ブランド・ワールド〉 地方自治体＆探求のユニークさを「多彩さ」「ダイナミックな」「動的な感じ」で表す
設計	⑤評判設計 （遠心力設計） **情報拡散の方針** 「STEAM」関心人口の継続的な増殖 **評判コンテンツ開発** ・主宰者が語るコンテンツ ・ステークホルーごとのサブ・ストーリー ・支援者・協力者の持つメディア組み込み **新規獲得コスト(CPA)の参照指標** 他の自治体からの相談件数	⑥絆設計 （求心力設計） **体験累積の方針** 絆自体が自然に価値を生む構造（支援者・協力者の関係性） **絆ネットワーク開発** 当事者が出会う場面数を増やす 横のネットワーク（同じ関心層内） 斜めのネットワーク（異なる層の交流） **生涯累積貢献(LTV)の参照指標** 受益者からの協力者への転進数 協力者それぞれの継続意向	⑦シンボル設計 （印象力設計） **情報と体験シンボル化方針** 次世代の学びに関する用語の積極的な利用と解説 **シンボル要素開発** シンボリック・ワード：「第四の学び」、「STEAMラボ」 シンボリック・パーソナリティ：可能な限り教育という単語を使わない **第一再生記憶(TOM)の参照指標** メディアからの出演や講演の依頼数

※代表者からの活動情報を整理して著者が作成したもの

6-4 「社会貢献活動」ブランディング〈フェーズⅠ〉中心点

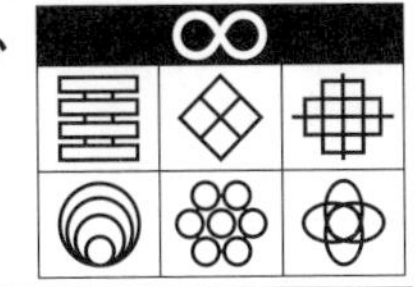

コア・コンセプトの設定

■コア・コンセプト策定のワーク

社会貢献活動ブランディングのフェーズⅠです。中心点を定めるコア・コンセプト策定のワークになります。基本は、活動の対象となる受益者の視点で作成します。

また、活動のケースにもよりますが、支援者の活動維持への比重が高い場合、同時に支援者版のコア・コンセプト確認のワークをしておくことをお勧めします。これは社会貢献活動ブランディングの特徴の1つです。「提供者＝（等価な交換）＝利用者」であればコア・コンセプトも1つで済みますが、社会貢献活動ブランディングでは「**提供者＝（等価な交換）＝受益者＋支援者**」という構図であるために、支援者の貢献する比重が高ければ、全体のブランディング活動が支援者に対してもブレないようにしなければなりません。

特に、社会貢献活動における平均的なファンドレイジング・コスト（活動の資金集めにかける費用）がおよそ20％（『非営利団体の資金調達ハンドブック』徳永洋子：著、2017年）だとすると、ブランディングがファンドレイジング・コストの削減に貢献できる部分は大きいといえます。また、支援獲得のコストが下がってくれることは、延べ受益者の数を増やすための活動に資金を集中できることを意味し、社会貢献度合いが高まります。

■コアとなる「活動意義」を主人公にしたワーク

社会貢献活動ブランディングにおけるコア・コンセプトは、活動が担う社会的な意義を言語化するものです。ざっくり言うと「『活動する』って何？」をひと言（一文）で表したものです。「活動する」があっての「活動し続ける」なので、ブランディングのスタートであり中心点となります。

社会貢献活動では、そもそもの活動する動機には、社会的な矛盾を解決したいという欲求があります。これを言語にします。しかし、要素が複数絡んでいることで、なかなか見えにくい課題になっていたり、すでにわかっている気がしてしまう場合があります。「今さら文字にしなくても……」

と思えるワークですが、ブランディングによる「活動し続ける」ための工夫がブレないようにするためにも、中心点が必要です。

具体的には、受益者をベースにワークします。つまり、社会貢献活動が成立する背景を受益者の視点で説明することになります。活動以前の受益者は「自分たちでは解決するのがむずかしい、なんらかの社会的な不具合」を受けているので、複数の要因の中から最も大きい矛盾する関係を、対極性のフレーム「Aの解決ならBが起き、Bの解決ならAが起きる」の形式で明文化します。原理は、「商品・サービス」「企業」の章で紹介したものと同じです。

一般社団法人「ミチトナル」の例で考えてみましょう。地方（大都市以外）の中高生の学びにおいて、課題になっている矛盾を対極性の視点で言語化します。

・記憶中心の学習から脱却していく→最先端の探求学習を受ける→どうすればいいのかわからない
・探求学習を進めている先進的な学校に行く→地方には先進的な学びが来るのが遅い→学校に新しい学びが入ってくるのを待つ

■図表6−4−1　「受益者」からの「ミチトナル」のコア・コンセプトのワーク■

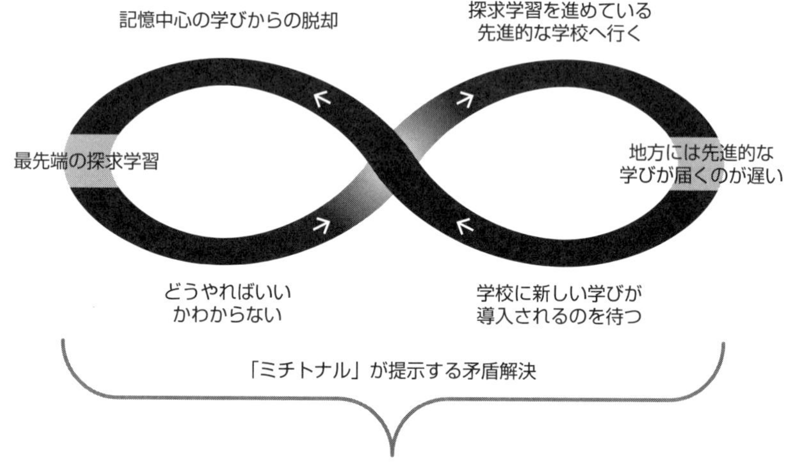

これは2方向の選択に板ばさみとなり、妥協を強いられている形になっています。言葉を補足してみると、潜在的な受益者の葛藤が明文化されます。

・どうすればいいのかわからない（から）＝探求学習を進めている先進的な学校に行く（しかない。でも、地元を離れなければいけない）
・（このままなら）学校に新しい学びが入ってくるのを待つ（しかないから）＝（自分で）記憶中心の学習から脱却していく（でも、わからない）

一般社団法人「ミチトナル」のブランドのコア・コンセプトの例
エデュテック（EduTech）を活用し、中高生が地域/社会とコラボレーションしながら、自由に自分の可能性を探究できるSTEAMラボを提供する

■「支援者」を主人公にしたワーク

ついでながら、コア・コンセプトを支援者の視点でどう描けるかについてのワークも行っておきます。社会貢献活動では、支援者はキーとなるステークホルダーだからです。ワークの原理は同じです。並列してもコア・コンセプトの意味が通じているかどうかをチェックしておきます。こちらも「ミチトナル」の例で見てみましょう。

地方自治体にとって……

・地域の活性化をしたい→全国どこでも同じような活動→短期的に終わってしまう
・次世代を見据えた地域の魅力づくりをしたい→何をすればいいのか参照するものがない→精神論で終わってしまう

ここでは同時には選べない支援者の葛藤が明文化されます。

・「短期的に終わってしまいやすい」を解消するためには、「次世代を見据えた地域の魅力づくりに取り組む」必要がありそうだ。しかし……

・「精神論で終わってしまう」を解消するためには、「具体的な地域活性化の案」が必要だ。しかし……

これは2方向の選びたくない妥協を強いている課題になっています。

「ミチトナル」のコア・コンセプトは、受益者と支援者の抱える葛藤を解決できる可能性があります。「提供者＝（交換）＝受益者＋支援者」が成立する点（の1つ）です。

■図表6−4—2　「受益者」と「支援者」からの「ミチトナル」のコア・コンセプト■

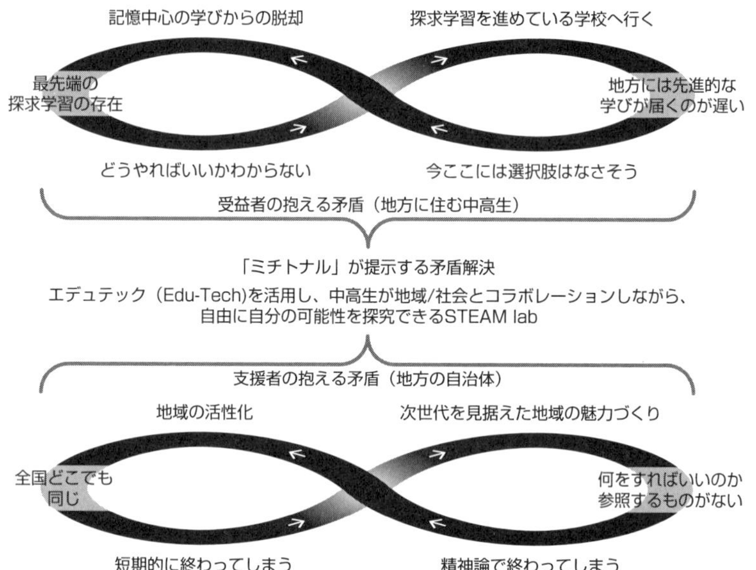

6-5 「社会貢献活動」ブランディング〈フェーズⅡ〉価値観

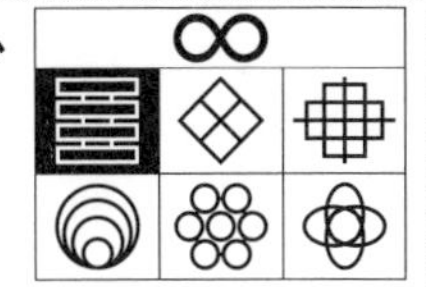

ブランド・ストーリーの設定

■社会貢献活動のブランド・ストーリーと派生するストーリー

「社会貢献活動」ブランディングのフェーズⅡです。価値観――成長観――世界観の順でワークの解説をします。ブランディングの「観点」を明確にしていく段階です。「社会貢献活動」ブランディングでは、**フレームワークのメインとなる受益者と提供者をつなぐブランド・ストーリーと、登場するステークホルダーごとのサブ・ストーリーの２種類があります。**

（ⅰ）メイン：受益者――提供者のブランド・ストーリー

価値観の柱になるものです。「商品・サービス」ブランディングとの相違があるのは、利用者を受益者に差し替えている部分です。

（ⅱ）サブ：支援者・協力者など向けのブランド・ストーリー

社会貢献活動は、ステーク・ホルダーの支援者・協力者抜きに活動は成立しないので、それぞれに活動のブランド・ストーリーを明確にしておきます。**相手のニーズの視点で描いておく**のがポイントです。活動の内容によってステークホルダーの構成は異なります。ステークホルダーを細かく分けてもいいですし（資金支援者、専門性協力者、行政関係者、内部協力者、受益者関係者、拠点近隣住民など）、支援者と代表的な協力者ぐらいの大きな括りでサブ・ストーリーを設定しても構いません。内容的には（ⅰ）のメインのブランド・ストーリーから派生したものになります。

■（ⅰ）メインのブランド・ストーリーのワーク

価値観の明文化です。ブランド・ストーリーを作成し、活動の価値を「人に語る・語りたくなる価値観」に翻訳します。ワークの構造は同じですから、他の章でのブランド・ストーリーの書き方を参照できます。

それでも、自分の活動の価値観を語るとき、「商品・サービス」的な語り方がいいのか、「企業」的な語り方がいいのかは、傾向で分けることができます。書き方のスタイルがやや異なるからです。

「商品・サービス」のブランド・ストーリーは、公開していくことが前提にあり、対外的に強い主張で、具体的な単語が多く組み込まれています。一方、「企業」のブランディングではブランド規模が大きいこともあって、抽象的な単語が多く使われるところがあります。自分たちの活動の規模によって、カバーしていきたいステークホルダーの人数が異なりますから、少ないのであれば「商品・サービス」のスタイルを、大きいのであれば「企業」のスタイルを参照するといいでしょう。

ただし、社会貢献活動のように「必要だが、正解かどうかわからない活動」を推進する中では、**主宰者の人柄がストーリーの書き方に反映されるのは自然なことであり、むしろ、自分の言葉で書くことが人に伝わります。**型よりハート優先で、ワークしてください。

① 提供者の志

活動の起点となるのが提供側の“志”です。社会貢献活動は起点に主宰者がいます。個人が活動を通じて世に問いたい思いが大切なのです。“志”は他者の意見によって変更したり、周囲に納得してもらうものではありません。表現の仕方が具体的な言葉になっているか、抽象的な理想論かは別にして、“志”は主宰者の自分自身へのメッセージであり、活動の存在から滲み出る意志です。周囲のメンバーや支援者、協力者への共感の源泉になります。

参照事例　一般社団法人「ミチトナル」では、「子どもが自分の長所や魅力に気づき自己価値観を高める」ことを活動の志としています。

② 提供者のシーズ

提供者ならではの活動を支える独自の仕組みやノウハウです。子ども食堂であれば、それぞれの活動が持っている食事の提供の仕方、食事の内容、場の魅力ですし、フェアトレードであれば、公正さを支えるシステム、支援者・受益者をつなぐ場の特色などが、該当します。

参照事例　一般社団法人「ミチトナル」では、「STEAMラボ」の独自単語がシーズのパッケージ名になります。その説明として「STEAM領域の最先端に触れながら学びのスキルを身につけていく」ことが提供者シーズの説明になります。

③ 受益者のニーズ

受益者のニーズは、社会的課題の解決内容です。ニーズとは欲求です。解決策がほしいのではなく、「解決してほしいものは何か」です。提供者にとって相手側の話なので、微妙なニュアンスをどうニーズとして設定するかは深く考えて明文化した部分です。

子ども食堂では、受益者ニーズは食事ではなく、団欒（だんらん）の時間かもしれませんし、フェアトレードであれば、現地で働く人の給料ではなく、日々の労働環境の改善につながることかもしれません。この社会的貢献活動では、「何をもって課題の解決といえるのか？」を熟考する必要があります。

参照事例 一般社団法人「ミチトナル」では、「自分を表現する機会を、多くの地域や多様な人を巻き込みながらつくる」と設定し、人に評価されるための表現活動ではなく、自分の内在している表現衝動に沿った作品づくりを、受益者ニーズとして設定しています。

④ 受益者の生活環境

活動が受益者に提供するものは、現時点での受益者への貢献だけではあ

■図表6−5−1 「ミチトナル」のブランド・ストーリーのワークの例■

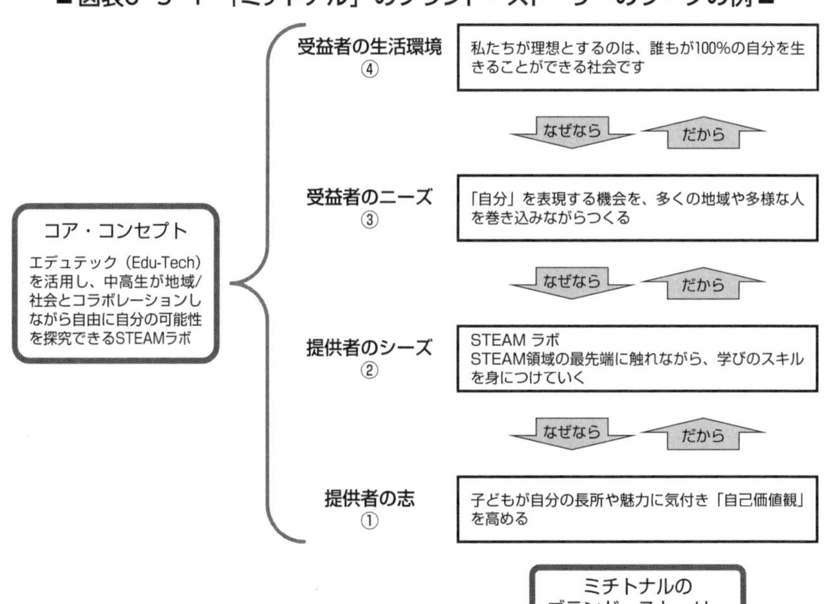

りません。その先には大きな未来や、変えていきたい社会があります。受益者を主人公にしたとき、「世間はどうなっていることが望ましいのか？」を示すのが、ブランド・ストーリーでの「受益者の生活環境」です。社会貢献活動が取り組む課題が最終的に解決されたなら、支援者や協力者も包含した、理想の「良い世界」につながっていくビジョンを書きます。

参照事例 一般社団法人「ミチトナル」では、「私たちが理想とするのは、誰もが100％の自分を生きることができる社会です」という文言を、受益者の望ましい生活環境を描いたものとしています。

一般社団法人「ミチトナル」のブランド・ストーリーの例

「ミチトナル」は、子どもが自分の長所や魅力に気づき自己価値観を高める活動を目指しています。そのために、（中高生たちが）STEAM領域の最先端に触れながら学びのスキルを身につけていく場を提供していきます。

これによって、自分を表現する機会を、多くの地域や多様な人を巻き込みながらつくることができるのです。そして、私たちが理想とする、誰もが100％の自分を生きることができる社会の実現に近づいていきます。

■（ⅱ）サブ・ストーリーのワーク

支援者向けのサブ・ストーリーは「継続的に資金提供する人に向けた、自分ごとの物語」、協力者向けのサブ・ストーリーは「継続的に協力する人に向けた、自分ごとの物語」です。

受益者のブランド・ストーリーに「共感」した上で、支援者・協力者にも活動にかかわり続けることに「納得」してもらう順序ですので、受益者向けのメイン・ストーリーに対してこちらはサブ・ストーリーになります。

サブ・ストーリーの役割

支援者・協力者の視点で見ると、１つの社会貢献活動は世の中を良くするための方法（How）の１つです。支援者には、他の方法で支援することも選択肢にあります。協力者にも自分たちの仕事や生活がありますから、協力できる限度が存在します。心の中では未来永劫100％サポートしたくても、そこには迷いがあります。

支援者も協力者も100％納得してこの活動を選んでいるわけではありません。この微妙な葛藤を「**認知的不協和**」といいます。今の支援も協力も「これでいい」と肯定する気持ちが、「これでいいのだろうか？」という疑問の気持ちをやや上回っているだけなのです（極端なら51％と49％）。他の活動を見たりすると「この活動を応援し続けることでいいのかな？」などと、自分の家に帰れば「もっと、支援活動の他にやるべきことがあるかもしれない」などと考えてしまうのは自然なことです。強制的に迷うことを止めてもらうことはできませんが、**「この活動を支援し続ける」理由（Why）について、提供者が考える意図を言葉で伝えておくことができれば、納得感は高まります**。認知的不協和が和らぐわけです。

同時に、このようなサブ・ストーリーは別の役割も担います。既存支援者が次期支援者（支援団体内の次期担当者を含む）に語るときに機能するのです。たとえば、「この活動は、ウチの意図とも合致しているから優先的に支援してきました」といった伝え方がなされることで、納得感が伝播できます。現在の協力者が次期の協力者に語る形なら、「なんで、この活動を選んでボランティアをしているんですか？」という質問にも、周囲の人に納得してもらう答え方ができるようになります。**活動し続けられる確率が高まる**わけです。

サブ・ストーリーの構成の特色

サブ・ストーリー（次ページ、図表6―5―2）は、メイン・ストーリーの「受益者」の部分を差し替えることで成立します（成立しないようでは、納得感は高まりません）。また、「環境」（273ページ、図表6―5―1の一番上のボックス）に関しては、支援者・協力者ともに個人的な生活より、公的な社会性の背景が強いので、「生活環境」→「社会環境」に言葉を変えて、当事者に合った書き方ができるようにしています。

支援者・協力者向けのサブ・ストーリーの参照事例

「ミチトナル」では、支援者は地方自治体です。そして、協力者はSTEAM ラボが必要と考える専門家と参加する子どもの保護者の２つを対象にして描いています。

■図表6−5−2 「ミチトナル」の支援者・協力者向けのサブ・ストーリー■

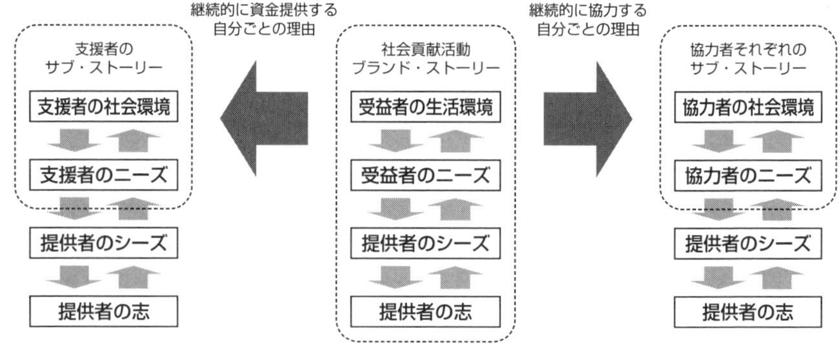

■図表6−5−3 「ミチトナル」全体のブランド・ストーリー■

	受益者〈学ぶ中高生〉ブランド・ストーリー	支援者〈地方自治体〉サブ・ストーリー	協力者……その1〈STEAMエキスパート〉サブ・ストーリー	協力者……その2〈子どもの養育者〉サブ・ストーリー
ステークホルダーの生活・社会環境	誰もが100%の自分を生きることができる社会に近づいていく	魅力的で継続的な地域紹介が移住人口の増加に貢献する	より社会性を高めた専門知識によって世の中が良くなっていく	子どもが探求していく姿から、親も大人の新たな学びの仕方に気づきを得ていく社会になっていく
ステークホルダーのニーズ	「自分」を表現する機会を、多くの地域や多様な人を巻き込みながらつくる	地域に根ざしたコンテンツが地元の子どもたちの視点でつくられるので、ユニークな情報発信が行われる	子どもの教育に関わることで、最先端の専門領域を教育ツールやノウハウにまでに拡張できる	子どもたちが「自己価値観」を自ら探る過程に立ち会える
提供者のシーズ	STEAMラボ STEAM領域の最先端のスキルを学ぶ	共通→		
提供者の志	子どもが自分の長所や魅力に気づき「自己価値観」を高める			

一般社団法人「ミチトナル」のサブストーリーの例
（前半はメインと同じ、後半がステークホルダーごとの差し替え）

支援者：地方自治体向け

「ミチトナル」は、子どもが自分の長所や魅力に気づき自己価値観を高める活動を目指しています。そのために、（中高生たちが）STEAM領域の最先端に触れながら学びのスキルを身につけていく場を提供していきます。

これによって、地域に根ざしたコンテンツが地元の子どもたちの視点でつくられるので、地元からのユニークな情報が発信されます（ニーズ）。その結果、魅力的で継続的な地域紹介が移住人口の増加に貢献することにつながります（社会環境）。

協力者：STEAMエキスパート向け

「ミチトナル」は、子どもが自分の長所や魅力に気づき自己価値観を高める活動を目指しています。そのために、（中高生たちが）STEAM領域の最先端に触れながら学びのスキルを身につけていく場を提供していきます。

子どもの教育にかかわることで、最先端の専門領域を教育ツールやノウハウにまでに拡張できます（ニーズ）。その結果、より社会性を高めた専門知識によって世の中が良くなっていくことにつながっていきます（社会環境）。

協力者：子どもの養育者向け

「ミチトナル」は、子どもが自分の長所や魅力に気づき自己価値観を高める活動を目指しています。だから、（中高生たちが）STEAM領域の最先端に触れながら学びのスキルを身につけていく場を提供していきます。

子どもたちが「自己価値観」を自ら探る過程に立ち会えます（ニーズ）。子どもが探求していく姿から、親も新たな学びの仕方に気づきを得ていく社会になっていきます（社会環境）。

■ブランド・ストーリーの意図と伝導

多種多様に見えるブランド・ストーリーですが、**「誰が、誰に向かって、どこで語るか？」によって、使い分けられます**。

メインとなる活動のブランド・ストーリーは、活動提供者がすべての課題関心者に向けて、簡潔に自己紹介していくためのものです。ベースは受益者向けになっています。

ブランド・ストーリーは、活動のサイト、配布パンフレットや説明用の資料など、受益者候補、支援者候補、協力者候補への説明場面で使うものすべてに登場します。共感と理解をともなう自分たちの活動が、相手の記憶に残る（覚えておきたいと思える）ためのもので、ブランディングの中核になります。原則、ストーリーの本数は１つです。ただし活動の時間経過とともに社会情勢も変化していきますから、それに呼応して内容を変えるのは問題ありません。

サブ・ストーリーはメインのブランド・ストーリーから派生しています。伝導の目的は大きく２つで、１つは生涯累積貢献（LTV）を上げるために、提供者から支援者、協力者との接点で使用します。サポートへの納得感が高まることが、継続的な支援、協力につながることを期待しています。

もう１つは新規獲得コスト（CPA）を下げるために、現在サポートしている支援者や参画している協力者から、潜在的な支援者や協力者に語ることで、次期支援者、次期協力者が出現する確率を上げるためのものです。

■図表6−5−4　メインとサブのブランド・ストーリーの使い分け■

	なぜ語るのか？	誰が語るか？	誰に語るか？	どうやって語るか？
メインストーリー	活動ブランド紹介	提供者	すべての課題関心者	すべての発信メディア
サブストーリー	生涯累積貢献（LTV）向上	提供者	それぞれのステークホルダー	それぞれのステークホルダーへの説明場面
	新規獲得コストCPA）低下	既存のステークホルダー	潜在的なステークホルダー	それぞれの人間関係で起きる説明場面

■〈注意点〉「ブランド」「ブランディング」という名称の扱い

社会貢献活動をブランディングの視点で扱うのは原理的には問題ありません。むしろ、活動を長期的なものにする点で貢献できます。しかし、「ブランド」や「ブランディング」という単語は、社会貢献活動の中では市民権を得ていません。これらの言葉を使うことによる、無用な誤解や先入観を避けるほうが望ましい場合もあるでしょう。

そのときは「ブランド」→「社会貢献活動」、「ブランディング」→「社会貢献活動継続の仕組み」といったように、言葉の差し替えをしてください。項目の名前を変えても、フレームワーク自体には、なんの影響もありません。

たとえば、「ブランド・ストーリー」を「社会貢献活動ストーリー」とするような具合です。同様に、「社会貢献活動パートナー」「社会貢献活動ワールド」「社会貢献活動リテラシー」などと言い換えることができます。

6-6 「社会貢献活動」ブランディング〈フェーズⅡ〉成長観

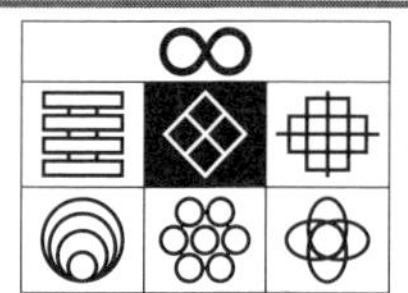

ブランド・パートナーの設定

■ブランド・パートナーのワーク概要

「社会貢献活動」ブランディングでのブランドの成長について考えてみましょう。「売れる」ことと「活動する」ことの大きな違いは、規模が大きくなるかどうかをどこまで気にするかの違いです。**社会貢献活動は「活動し続ける」ことを目指していますが、活動を大きくしたいわけではなく、受益者が抱えている社会的な困難さを軽減（団欒のある食事の機会や、健全な労働報酬など）したいのです。**むしろ、大きくしたいのは**「課題関心人口」**（258ページ参照）です。そういう意味では社会貢献活動の成長観は、商品・サービス、企業などの営利主体の活動とは意味が異なります。課題解決が活動だけでなく社会全般の動きになるための成長であり、そこに行き着くために手を組んでくれるステークホルダー像が、ブランド・パートナー像ということになります。

「活動する」ことはもちろん「社会に貢献している」のですが、ブランディングのフレームを社会貢献活動に適用するときに最も重要なポイントは、それだけでなく**「活動し続ける」こと自体も、「社会に貢献している」**点です。

■課題と活動の関係を整理する

少し視点を変えて解説します。ビジネスでよく使われる**「イシュー」**（Issue）という単語があります。課題や論点という意味の単語ですが、実際には「本質的な課題」という意味合いで使われます。『イシューからはじめよ』（安宅和人：著、2010年）では、本質的な課題（解決したときに期待できる効果がより高いものをイシュー）として、その精度を上げていくことを推奨しています。

どんな社会貢献活動も、１つの課題解決に対する１つの行動です。しかし、本質的な課題（イシュー）に取り組んでいるかどうかは不明です。たとえば、ある地域のある子ども食堂が取り組んでいる課題の奥底にある「本質的な課題」イシューは、日本の子どもの貧困問題の解決です。

ある地域に子ども食堂があれば、日本全体の子どもの貧困問題がなくなるわけではありません。本質的な課題（イシュー）である子どもの貧困問題に対して、ある地域のある子ども食堂の提供者がなんとかして解決しようとしている子どもたちの生活課題は、「部分的」といえます。しかし、子ども食堂が日本各地で増えていけば、世の中が大きく変わるはずです。

また、フェアトレードをすることも同様に１つの課題解決行動ですが、輸出先で起きている労働搾取や労働者の貧困問題が、奥にある本質的な課題（イシュー）です。それでも、フェアトレードは部分的とはいえ、社会的な課題を解決する一助になっているはずです。

現在の「活動している」社会貢献活動にも重要な役割があるとすれば、「先んじて踏み出している行動を通じて、埋もれていた課題を人々に見える形にしている」点です。**たとえ部分的ではあっても、その先には、まだ誰も取り組めていない本質的な課題（イシュー）とつながっているはず**なので、新たな解決案を行動に移す人々の登場が期待できるからです。

現在の社会貢献活動をブランディングで「活動し続ける」ようにすることで、課題関心人口の増加が期待できます。その影響によって、より多く

■図表6-6-1　社会貢献活動の広がり方■

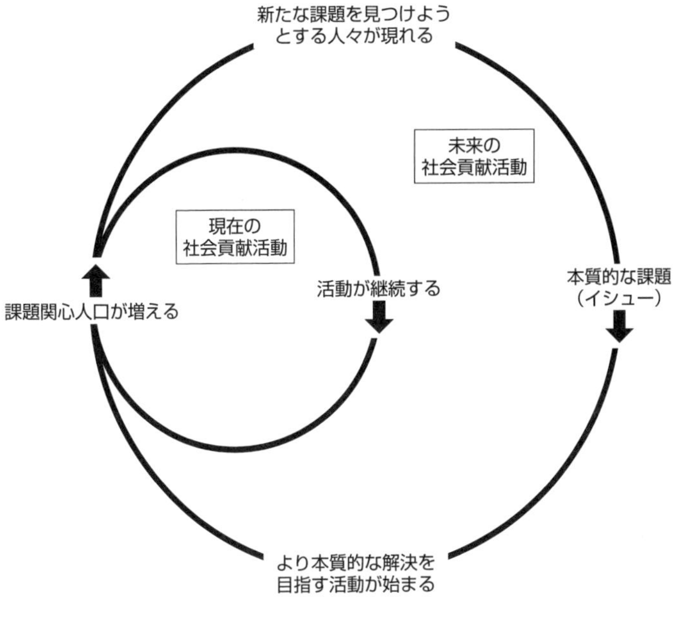

の人々が知恵やお金を出すようになれば、未来のより本質的な課題（イシュー）に近づいた社会貢献活動の実現を導くサイクルが生まれます。

■社会貢献活動ブランド・パートナーのワークの参照事例

さて、本題のフレームワークに戻ります。一般社団法人「ミチトナル」を参照事例に、ブランドパートナーのワーク（3—4、80ページ参照）を当てはめてみました。

①ブランド存在貢献行動（＝量的なエントリー条件）

・活動に1回でも参加する（ステークホルダー共通）

②ブランド・リテラシー（＝質的なエントリー条件）

・受益者（中高生）：地域で学ぶ子ども、探究学習ならではの作品をつ

■図表6—6—2 「ミチトナル」のブランド・パートナーのワーク■

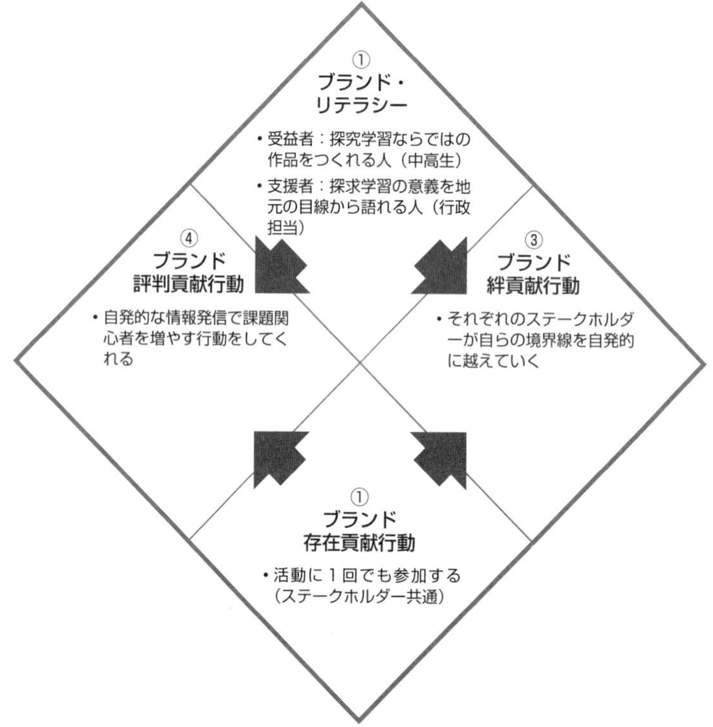

くれる人

・支援者（行政担当）：地域課題を教育で解決したい自治体の中で、探求学習の意義を地元の目線から語れる人

③ブランド評判貢献行動（＝新規獲得コストにつながる反響行動）

・自発的な情報発信で課題関心者を増やす行動をしてくれる

④ブランド絆貢献行動（＝生涯累積貢献につながる反響行動）

・それぞれのステークホルダーが自らの境界線を自発的に越えていく

■ワークの進め方

社会貢献ブランディングにおけるブランド・パートナーのワークは、以下のような流れになります。

① ブランド存在貢献行動

社会貢献行動では、受益者、支援者、協力者（提供者のメンバーも）が1回でも活動に参加してくれたなら、活動を成立させてくれている人とカウントできます。課題関心が行動に移ったら、それはもう存在貢献行動なのです。「活動に参加している」という行動がエントリー条件になります。

② ブランド・リテラシー

ブランド・リテラシーを社会貢献活動に当てはめてみると、大きく2つに分けることができます。社会課題のリテラシーと貢献活動のリテラシーです。

• 社会課題にリテラシーがある

活動が問題提起している社会問題について語れる人です。子ども食堂の活動視点なら、子どもの貧困問題に関心があって、自分の問題意識を言葉にできるなどですし、フェアトレードの活動の視点なら、「開発途上国からの経済搾取の問題に関心があり、自分なりの視点で問題を人に語れる」などが該当するでしょう。社会課題について自分が他者に説明できるためのリテラシーです。「社会の状況と課題の輪郭を、自分の視点で言葉にできる人」といえます。

■図表6−6−3　社会貢献活動におけるブランド・リテラシー■

•貢献活動にリテラシーがある

活動自体に関心があって、自分が貢献したいという思いを言葉にできる人です。たとえば、「地域の子どもたちの生活を少しでも望ましいものにすることが、結果的にはそこに住むすべての人々に安心感を与えてくれると思っています」とか「他の国の人々に貧しさを押しつけて豊かになっているのではないか、少しでも是正できないか」など、活動を自分ごととして語れるリテラシーです。活動の意義と自分の思いで、貢献活動を言葉にできる人といえます。

社会貢献活動でのブランド・パートナーとは、提供側の考えと行動を外側から支えてくれる人です。目線をそこに置いて、自分たちが期待するブランド・リテラシーを上記の２面（社会課題と貢献活動）で設定しておきます。活動状況によって重視ポイントは変わりますし、当然ながら、ステークホルダーごとに書き分ける必要があるかもしれません。

参照事例の「ミチトナル」では、受益者と支援者の両方を設定しています。

③ ブランド評判貢献行動

すべてのステークホルダーに共通している期待したい反響行動は、自発的な情報発信で課題関心者を増やす行動をしてくれることです。自発的な情報発信とは、自分の周囲の人々に会う機会で話したり、SNSで活動状況を広めたりしてくれる動きです。

「商品・サービス」ブランディングでの評判貢献行動と大きく違うところですが、社会貢献活動ではステークホルダーは評判貢献に関して積極的な場合が多いので、ここでは簡単な設定で済ませても大丈夫でしょう。むしろ、次のステップにある絆設計を通じて、**社会課題や活動自体への関心を高めるには何を語ってもらうのかが重視されます。**

④ ブランド絆貢献行動

ステークホルダーの中でも支援者や協力者は、課題関心があっての参画ですから、課題が存在し続ける間は継続して参加してくれるはずです。しかし実際は、社会貢献活動の必要性は理解していても、自分の生活自体が多忙になったり、もっと大きな社会問題（自然災害や戦争など）が出現したりすると、今の活動にかかわる優先順位は下がってきます。それもまた人として自然なことです。ですから、可能な範囲で**より活動に継続的にコミットしてくれる気持ちを醸成していくことが大切になります。**

6-7 「社会貢献活動」ブランディング〈フェーズⅡ〉世界観

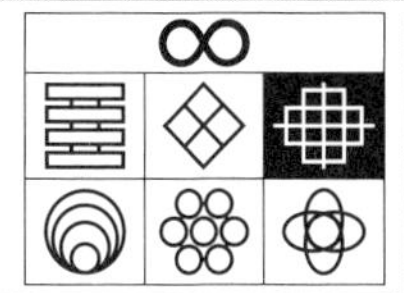

ブランド・ワールドの設定

■社会貢献活動がブランドの世界観を持つ意義

社会貢献活動においては、ブランドの「らしさ」はあまり重要ではありません。むしろ、あまり自分たちの「らしさ」にユニークさを求めると、活動内容によっては活動自体を阻害してしまう可能性もあります（医療系の活動であれば、過剰なユニークさや演出は周囲に誤解や不快を生みかねません）。

一方で、ブランドの世界観をブランド・ワールドとして規定しておくことで「活動し続ける」ためのメリットになることもあります。どんな社会貢献活動もコミュニケーション系の業務（サイト作成、配布物作成、説明会の資料作成など）を避けては通れません。文言や写真やイラスト、話し方や対話の場の雰囲気などは、「伝えたいこと」以外にも「伝わってしまう」部分があります。「伝わってしまう」部分を気にしないのも手ですが、それらをブランド・ワールドを示す機会として活用するのも手です。

世界観の機能は人の感性に触れる部分を規定することです。そもそも、ここでのブランド・ワールドの策定は、世界観を反映したシンボル設計なので、労力はそれほどかかりません。自分たちの「らしさ」がいくらかでも「活動し続ける」ことにつながるのであれば、世界観を持っておいて損はありません。

世界観を規定し、シンボル設計をしておくことで期待できる主なメリットを3つ紹介します。活動内容に応じて参照してください。

①課題に関するステレオタイプなイメージに揺らぎを与える

社会的な課題への関心人口が少ないことについても、多くの人は課題に関心がないのではなく、課題解決の活動に対して漠然とした印象しか描けておらず、「自分ごと」にまでイメージできないからです。

活動の「らしさ」（独自のブランド・ワールド）が、ある社会的な課題へのステレオタイプ的なイメージに対して、「あれ？」といった意外性を与えるなら、もう少しその課題を知りたいと思う機会になり得ます。このようにして、課題関心人口を増やすための間接的な促進が期待できます。

② 提供側の表現関連の作業での作成の迷いを軽減する

活動の中には、定期的な情報発信の作業があります。それにともなって、サイト作成や更新、配布物のデザインなども発生します。これらのコミュニケーション業務は社会貢献活動には欠かせないものですが、どこまで手間をかけるかは迷うところです。活動の本筋ではないからです。

だからこそ、業務担当者に「文章の書き方はこんな感じ」「写真の使い方はこんな感じ」といったくらいの、共通の優先順位を提示しておいて、現場で判断できるようにしてあげます。これだけのルールを定めておくだけで、作成時の迷いや作成に傾注する時間をかなり軽減でき、作業効率が上がります。

③ 受益者の不安を除去する

実は、社会貢献活動からの情報発信は、既存の受益者ほどよく見ているものです。

子ども食堂に通っている子どもたち、フェアトレードによってリターンを得ている現地の受益者などは、自分たちがかかわっている活動の「今」についても関心があります。活動が受益者たちにとって、自分たちのホームであると思ってもらいたい提供者もいるのではないでしょうか。ならば受益者が、「やはり、この活動に頼っていいんだ」と思い続けられるために、「らしさ」の表現の仕方（ただし一方的ではないもの）は統一しておきたい部分です。

■参照事例

「ミチトナル」は地方自治体が主体の支援者であり、探求する学びを実現する協力者が最先端で活躍する専門家なので、多彩な動きをしているイメージがあります。

コミュニケーション業務では、可能な限り世界観を反映したものを作成していくことになります。

一般社団法人「ミチトナル」のブランド・ワールドの例

地方自治体&探求のユニークさを
「多彩さ」「ダイナミックな」「動的な感じ」で表す

■ブランド・ワールドのワークの仕方

ブランド・ワールドのワークでは、活動がはじまる以前からあるものとの距離感で、世界観マップを組み立てていきます。多くの人々のステレオタイプなイメージから、自分たちの活動の「らしさ」を考えていくプロセスです。

① 比較対象になるカテゴリー内の主要な既存活動を選定する

「ミチトナル」では、公立学校、私立学校、独学という「学びカテゴリー」で、子どもたちが選択する主な比較対象を選んでいます。

② 画面に軸を描く

選択した要素を、それぞれ最も遠くに置ける（離れた関係）ようにするにはどうするかを考え、納得感のある二軸を描きます。「ミチトナル」では、横軸が「未来志向：現実志向」です。縦軸はかかわりの違いで「より多くの人々：より特定された人々」として、学びにも関係性の広がりの違いがあることを意識して軸にしています

③ 選定した要素を画面にプロットしてみる。

選定した要素に対する、多くの人が持つステレオタイプ的なイメージを言葉に置き換えて、二軸のマップにプロットしてみます。公立学校の世界観を「安心できる、みんなが集う」と設定し、私立学校の世界観を「洗練された、チーム・プレー」、そして、独学（自立探求）の世界観を「孤高の、静けさ」としました。ブランド・ワールドのワークに正しい・間違っているの基準はありません。ワークするメンバーの「腑に落ちる」納得感が重要です。

④ 空いたスペースに自分たちの活動で納得できそうな世界観を描く

「ミチトナル」の活動ブランド名「STEAMラボ」の世界観なら、「未来思考でより多くの人がかかわる世界にいるだろう」という仮説を、自分たちの納得のいく表現で言語化します。ここでは「多彩な」「ダイナミックさ」を選んでいます。

■図表6−7−1 「ミチトナル」の世界観マップの例■

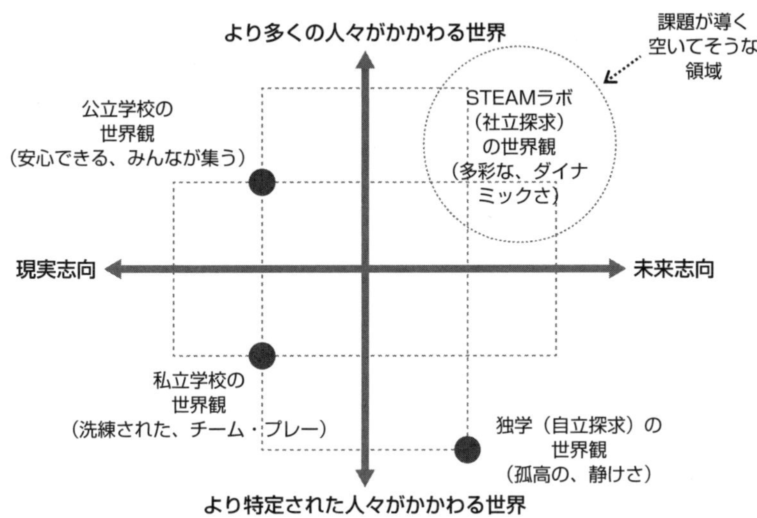

6-8 「社会貢献活動」ブランディング〈フェーズⅢ〉評判設計

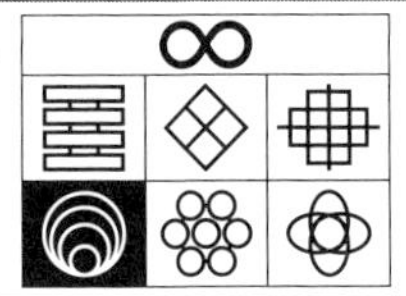

課題関心人口を増やすコンテンツ開発

■評判設計（またの名を遠心力設計）の見取り図

社会貢献活動での評判設計は、課題関心人口（258ページ参照）を増やすための計画になります。課題への関心者が増えることで、活動にかかわってくれる新規の提供者・支援者・協力者も増えます。つまり、**課題への関心者が増えることは、「活動し続ける」ための必要条件です**。このとき、課題関心人口を増やす仕事にリソースを使わないで済むならば、その分、新規獲得コスト（CPA）は下がっていきます。そのためのブランディングとして、一般の人が課題に意識を向けてくれるような情報コンテンツを考案して、拡散を目指します。

「評判」という名称は社会的な課題を扱うには相応しくないと考える提供側のメンバーもいるかもしれません。そこで、課題関心人口を増やす行動計画を「**遠心力設計**」と言い換えたりすることもお勧めです。言い換えは自由です。内容は、評判設計の３項目（121ページ参照）と変わりません。

① 情報拡散の方針

ブランド・ストーリーから、課題関心人口を増やすためのコンテンツ開発のテーマを決めます。提供者側から見て「伝えたい」「続けられる」「独自性がある」かどうかを考慮して、テーマを選択します。

② 評判（遠心力）コンテンツの開発

具体的な展開案です。ブランディングのフレームワークの主目的です。

③ 新規獲得コスト（CPA）の参照指標

「社会貢献活動」ブランディングにおける新規獲得コスト（CPA）としてわかりやすいのは、活動への新規参加希望者（提供者・受益者・支援者・協力者）からの問い合わせ数です。問い合わせ数の増加は、なんらかの反響を示しています。しかし、活動の評判は至る所で発生している可能性もあるので、評判設計が機能したかどうかの直接な判断はできません。

それでも、実際に活動への参画に際して、評判設計のコンテンツが伝達されたかどうかをヒアリングして、類推していくことはできます。新規の提供者、受益者、支援者、協力者から「いくつもの活動が世の中にある中で、何がこの活動への参加の選択理由になっているか？」という認知経路を直接聞く習慣を持つことで、課題関心のきっかけの傾向を知ることはできます。

■評判設計（遠心力設計）のテーマ

ここでは、課題関心人口の拡大に焦点を当てたテーマ設定について解説します。社会貢献活動の活動にとって、情報発信も社会的な活動の重要な一部です。

課題関心人口を増やすことは、扱っている課題の社会性を高める行為です。一般の人（課題関心を行動で示していない人）の行動を喚起するには、ブランド・ストーリーをさらに延ばしていくような呼びかけが必要です。消費財の広告やPRのように、大きくソースを投下すれば人々の態度を変

■図表6−8−1　評判設計のコンテンツ■

課題関心のための
社会系コンテンツ
①歴史の流れで拡張（時間的に拡張）
②世界中の動きで拡張（空間的に拡張）
③人間本来の特徴への拡張（人間的に拡張）

社会貢献活動の
ブランド・
ストーリー

受益者の生活環境
受益者のニーズ
提供者のシーズ
提供者の志

課題関心のための
現場系コンテンツ
④受益者のビフォー＆アフター
（因果関係の取り込み）
⑤ライブ情報（事実の取り込み）
⑥活動結果の評価とエビデンス
（エビデンスの取り込み）

課題関心のための
生い立ち系コンテンツ
⑦原体験の話の深掘り（一人称的事実で深掘り）
⑧私淑する人物への思い（二人称的事実で深掘り）
⑨活動開始までの修羅場（三人称的な事実で深掘り）

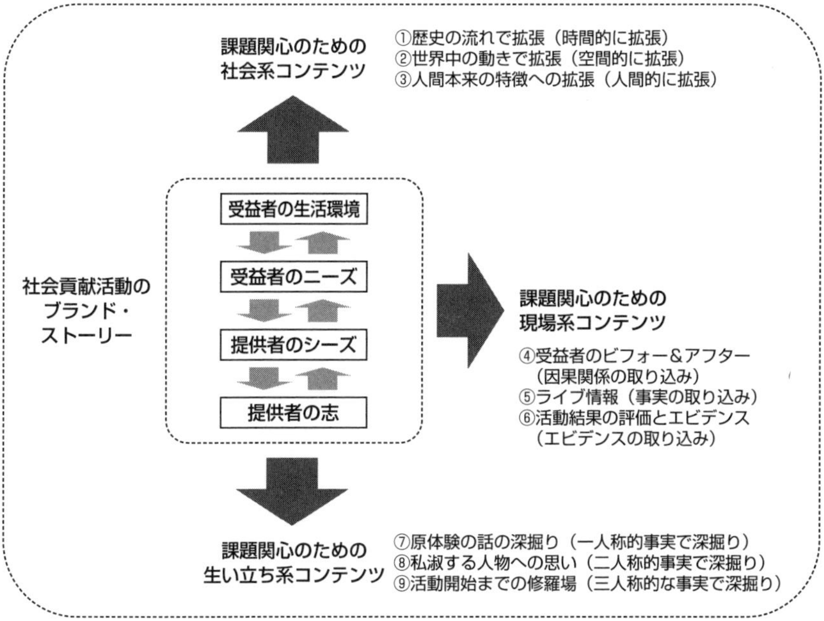

えることができるわけではありません。たまたま社会貢献活動と接点があった人々が「ん？　何かな？　もう少し知りたいな？」などと、自分ごとに切り替えてくれる確率を上げるような評判コンテンツを常に考えておきます。

本書では、代表的と思われるテーマとして、社会型コンテンツ、現場系コンテンツ、生い立ち系コンテンツの３方向に３テーマ、合計９テーマを紹介しています。

社会系コンテンツ

生活環境を拡張していくと、もっと大きくて広い社会課題とつながっていきます。社会系コンテンツは、その関係を今の活動と重ね合わせながらコンテンツ展開していくテーマ設定です。調べるのが大変ですが、ストック性があるので、長く使えるところがあります。

たとえば、組織でのハラスメントを心理カウンセリングでなくしていこうとする社会貢献活動なら、「組織のタイプ別のハラスメント対策」についての「最前線で課題の実態」といった、最新情報への感度が高い人向けのコンテンツは、実効が期待できます。

① 歴史の流れで拡張（時間的に拡張）

歴史の視点で活動を眺めてみると、一般の人が関心を持てそうなコンテンツを見つけることもできます。

現在だけでなく、平成や昭和、さらには江戸時代以前にもさかのぼってみると、同じような境遇から生まれた、似たような社会貢献活動があったりします。今現在行っている社会貢献活動を、歴史上に名の残っている活動と重ね合わせながら紹介していくコンテンツ展開です。

② 世界中の動きで拡張（空間的に拡張）

他の国や地域では、先行して同様の社会貢献活動が行われているかもしれません。

別の国の先進的な活動の紹介、異文化を感じさながらも“志”が同じ活動などを集めていくことで、今の活動が単独の動きではなく世界潮流であることを伝えていくコンテンツ展開です。

③ 人間本来の特徴への拡張（人間的に拡張）

人類の進化や文明の発展を眺めると、私たちが今行っている社会貢献活動は、次の世界に進むために不可欠なものかもしれません。

たとえば、テレワークによる労働環境の変化、食品の廃棄率の高さ、ジェンダー格差やレイシズム、地球温暖化への対応、といったものです。今の活動はささいなものであっても、こういった大きな人間的な課題ともつながっている話であることを語ることによって、視座を変えようとするコンテンツ展開もあります。

現場系コンテンツ

現在の活動自体がコンテンツであるという発想です。切り取り方、編集の仕方によっては評判コンテンンツとなって、情報拡散が見込めます。作業の負荷が少ないメリットと、事実なのでむずかしい解説が少なくても済む良さがあります。

たとえば、地元の小学生・中学生向けの子ども食堂なら、「今日の子どもたちの楽しそうな様子」を活動日ごとに配信することで、多くの人々が抱いている「子ども食堂にくる子は可哀相な状況なのではないか」という先入観へのカウンターになって、課題への新たな関心の喚起につながります。

④ 受益者のビフォー＆アフター（因果関係の取り込み）

活動に参画する前後で受益者がどう変わるのかを伝えるコンテンツです。匿名性の問題などがあるので、すべての活動で適用できるわけではありませんが、活動の存在価値をアピールするための、わかりやすいコンテンツになります。

「社会的課題が解消されると受益者の生活はどう変わるのか？」を、実際のケースとして紹介していくコンテンツ展開です。

⑤ ライブ情報（事実の取り込み）

まさに、今やっていることをライブで伝えます。動画配信は容易なだけでなく、編集準備なども最小限なので、労力の負担が少ないという魅力があります。

ただし、鮮度感と臨場感のあるコンテンツ展開だけに、その分、伝達したいことがライブだけでは伝わらず、本質からずれてしまう可能性もあります。

⑥ 活動結果の評価（エビデンスの取り込み）

活動が第三者視点から評価されているのであれば、それは評判コンテンツになります。

「何を計測できるのか？」が重要なので、計測がむずかしい、質的な面を重視している活動には不向きかもしれません。また、権威者からの紹介も一種のお墨つき効果が出ますので、エビデンスの取り込みといえます。「市長が見学にきました」「教育委員会の方と対談しました」などです。

生い立ち系コンテンツ

主宰者が「生のコンテンツ」そのものだという発想です。活動内容もさることながら、実際に活動している人、特に立ち上げた主宰者の生きざまは、人としての関心を一般の人にもたらします。主宰者を大河ドラマの主人公と見なしていくようなテーマ設定です。

たとえば、経済的に恵まれていない国で集めた、才能がありそうな人のアート作品を販売して得た資金で、現地でアートスクールをつくることを目指すケースの場合です。「活動につきものの問題発生と対処」をテーマに、主宰者の視点から国際的で文化的にも複雑な舞台裏の出来事を見せることで、課題への関心喚起の機会にすることもできます。

⑦ 原体験の話の深掘り（一人称的事実で深掘り）

他領域でのブランディングでもしばしば出てきますが、主宰者本人の活動を始めるきっかけとなった原体験は、人々の耳目を集めます。提供者の“志”を深掘りしたものをコンテンツ展開していきます。

⑧ 私淑する人物への思い（二人称的事実で深掘り）

主宰者に影響を与えた人物をテーマにすることもできます。私淑（ししゅく）している人物の著作や伝記と今の活動との接点を紡（つむ）いでいくことでコンテンツ展開します。主宰者が尊敬している人物や著作に共感している人々を通して、活動に興味を持ってもらう確率を高めていくコンテンツ展開です。

⑨ 活動開始までの修羅場（三人称的な事実で深掘り）

ゼロから活動を立ち上げるのはそれなりに大変です。強い意志があってできることですが、立ち上げていく過程もまた、人々が聞きたいと思うコンテンツになります。「振り返るとあの修羅場が分岐点だった」といったセリフ（言い回しは人によって異なりますが）はよく聞きます。今日の活動までの経緯の中からコンテンツを発信していく展開です。

■図表6−8−2　評判設計のコンテンツの例■

	設計のテーマ	情報拡散の方針（遠心力のコンテンツ）	新規獲得コスト（CPA）の参照指標
■ハラスメント・カウンセリング	〈社会系〉コンテンツ	「組織のタイプ別のハラスメント対策」の「最前線での課題取組みの紹介による関心喚起」など	・量的な類推 潜在的な新規参加（提供者・受益者・支援者・協力者）からの問い合せ数 ・質的な類推 実際の新規参画者へのヒアリング
■子ども食堂	〈現場系〉コンテンツ	「今日の楽しそうな様子」の配信から課題への関心喚起　など	
■アートのフェアトレード	〈生い立ち系〉コンテンツ	「活動につきものの問題発生と対処」についての舞台裏から、課題への関心喚起　など	

■参照事例

「ミチトナル」の評判設計を紹介します。社会系、現場系、生い立ち系の3方向でそれぞれテーマ案をつくっています。社会系コンテンツ（③人間本来の特徴への拡張）では「AIと共存していく学びの未来」、現場系コンテンツ（⑥活動結果の評価）では、「学びの最先端にSTEAMラボのプログラムが実装中」、生い立ち系コンテンツ（⑧私淑する人物への思い）では「新しい学びを小さく実験的にはじめた先人たち」としています。①〜⑨のすべてのテーマを選択しなくてもいいのですが、複数の異なった方向のテーマを設定しておくと、長期の啓蒙活動に耐えられます。

また、「伝えたい」「続けられる」「独自性がある」ことは大切です。ゴール・イメージは「3年後には活動実績と紹介を兼ねた書籍を出版できるぐらいにコンテンツが溜まっていく状態」です。

課題関心人口を増やすための情報拡散の集大成が、書籍になったときの目次から逆算して、評判（遠心力）コンテンツを定期的に発信していくようなイメージです。

コンテンツの運用は自分たちのサイトや情報提供の機会を利用しますが、同時に、提供者がどこかで活動についての講演会やメディア出演などする場合も想定してください。**主宰者自身が歩くメディア**なのです。こういった活動を通じて、自分たちの社会貢献活動に対して、多くの人が「他人ごと」から「自分ごと」に関心を変えていく確率を上げていきます。「活動し続ける」ための仕込みの習慣といえます。

一般社団法人「ミチトナル」の
評判コンテンツ設計案

社会系コンテンツ

人間本来の特徴への拡張（人間的に拡張）

「AI と共存していく学びの未来」

「子どもたちは将来、AIか人間かの二択ではない世界を生きていくだろう」という仮説を持つ。そこでは、教育現場にも最先端のテクノロジーは入ってくるが、同時に、もっと人間性を深める体験学習も重視されてくるのではないか？　STEAMラボを、来たるべき世界に準備するための学びの実験室に必要なものが何かを語る。

現場系コンテンツ

活動結果の評価（エビデンスの取り込み）

「学びの最先端にSTEAMラボのプログラムが実装中」

学びに実験的で、かつ、世界の最先端のプログラムを取り込んでいる高校（東京のK高校、神奈川県のS高校など）にSTEAMラボの学びプログラムが実装されている事実から、先進的な考え方の教育プロフェッショナルから評価される学びの条件を重ね合わせる。

生い立ち系コンテンツ

私淑する人物への思い（二人称的事実で深掘り）

「新しい学びを小さく実験的にはじめた先人たち」

シュタイナー教育やモンテッソーリ教育など、世間で市民権を得ているオルタナティブ教育も最初は大々的に始まったものではなく、小さな存在だったという歴史から、今の新しい学び（STEAMラボ）を重ね合わせる。

※参照例として著者が作成したもの

6-9 「社会貢献活動」ブランディング〈フェーズⅢ〉絆設計

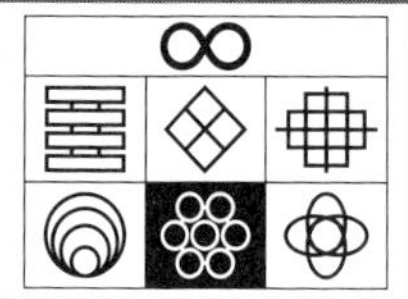

「ステークホルダー転換」により活動を進化させる

■絆設計（またの名を求心力設計）の見取り図

商品・サービス、企業での絆設計は、体験累積によって、既存の利用者を中心としたステークホルダーが自発的に継続してくれるものという定義でした。しかし、社会貢献活動は様相が異なります。**活動への共感をベースにした絆はすでにある**のです。受益者・支援者・協力者（提供側の参加メンバーも含め）、すべてのステークホルダーは自発的に動いています。よって、「社会貢献活動」ブランディングの絆設計はもう少し進化した見取り図を持ちます。

社会貢献活動は、ステークホルダーという分業状態を前提で進めている活動ですが、活動が継続していくことで、当初のステークホルダーが別の立場のステークホルダーに変わっていくことが起こります。

子ども食堂なら、「受益者の子どもが食堂のスタッフとして協力者になる」、フェアトレードでは「協力者の輸入代行専門家が、別のカテゴリーでのフェアトレードを主宰し新たな提供者になる」というようなことです。

「商品・サービス」ブランディングでは、絆設計の軸は「絆をつくる」というものでしたが、「社会貢献活動」ブランディングでの絆設計の軸は、もう一段強く、お互いが「**絆をたぐる**」というものです。

ステークホルダーが別のステークホルダーに転換していくので、これを「**ステークホルダー転換**」と呼ぶことにします。そもそも社会の課題は社会全体で取り組むことが理想ですから、それぞれのステークホルダーの境界線自体が不自然だといえます。活動の中から「ステークホルダー転換」が自然発生することは、掲げている社会的な課題の解決に向けて、活動が進んでいる証です。

ステークホルダーが入れ替わりながら、かかわる人数が多くなることは「活動し続ける」のゴール・イメージになります。映画『ペイ・フォワード 可能の王国』（2000年、原題“*Pay it forward*”）に近い活動の連鎖です。

本書では、社会貢献活動を通じた体験累積によって、自発的な「ステークホルダー転換」につながるかどうかを、絆設計の１つの基準として提案

■図表6−9−1 「社会貢献活動」ブランディングにおける絆設計のポイント■

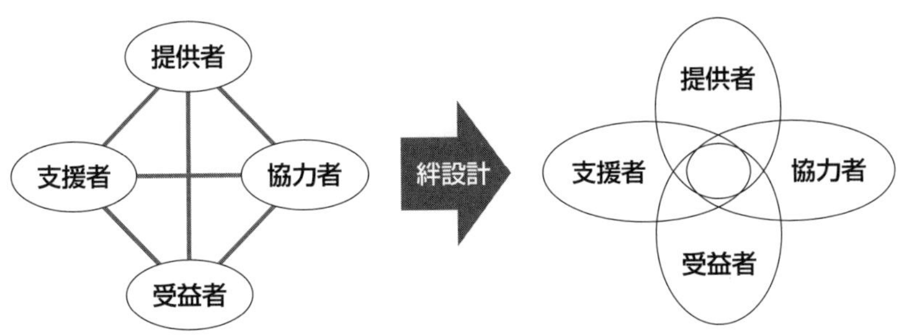

「活動する」関係
ステークホルダーの境界線が前提にある

「活動し続ける」ために築きたい関係
ステークホルダーの枠を超える人々の出現

しています。

ちなみに、「絆」を「求心力」と置き換えることで、同じ意味でありながら、より社会貢献活動に近いニュアンスに変更することもできます（「絆設計」を**「求心力設計」**に、「絆ネットワーク」を「求心力ネットワーク」に置き換える、など）。

■設計の構成要素

「社会貢献活動」ブランディングにおける絆設計の構成要素は、以下のとおりです。

①体験累積の方針

活動の延長線上に、どのステークホルダーに境界線を越えてもらうのが「活動し続ける」ことに貢献してくれるか、という視点で、絆設計の方針を決めます。

②絆ネットワーク開発

具体的な展開案です。テーマで選定した既存のステークホルダーに属する人々が別のステークホルダーの領域に入るためには、複数のステークホルダーが体験累積の場を共有することがポイントになります。

今と異なるステークホルダーの役割を新たに担うことで、より社会的な課題への知見が高まってもらうことを目指します。

③ 生涯累積貢献（LTV）の参照指標

絆設計で提供する体験累積が、提供者の期待に沿っているかどうかを参照するための指標です。あくまでも間接的に「このやり方でよい」という確認、または「もう少し、こんなやり方にしたほうがいい」という修正に反映させるものです。

量的な類推では、「体験累積の場への参加数が多い」ことは１つの参照指標になります。体験累積の場というのは、「提供者側としてトライアルで参加しませんか？」などと勧誘して、ダイレクトな形でステークホルダーの枠を越えてもらう場です。参加希望者数が受け入れ想定人数に合っているなら、方向は間違っていなさそうだと判断できます。

しかし、全く手を上げる人がいないなら、「活動の見学会に参加しませんか？」ぐらいの、気持ち的にも参加しやすい（段差が少ない）場に再設定しよう、などと考え直してみます。また、参加者に「この体験累積の場をどうとらえて参加しているのか？」といったの質問に回答してもらい、どのような内容にすれば「絆をたぐる」状態にもっていけるかのヒントにします。

■絆設計のテーマ

社会貢献活動をしているステークホルダーが、別のステークホルダーの役割をするパターンはたくさんあります。ここでは、よく見かける典型的な３パターンでテーマを紹介します。活動内容によっては他のパターンもあるので、紹介されているパターンはあくまでも参考的なものです。

① 支援者が協力者になっていくパターン

お金を出資して活動を支えている人（支援者）が協力者に進化していくパターンです。

たとえば、ハラスメント・カウンセリングの活動であれば、支援者は大きな組織の経営層や人事系部門の人々です。組織内で起きやすいハラスメントは個々人の心的な問題を抱えていることが多いので、心理カウンセラーの協力を得て、本人に気づきを促し、改善していこうとする活動をしています。支援者が心理カウンセラーの知見とスキルを習得する学びの場を定期的に設けることは、絆設計のテーマになります。

これによって、組織内でもより早期に、ハラスメントの発生にカウンセリング視点でアプローチでき、課題解決に近づいていけます。支援者が協力者になっていくことが、「社会貢献活動」ブランディングの目的である「活動し続ける」につながります。

② 受益者が提供者になっていくパターン

活動の対象者である受益者が提供者に進化するパターンです。意識的に受益者が提供者になる体験累積をしてもらうこともできます。

たとえば、子ども食堂の利用する子どもたちの中の有志向けに、お手伝いの定期募集とそこからのステップアップ・プログラムを作成することで、次は提供者になって、社会貢献活動にかかわりたいという"志"を育みます。

最初は簡単な食堂業務からはじめ、徐々に活動全体の運営にかかわっていき、子ども食堂全体の実務を体験してもらうようなプログラムです。受益者視点を持つ提供者は「活動し続ける」上での力強いメンバーになります。また、他の受益者に対してロール・モデルが提示できるので「活動し続ける」ことへの長期的な貢献が期待できます。

③ 協力者が提供者になっていくパターン

社会貢献活動にはフェーズがあって、初期のフェーズから次のフェーズでは活動の内容も変わっていきます。フェーズごとにステークホルダーが入れ替わるのはリソース効率が良くありませんから、今の協力者が次のフェーズでは提供者になってくれるように準備しておく絆設計もあります。

たとえば、アートのフェアトレード活動において、現地で才能がありそうな人に作品をつくってもらって、経済的に豊かな国で販売して得たお金を製作者に支払い、さらに現地にアート学校を設立する将来資金に回すように考えている場合です。作品をつくる際にアート的な視点でサポートしている協力者であるアーティストに、将来、学校の校長になってもらうのは、設立の志と経緯を熟知している点では理想的です。

そこから逆算するなら、協力者であるアーティストの中に未来の提供者になり得る候補を見い出して、一緒に学校設立のプロジェクトに参画してもらう絆設計も有効です。

■図表6−9−2　社会貢献活動における絆設計の例■

	設計のテーマ	体験累積の方針（求心力のネットワーク）	生涯累積貢献（LTV）の参照指標
■ハラスメント・カウンセリング	①支援者が協力者になるための体験累積	支援者側の経営層、人事系部門メンバーの心理カウンセラーのスキル習得を学ぶ会の定期運営	・量的な類推 体験累積の場への参加数 ・質的な類推 新たなステークホルダーの立ち位置での活動への貢献度合い
■子ども食堂	②受益者が提供者になるための体験累積	子ども食堂の利用者の有志によるお手伝い定期募集とそこからのステップアップ・プログラム	
■アートのフェアトレード	③協力者が提供者になるための体験累積	アート作品のサポートで協力しているアーティストが、アート学校設立のプロジェクトに参加する	

■参照事例

「ミチトナル」の絆設計を2つ紹介します。いずれも、参照例として著者が策定した案です。

1つは、STEAMラボの協力者に向けたものです。協力者は、最先端の科学技術や芸術活動の専門家です。普段は、受益者である中高生へのサポートになるので専門家同士が定期的に交流していく場面はほとんどありません。絆設計ではこの協力者同士の関係を強める場をつくって、活動の印象を強めてもらいます。これは比較的、オーソドックな生涯累積貢献（LTV）を期待しているものです。「商品・サービス」ブランディングでもあった、顧客同士のネットワークに近いものがあります。

もう1つは、支援者である地方自治体窓口が地元出身の専門家のリストを持っておくというものです。将来的には地元の公立学校にも同様のプログラムを行う場合があるかもしれません。そのときに、現場の経験と郷土への土地勘がある専門家に、新しい教育プログラムのサポートを依頼できる準備になります。こちらは、「社会貢献活動」ブランディングならではの設計テーマです。支援者は協力者との関係を深めることで、次のステージ（公立学校などでの展開）での協力者になるわけですから、ステークホルダーの越境を推す動きになります。

一般社団法人「ミチトナル」の
絆ネットワーク設計案

協力者同士が絆をたぐる

STEAMの専門家同士がつながるサークル「STEAMエキスパート」の設立。基本は、地方自治体のある地元出身の専門家にサポートを依頼するので、自治体窓口と専門家による定期的な「学び」への活用事例の発表を行う。

支援者が協力者の絆をたぐる

支援者である地方自治体が、地元出身のSTEAMラボへの協力候補者のリストを持っておく。順次、協力者としてラボに参加してもらい、将来的には公立学校などでも同様のプログラムが行われたときの協力者になってもらう。

※参照例として著者が作成したもの

「社会貢献活動」ブランディング〈フェーズⅢ〉シンボル設計

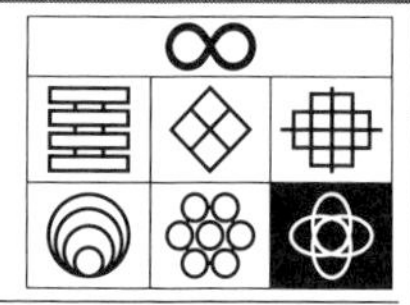

「シンボリック・ワード」を中心に設計する

■シンボル設計（またの名を「印象力設計」）の見取り図

「社会貢献活動」ブランディングのシンボル設計で最も重視してほしいのはシンボリック・ワード（170ページ参照）です。それ以外の3要素（モチーフ、テクニック、パーソナリティ）はあってもいいですけど、なくても大丈夫です。

繰り返しますが、社会的な活動はコミュニケーションをともないます。その中で課題を解決する動きが求められているわけです。課題の存在に気づいてもらう、課題の解決をしようとする活動を理解してもらう、その活動に支援・協力してもらう、などの一連の動きにはコミュニケーションが必須で、それは言葉で行われます。

シンボリック・ワードは活動を独自の表現語にしたものです。美しく見せる必要はありませんが、印象に残すにはどうしたらいいかは工夫すべきです。シンボル設計を「**印象力設計**」と言い換えてもいいでしょう。たとえば、隠岐島（おきのしま）の海士町（あまちょう）役場（島根県）が行っている移住推進活動では、「大人の島留学」をトライアルの移住体験のネーミングにしています。このように、活動の特徴が伝わるのがポイントです。

ハラスメント・カウンセリングなら「ハラスメント欲求」（誰もがパワハラ・セクハラなどの衝動欲求を持っている）、「治すではなく気づく対処」（止めさせるだけでは収まらない。本人が気づいて過去の自分からもう一度自分を取り戻す）とすると、心理カウンセラーならではの視点が入っている感じがします。子ども食堂なら、「もう1つの団欒（だんらん）」「子どものサード・プレイス」などとすると、場の雰囲気を大切にしている活動であることが宣言できます。アートのフェア・トレードなら、「アートで格差をなくす」「文化搾取」といった強い単語を使うと、社会的な義憤を活動の背景に持っていることが伝わります。

他のシンボリック要素は必要に応じて設定してください。必須ではありません。それでも有用な部分がありますので、〈図表6—10—1〉で紹介しています。

ハラスメント・カウンセリングの場合であれば、対話の仕方が活動の存在を印象づけます。たとえば、関係者との会話の合間にも常に小さな沈黙時間を入れる「マインドフルネス」の習慣スタイルがあると、ハラスメントへの扱いにも活動の一貫性がある感じがします。これが、メンバー全員の共通スタイルともなれば、「らしさ」を伝えるシンボリック・パーソナリティとなります。

また、子ども食堂では、室内の壁をギャラリーに見立てて、かかわっている人全員（ステークホルダーを問わず）が自分の近況の写真や、描いた絵などを定期的に入れ替えながら展示していきます。自然と「らしさ」を出していくことを狙うのであれば、シンボリック・テクニックといえます。アートによるフェアトレード活動も、創作された過去のアート画像が活動サイト全体のデザインや活動のマークに印象的に使われるなら、これも「らしさ」につながるシンボリック・モチーフです。

■図表6−10−1　「社会貢献活動」ブランディングにおけるシンボル設計■

	シンボリックワード	他のシンボリック要素
■ハラスメント・カウンセリング	課題と活動の独自の言葉（共通）	・シンボリック・パーソナリティ：コミュニケーション・スタイル
■子ども食堂		・シンボリック・テクニック：室内の展示ギャラリー化
■アートのフェアトレード		・シンボリック・モチーフ：過去の作品

■参照事例

「ミチトナル」での記入例を見てみましょう。シンボル設計の基本方針は、次世代の学びに関する用語の積極的な利用と解説です。最前線にいる活動であること、それをわかりやすく学びの現場に落とす能力を感覚で受け取ってもらうためのスタイルです。文章表現やプレゼンテーションでの構成に反映させます。シンボル要素開発では、「第四の学び」と「STEAMラボ」という２つのシンボリック・ワードを設定しています。

１つ目の「第四の学び」は、私立学校、公立学校、独学に対して、四番目にあるという意味で使います。初めて聞いた人は「何それ？」という反応になるので、より関心が喚起されます。

もう1つは「STEAMラボ」で、活動の拠点にあてているネーミングです。STEAMという言葉は一般化して使われています（265ページ参照）から、オリジナリティ度合いが低い分、ラボが「場」を表すことで、抽象的なSTEAMが居場所になっているニュアンスを伝えます。

シンボリック・パーソナリティについては、提供者側がコミュニケーション時にこだわるスタイルです。「可能な限り教育という単語を使わないで『学び』に置き換えていく」態度にこだわるのは、「教育」という単語が学校寄りのニュアンスを感じさせるので、第四の学びとの一貫性を保っていきたいという意志が反映されています。

第一再生記憶（TOM）（32ページ参照）の参照指標についても触れておきます。ここでは「社団法人代表者のメディアからの出演や講演の依頼数」としていますが、これはすべての社会貢献活動に共通するものです。有名になる、その分野で第一人者と目されることを参照指標にする意味は、多くの人々に発言する機会を、コストをかけずに実現したいからです。課題関心人口を増やすための手段としての「有名」であり、第一再生記憶（TOM）です。

一般社団法人「ミチトナル」シンボル設計（印象力設計）

情報と体験シンボル化方針

次世代の学びに関する用語の積極的な利用と解説

シンボル要素開発

・シンボリック・ワード

「第四の学び」「STEAMラボ」

・シンボリック・パーソナリティ

可能な限り教育という単語を使わないで「学び」に置き換えていく

第一再生記憶（TOM）の参照指標

社団法人代表者のメディアからの出演や講演の依頼数

■「社会貢献活動」ブランディングの参照指標のまとめ

「社会貢献活動」ブランディングにおいては、主に質的な指標で活動を眺めていくことが原則です。一方で量的なものも参照していくことで、活動を健全化（無理や無駄をしない）させるきっかけにします。もちろん、社会貢献活動は指標によるスコアでやるとかやらないとかの話ではないですから、ガチガチにチェックする必要はないでしょう。

〈図表6—10—2〉では「質的な類推」ができる指標事例として、「実際の新規参画者へのヒアリング」（新規獲得コストの質的な参照）、「新たなステークホルダーの立ち位置での活動への貢献度合い」（生涯累積貢献の質的な参照）、「活動が発信した課題に関する意見や案が実際に行われていく」（第一再生記憶の質的な参照）などを示しました。これらは、特に押さえておくべき項目です。活動によってはもっと特殊な質的な参照指標があると思いますので、自分たちの活動に合ったものを参照する習慣を持ってください。

振り返るきっかけと習慣が重要です。振り返らないことでの危うさ、きっかけを持たないことでのマンネリ化や、自分たちに都合のいい情報だけで判断したりすることが起きないようにするために参照指標を「見える化」する必要があるのです。

■図表6−10−2 「社会貢献ブランディング」における参照指標の例■

	新規獲得コスト（CPA）の参照指標 フィードバックの対象が遠心力設計	生涯累積貢献（LTV）の参照指標 フィードバックの対象が求心力設計	第一再生記憶（TOM）の参照指標 フィードバックの対象が活動全体
■ハラスメント・カウンセリング ■子ども食堂	・量的な類推 潜在的な新規参画者（提供者・受益者・支援者・協力者）からの問い合わせ数	・量的な類推 体験累積の場への現在ステークホルダー参加数	・量的な類推 課題解決の代表的な方法としてメディアから主宰者への取材・講演依頼数が増える
■アートのフェアトレード ※すべて共通	・質的な類推 実際の新規参画者へのヒアリング	・質的な類推 新たなステークホルダーの立ち位置での活動への貢献度合い	・質的な類推 活動が発信した課題に関する意見や案が実際に行われていく

索　引

さ 行

た 行

な 行

は 行

ま 行

や 行

ら 行

安原智樹（やすはら　ともき）
ビジネス・コンサルタント。ヤスハラ・マーケティング・オフィス（2000年設立）の代表として現在に至る。
著書は『この１冊ですべてわかる　新版　マーケティングの基本』（日本実業出版社）、『入門ブランド・マーケティング』（プレジデント社）、『「マーケティング」の基本＆実践力がイチから身につく本』（すばる舎）、『はじめて学ぶブランド・マネジメント』（翔泳社、翻訳書の監修）など。

この１冊ですべてわかる
新版　ブランディングの基本

2023年２月１日　初版発行

著　者　安原智樹
発行者　杉本淳一

発行所　株式会社日本実業出版社　東京都新宿区市谷本村町３−29 〒162-0845
編集部　☎03-3268-5651
営業部　☎03-3268-5161　振　替　00170-1-25349
https://www.njg.co.jp/

印 刷／厚 徳 社　　製 本／若林製本

ISBN 978-4-534-05979-6　Printed in JAPAN